DESCRIPTION ABREGÉE

D'UNE

HORLOGE

D'UNE NOUVELLE INVENTION,

Pour la juste mesure du Temps sur Mer.

AVEC

Le Jugement de l'Academie Royale des Sciences
sur cette Invention.

ET

UNE DISSERTATION

SUR LA NATURE DES TENTATIVES

pour la Découverte des Longitudes, dans la Navigation, &
sur l'usage des Horloges, pour la mesure du Tems en Mer.

Par HENRY SULLY, *Horloger de* S.A.S.
Monseigneur LE DUC D'ORLEANS.

A PARIS,

Chez BRIASSON, ruë Saint Jacques, à la Science.

M. DCC XXVI.

Avec Approbation & Privilege du Roy.

AU ROY.

IRE,

J'ai l'honneur de prefenter à VOTRE
MAJESTE' la Defcription d'un Ouvrage
qu'Elle a deja trouvé digne de fes regards. Il
plût alòrs à VOTRE MAJESTE' de l'approuver, & de m'encourager par fes bien-

ã

faits à le perfectionner. J'y ai travaillé sans relâche ; heureux si j'ai réüffi, plus heureux encore d'avoir une occafion d'annoncer à toute la terre, & à la Pofterité même, que je dois ma premiere réüffite à la protection dont il a plû à un fi grand Roy de m'honorer. Il manquoit quelque chofe à la perfection de la Navigation ; j'ai tâché, SIRE, d'y fuppléer. Dans une entreprife auffi difficile & auffi importante, les moindres progrés font de quelque confequence, & indiquent fouvent de plus grands fuccés. J'ai lieu de m'en flatter, SIRE : Ce n'eft pas mon amour propre feul qui fait naître ma confiance, elle eft fondée fur les experiences que je viens de faire, & fur les fuffrages d'un grand nombre de Perfonnes éclairées fur ces matieres. Puis-je m'empêcher en effet d'être flatté de l'approbation de deux illuftres Academies ? La premiere augure avantageufement de ma découverte ; La feconde fournit un témoignage authentique de mon premier fuccés : & j'ai du moins cet avantage, qu'aucune tentative de cette espece n'a attiré autant d'attention de la part des Sçavans de tous les Païs, ni donné des esperances aussi universelles de sa réüssite. S'il me reste encore quelques difficultez, je ne les crains pas, SIRE, puisque j'ai le bonheur de travailler sous les auspices, & par les ordres d'un si auguste Monarque.

Tout est plein des merveilles que la munificence du grand Roy, le glorieux Predecesseur de VOTRE MAJESTE' a fait éclore dans les Sciences & dans les beaux Arts: Ont-ils moins à esperer d'un Roy qui se propose de suivre de si illustres exemples, & qui veut être l'imitateur & le rival de ses sublimes vertus? Oüi, SIRE, VOTRE MAJESTE' connoît trop en quoi consiste la veritable gloire des Rois, pour ne point accorder aux Sciences & aux Arts la protection qu'ils meritent; ils en ont besoin, pour les tirer d'une espece de langueur où ils sont tombez, par la perte qu'ils ont fait du plus signalé bienfaiteur qu'ils ont eu depuis le Regne d'Augufte.

Les Rois de France mettent depuis long-tems au rang de leurs glorieux Titres, celui de Protecteurs des Arts & des Sciences : Cette protection s'eft étenduë fur les Sçavans de tous les Païs, & n'a pas peu contribué à la fecondité de leur genie. Ce genie fera excité de nouveau, SIRE, & deviendra plus fecond que jamais, quand les Nations Etrangeres connoîtront, comme connoiffent les Perfonnes qui ont l'honneur d'approcher de VOTRE MAJESTE, qu'Elle poffede les vertus royales de fon augufte Bifayeul, & que leur perte eft reparée.

Daignez, SIRE, approuver l'ardent defir que j'ai de contribuer à l'utilité publique, fous vos auguftes aufpices.

Penetré d'un zéle refpectueux pour la gloire de VOTRE MAJESTE', & d'une humble reconnoiffance pour fes bienfaits, je ne ce fferai point de faire des vœux au ciel

pour la confervation de Votre Perfonne
Royale ; & pour que les vertus de VOTRE
MAJESTE' dévançant toûjours fes années,
la rendent , fur le plus brillant Trône du
monde, le modéle des Rois, l'appui de la
vertu, le Protecteur des Sciences & des Arts,
& les délices de tous les hommes.

Je fuis,

    Avec le plus profond refpect,

SIRE,

DE VOTRE MAJESTE',

Le trés-humble & trés-
obéïffant Serviteur,
SULLY.

TABLE
DES MATIERES.

Premiere Partie imprimée à Paris, Janvier 1726.

Seconde Partie imprimée à Bordeaux, Decembre 1726.

DES MATIERES.

Supplément, qui contient les dissertations suivantes.

Fin de la Table.

tous Graveurs, Imprimeurs, Marchands en Taille-Douce, & autres, de graver, faire graver, imprimer, faire imprimer, copier, ou faire copier, vendre, faire vendre, débiter en général, ou en particulier, Feuilles séparées, ou autrement, aucuns desdits Ouvrages ci-dessus spécifiez, en tout ni en partie, ni d'en faire aucuns extraits, sous quelque prétexte que ce soit, d'augmentation, correction, changement de titre, ou autrement, sans la permission expresse & par écrit dudit sieur Exposant, ou de ceux qui auront droit de luy, à peine de confiscation des Exemplaires, gravure & impression contrefaites, & des ustanciles qui auront servi à ladite contrefaçon, que Nous entendons être saisis en quelque lieu qu'ils soient trouvez, de dix mille livres d'amende contre chacundes contrevenans, dont un tiers à Nous, un tiers à l'Hôtel-Dieu de Paris, l'autre tiers audit sieur Exposant, & de tous dépens, dommages & interêts. A la charge que ces Presentes seront enregistrées tout au long sur le Registre de la Communauté des Libraires & Imprimeurs de Paris, & ce dans trois mois de la date d'icelles; que la graveure & impression desdits Ouvrages sera faite dans notre Royaume, & non ailleurs, en bon papier & en beaux caracteres, conformément aux Reglemens de la Librairie; & qu'avant que de les exposer en vente, les manuscrits gravez ou imprimés qui auront servi de copies à la graveure ou impression desdits Ouvrages, sera remis dans le même état où les Approbations y auront été données, és mains de notre trés-cher & féal Chevalier, Garde des Sceaux de France, le Sieur Fleuriau jd'Armenonville, Commandeur de nos Ordres, & qu'il en sera ensuire remis deux Exemplaires de chacun dans notre Bibliothèque publique, un dans celle de notre Château du Louvre, & un dans celle de notredit trés-cher & féal Chevalier, Garde des Sceaux de France, le Sieur Fleuriau d'Armenonville, Commandeur de nos Ordres; le tout à peine de nullité des Presentes. Du contenu desquelles vous mandons & enjoignons de faire joüir ledit sieur Exposant, ou ses ayans-causes, pleinement & paisiblement, sans souffrir qu'il leur soit fait aucun trouble ou empêchement. Voulons que la Copie desdites Presentes, qui sera imprimée ou gravée tout au long au commencement ou à la fin desdits Ouvrages, soit tenuë pour düëment signifiée, & qu'aux copies collationnées par l'un de nos amez & feaux Conseillers-Secretaires, foy soit ajoûtée comme à l'Original. Commandons au premier notre Huissier ou Sergent de faire pour l'execution d'icelles, tous Actes requis & necessaires, sans demander autre permission, & nonobstant clameur de Haro, Charte Normande, & Lettres à ce contraires: CAR TEL EST NOTRE PLAISIR. DONNÉ à Paris le troisiéme jour du mois de Janvier, l'an de grace mil sept cent vingt-six, & de notre Regne le onziéme. PAR LE ROI EN SON CONSEIL. Signé, CARPOT.

Registré sur le Registre VI. de la Chambre Royale & Syndicale de la Librairie & Imprimerie de Paris, N°. 356, fol. 286, conformément au Reglement de 1723. qui fait défenses, Art. IV. à toutes personnes de quelque qualité qu'elles soient, autres que les Libraires & Imprimeurs, de vendre, debiter & faire afficher aucuns Livres, pour les vendre en leurs noms, soit qu'ils s'en disent les Auteurs, ou autrement, & à la charge de fournir les Exemplaires preforits par l'Art. CVIII. du même Reglement. A Paris, le 11. Janvier 1726. Signé, BRUNET, Syndic.

De l'Imprimerie de H.S.P. GISSEY, rue de la Vieille Boucletie, à l'Arbre de Jesse

AVERTISSEMENT
DE L'AUTEUR.

AU LECTEUR.

LA Description abregée qui suit, est un espece d'Extrait de deux Memoires que j'ai eu l'honneur de lire devant l'Academie Royale des Sciences, pour expliquer les proprietez d'une nouvelle Horloge, & la substance d'une Lettre que j'ai écrite sur ce sujet à un Membre de la Societé Royale d'Angleterre, qui, dans la réponse qu'il a faite à ma Lettre, a fait aussi une Critique judicieuse & sçavante de mon Ouvrage, que je n'avois communiqué à ce Monsieur, que dans cette vuë. Il y a eu plusieurs autres Lettres écrites entre la même personne & moi, sur les mêmes matieres, qui y donnent de grands éclaircissemens. Je laisse à cette Description, en la rendant publique, la forme de Lettre que je lui ai d'abord donnée, & qui lui convient assez. Mon premier dessein étoit de publier en même tems les Lettres ausquelles elle avoit donné occasion. Deux considerations m'en ont détourné. La premiere pour ne point trop grossir ce Livre, qui n'a pour objet que de fournir aux Curieux quelque idée de la Machine dont il est ici question. La seconde, parce que j'ai cru qu'il étoit plus respectueux d'exposer simplement & sans Commentaire ce que j'ai fait, laissant à chacun d'en juger librement, que d'affecter de captiver les suffrages, en ajoutant des raisonnemens qui sembleroient imposer une espece de Loy de s'y conformer ; d'autant plus que je ne demande que des Objections, lesquelles pourvu qu'elles soient sensées, ne sçauroient que m'être utiles de quelque côté qu'elles me viennent. Je croi d'ailleurs que tous ces détails conviendront mieux à la Description generale que ie prépare pour l'impression, qu'à l'ébauche que je donne à present.

L'Ouvrage dont je parle, sera composé du dévelopement & de la Description exacte & détaillée des Machines ; des Memoires que j'ai lu à l'A-

cademie, pour en expliquer les proprietez , de toutes les Observations & Experiences qu'on en a
faites jusqu'à present , & de celles qu'on pourra
faire d'ici à la publication du Livre, & de plusieurs Lettres, & autres Pieces qui y ont du rapport. On y trouvera toutes les Remarques que des
sçavans Physiciens ou Geometres m'auront com-
muniquées, & des réponses à toutes les objections
ou difficultez qu'on m'aura proposées , préalablement à l'experience sur Mer. Si j'ai le bonheur de
faire cette experience bien-tost comme j'ai lieu de
l'esperer , le Public sera instruit de la maniere
dont elle aura réüssi, & je tâcherai de rendre le
tout le plus instructif & le plus utile qu'il me
sera possible , tant pour les Artistes , qui vou-
droient s'attacher à faire de ces nouvelles Machines, que pour les Gens de Mer qui souhaite-
roient s'en servir.

En attendant , j'ai ájouté à cet Abregé le
Jugement de l'Academie , quelques Remarques
que j'ai fait là-dessus , une Dissertation sur le
sujet des Longitudes , & un Memoire que j'ai eu
l'honneur de presenter au Ministre qui renfer-

AVERTISSEMENT DE L'AUTEUR.

me le Plan de la premiere Experience à faire sur Mer. Je laisse le tout au jugement des Connoisseurs ; & leur demande grace pour la Diction, comme Etranger.

De Paris, ce 31. Janvier 1726.

A V I S.

IL sera publié incessamment un Livre intitulé : *Methode pour regler les Montres & Pendules*, petit Traité *in-18*, de deux feuilles ; à l'usage de tous ceux qui souhaitent sçavoir regler leurs *Montres & Pendules*. On donnera à la fin de ce Traité le Plan d'une seconde Edition de la *Regle Artificielle du Tems*, qui sera bien-tôt publiée, avec des Additions considerables, & des Figures en Taille-Douce.

O N donnera aussi la Description d'un *Instrument*, qu'on peut appeller *Meridien Portatif Universel*, de l'Invention de l'Auteur, qui sert principalement :

1. Pour trouver le *Midi vray*, dans toutes les Latitudes.
2. Pour tirer une *Ligne Meridienne*.
3. Pour connoître en tous lieux la *Declinaison de l'Aiguille Aimantée*.
4. Pour trouver la *hauteur du Pole* du lieu où l'on est ; le tout par le *Soleil*, & avec beaucoup plus de précision, que par tout autre Instrument portatif jusqu'ici en usage. Cet Instrument sera tres-utile à ceux qui sont curieux d'une *juste mesure du Tems*, & dans *les voyages par Terre & par Mer*, puisqu'on peut faire par son moyen seul plusieurs Observations aussi utiles, que curieuses, regardant l'*Astronomie*, la *Geographie*, & la *Navigation*. On le voit representé en petit, *Planche* 3. H , I , K.

O N pourra s'adresser à l'Auteur pour l'*Instrument* susdit, pour les *Horloges de Mer*, & pour les *Livres*, *Estampes*, & autres Ouvrages de sa composition, qui sont, ou qui seront énoncez.

DESCRIPTION ABREGE'E

D'UN

HORLOGE

D'UNE NOUVELLE INVENTION,

Pour la juste mesure du Temps sur Mer.

Examiné & approuvé par l'Academie Royale des Sciences à Paris, au mois de Mars 1724.

LETTRE DE L'AUTEUR

à un Membre de la Societé Royale.

MONSIEUR, j'ai sçû indirectement par un de mes Amis, que vous desirez avoir quelque idée de la Machine que j'ai fait pour l'usage de la Naviga-

A

tion. L'estime que je fais de vôtre jugement, particulierement sur des choses de cette nature, jointe au penchant que j'ai de faire tout ce qui dépend de moi, pour satisfaire une curiosité si raisonnable, m'ont porté à vous communiquer de mon propre mouvement tout ce que je puis par Lettre sur ce sujet. Je le fais avec un plaisir singulier, d'autant plus qu'il seroit difficile pour un autre de vous l'expliquer aussi intelligiblement que moi.

J'ai eu pour objet dans mes Recherches, une Machine, dont le mouvement fût aussi égal & aussi constant, *s'il est possible*, que celui d'une Pendule à Secondes, & qui n'eût pas les imperfections ausquelles les Pendules sont sujettes en Mer & en differens Climats.

Je réduis ces imperfections à trois principales, qui sont:

1°. Les Variations, quelques petites qu'elles soient, provenantes de la dilatation & retrecissement des Métaux, & de tous les Corps, dont la chaleur & le froid sont des causes évidentes, sans en exclurre d'autres.

2°. Les Variations encore bien plus considerables, causées par l'inégalité de la Pesanteur des corps en divers endroits du Globe terrestre, laquelle n'est pas encore réduite à des Regles certaines.

3°. La difficulté, ou peut-être l'impossibilité de suspendre une Pendule, de longueur à mesurer le tems avec la justesse requise, dans un Vaisseau sur Mer, de maniere que, les divers mouvemens du Vaisseau ne dérange pas le mouvement particulier de la Pendule.

J'ai tâché d'éviter de pareils inconveniens dans la construction de mon nouvel Horloge. Vous jugerez de la maniere dont je me ſuis pris pour y réüſſir. Si j'ai eu le bonheur d'y avoir ajoûté d'autres proprietez importantes à mon deſſein, c'eſt peu qu'elles ſoient nouvelles, je n'y regarde que leurs utilitez. En voici deux des principales :

La premiere de ces proprietez ſe trouve par l'application d'une certaine Courbe, *qui n'eſt pas encore connuë des Geometres, & qui excitera peut-être leur curioſité*, de conſerver une parfaite iſochroniſme aux Arcs des vibrations de diverſes grandeurs, & de quelque cauſe que cette diverſité de grandeur des Arcs puiſſe provenir.

La ſeconde conſiſte dans une methode de réduire les frotemens de la Puiſſance reglante à la moindre quantité qu'on veut, ou preſque à zero.

Ne pouvant entrer ici dans de grands détails, je me flâte que l'explication des Figures, & les Notes ſuivantes vous ſuffiront, pour en pouvoir tirer la plûpart des preuves des propoſitions ci-deſſus.

EXPLICATION DES FIGURES.

Planche premiere.

A. B. C. D. E. A. eſt la Platine du derriere de la Machine.

d, e, f, f. eſt une Ouverture circulaire faite dans la même Platine, pour mieux voir le jeu des pieces en-dedans.

G. H. I. G. compriſes entre les deux Cercles ponctuez, marquent un Cercle de Balancier, dont le plan

eſt vertical , & qui eſt poſé environ trois quarts de poûce
en-dedans de la Platine ci-deſſus. L'Axe de ce Balancier
eſt horiſontal , long de trois poûces environ , & s'étend
depuis la Platine du devant de la Cage, où l'on peut ſe
le figurer à preſent, comme tournant ſur un Pivot , juſqu'environ trois quarts de poûce en-dehors de la Platine du derriere , au bout duquel il y a un Cocq, non
pour recevoir un Pivot, mais ſeulement pour contenir
l'Axe en ſa place.

m , 1. eſt un Cercle de laiton , qu'ayant égard à ſon
uſage, j'appelle Rouleau. Il eſt poſé à un quart de poûce
en-deça du Balancier G. H. I. G. & m , 2. en eſt un autre de même, poſé un peu en-deçà de m, 1. tous les deux
en-dedans de la Platine A. B. C. D. E. A. & à peu près
également diſtans de la Platine & du Balancier. Les
Axes des Rouleaux ont chacun un poûce & demi de longueur , leurs Pivots en-dedans portent ſur deux Cocqs
poſez en-deçà du Balancier , & leurs Pivots en-dehors,
ſur deux autres Cocqs poſez en-dehors de la Platine. Ces
Cocqs ne ſont pas marquez dans la Figure, pour éviter
la confuſion dans le deſſein.

c , entre q , & p , qui eſt le centre du Balancier ,
eſt auſſi une eſpece de Pivot, ou plûtôt un Col tourné
dans l'Axe du Balancier, du dia metre d'une ligne; lequel
appuye ſur les circonferences des deux Rouleaux m , 1.
m , 2. à leur interſection en p. lequel Pivot tournant
avec le Balancier de côté & d'autre , donne auſſi aux
Rouleaux un tres-petit mouvement de vibration.

Sur le même Axe, ou Arbre du Balancier , continué
comme ci-deſſus, juſqu'à trois quarts de poûce en-dehors

de la Platine A. B. C. &c. est attaché la double Courbe, q, v, 1. q, v, 2. à laquelle est joint l'Aiguille q, o. avec sa Lentille, n, qui tourne à vis sur la Tige de l'Aiguille, pour faire équilibre avec la Courbe : de maniere que le Balancier, la Courbe, l'Aiguille & sa Lentille, doivent faire ensemble un parfait Equilibre.

x, y, z. est un Levier, qui a une Boule, z, au bout, & dans son milieu l'Arc t, t, décrit du centre x, qui est aussi centre du mouvement du Levier.

s, s, s. est un Fil tres-flexible, qui descend d'entre les deux Courbes, q, v, 1. & q, v, 2. & qui est toûjours tangeante à l'une ou l'autre des Courbes, & à quelque partie de l'Arc t, t.

T, est une Lentille qui entre à vis sur un bout du Levier, continué au-delà du centre x, en arriere. Son usage est de regler les durées des vibrations, en l'approchant ou l'éloignant d'x, & en même tems de faire porter le Pivot ou centre x, en bas sur les deux Rouleaux r, r. lequel porteroit en haut sans le Poids T. Imaginez à present des Rouleaux, comme r, r. sur lesquels porte le Pivot interieur du Balancier ci-dessus, que j'ai supposé d'abord couler dans la Platine de devant. Il faut imaginer de plus, un Cocq, pour recevoir les deux Pivots des Rouleaux r, r. & pour contenir x, qui a une Tige derriere qui traverse la Cage ; & son Pivot à l'autre bout, qui ne porte pas de poids, coule dans la Platine de devant.

K. B. L. est un Arc de la Platine A. B. C. &c. divisé en 90ᵈ. de B. en K. & de même de B. en L.

Lorsque la Machine est arrêtée, l'Aiguille q, o.

sera en B, ou zero ; & les Courbes y étant toûjours oppo-
sées, & par conséquent en bas, la Ligne ou Fil s, s, s,
deviendra une ligne droite & perpendiculaire à la
ligne horisontale ponctuée x, yy, zz, dans laquelle
ligne horisontale se trouvera alors l'Axe du Levier
x, y, z.

Les vibrations du Balancier étant alternativement
marquées par l'Aiguille q, o, de côté & d'autre de B,
ou vers K, ou vers L ; il est évident que le Fil s, s, s,
devient alternativement tangeante aux Courbes q, v, 1,
& q, v, 2. & demeure toûjours tangeante à l'Arc t, t.
élevant en même tems le Levier x, y, z. qui retombe ensuite par sa Pesanteur. C'est ainsi que le Balancier G, H,
I, G, & le Levier x, y, z, communiquent reciproquement leur mouvement l'un à l'autre à chaque vibration ; & les tems de ces vibrations sont déterminez par
le rapport qu'on met entre le poids du Levier, & celui
du Balancier. On est maître de ce rapport ; & la Machine que j'ai fait pour l'examen de l'Academie, bat
les Secondes.

Sur l'explication ci-dessus, il y a principalement à
remarquer :

1o. Que le Levier x, y, z, étant le principal Agent,
sur lequel la dilatation & le retrecissement puissent
avoir prise ; quelque allongement ou raccourcissement
qui survienne au Levier ; x, y, étant toûjours égal à
y, z : le Poids en z, & la Puissance en y, seront toûjours
dans le même équilibre, & par conséquent le Balancier
& le Levier agiront toûjours de même l'un sur l'autre.

2°. Que si l'on ajoûte du poids au Levier, en z par exemple, la Machine en ira plus vîte ; & si l'on en ôte du poids, elle ira plus lentement. Au contraire, qu'on ajoûte du poids au Cercle du Balancier, la Machine en ira plus lentement, & elle ira plus vîte, si l'on en ôte du poids : mais si l'on ajoûte du poids au Balancier & au Levier, en proportion de leurs masses respectives en même tems, ou qu'on ôte du poids de l'un & de l'autre en même proportion, on ne changera en rien les durées des vibrations : d'où il s'ensuit, que les inégalitez de la Pesanteur des corps, suivant divers endroits du Globe terrestre, n'apporteront point de changement au mouvement de la Machine.

3°. Que Messieurs les *Commissaires nommez par l'Academie Royale des Sciences, pour l'examen de cet Ouvrage, voulant former quelques conjectures sur ce qui pourroit arriver à cet Horloge par les mouvemens ordinaires d'un Vaisseau sur Mer, en ont fait plusieurs experiences ; entre autres, la Machine étant suspenduë dans une Berline, allant au trot environ deux lieuës, sur un chemin pavé, pendant une heure & demie, elle s'est trouvée au retour n'avoir varié qu'une seule Seconde, comparée à une des Pendules de l'Observatoire. Or si des secousses réiterées avec tant de précipitation, & dont plusieurs sont assez violentes, n'ont produit qu'un si petit effet, ne peut-on pas inferer sûrement que tous les mouvemens ordinaires d'un Vaisseau sur Mer, ne pourront produire sur cet Horloge dûëment suspendu, de variation sensible dans son mouvement

* Messieurs Saurin, Cassini, de Reaumur, & de Maïran.

particulier ? Ceux qui connoissent la Mer , jugeront mieux sur cet Article , que d'autres.

Voilà pour ce qui regarde les trois imperfections des Pendules, que je me suis attaché principalement de corriger dans cette Machine. Pour ce qui est des nouvelles proprietez que j'ai trouvé moyen d'y ajoûter , & qui contribuent beaucoup à la perfection de cet Horloge,

Notez , s'il vous plaît , avec quelque attention.

1°. Que si l'on attache alternativement à quelque Rouë du Mouvement, des Poids differens ; par exemple, deux Poids, étant l'un à l'autre , comme 1, à 8. le Poids 1 , fera décrire à l'Aiguille q, o ; l'Arc 30 , o , 30, & le Poids 8 , lui fera décrire l'Arc 60, o, 60. Tout autre Poids entre ces deux fera décrire à l'Aiguille aussi quelque Arc entre les deux ci-dessus ; & toutes les vibrations sur ces differens Arcs seront parfaitement isochrones, si les Courbes sont bien formées , & pas autrement.

Car si l'on changeoit la forme des Courbes ; par exemple, suivant les lignes *a* aa, bb , cc. alors l'Arc 30 , o , 30. décrit par le Poids 1 , employera plus de tems qu'une Seconde ; & l'Arc 60, o, 60. décrit par le Poids 8, employera moins de tems qu'une Seconde.

Au contraire, qu'on change les Courbes, suivant les lignes *b* d d , e e , f f , l'Arc 30 , o , 30, décrit par le Poids 1 , employera moins de tems qu'une Seconde ; & l'Arc 60 , o , 60, décrit par le Poids 8 , employera plus de tems qu'une Seconde.

a Figure 2. Planche premiere.
b Figure 3. Planche premiere.

D'où

D'où s'enfuivent deux confequences importantes. La premiere, qu'il y a neceffairement dans la nature une Courbe, comme q, v, 1. q, v, 2. avec les proprietez que je lui attribuë, & qu'il ne s'agit que de la fçavoir décrire ou former exactement. La feconde, que par fon moyen uniquement, toutes les inégalitez poffibles qui pourroient furvenir au roüage, loin de produire des variations, comme dans les Pendules & Montres ordinaires, n'en pourront point produire de fenfible fur la Puiffance reglante de cette Machine.

Notez 2°. Qu'on réduit les frotemens des Pivots de la Puiffance reglante, qui font les feuls intereffez dans la régularité du mouvement de cette Machine, à la moindre quantité qu'on veut. Car c, le Pivot du Balancier, qui porte prefque tout le poids du Balancier & du Levier, étant appuyé fur les deux Rouleaux m, 1. & m, 2. tout le frottement eft déja transporté aux Pivots de ces Rouleaux. Or la quantité du frottement d'un Corps fur un autre, étant exprimée par le Poids dont le corps frotant eft chargé, multiplié par le Chemin parcouru par les parties frotantes ; il eft évident que le frotement fur les Pivots des Rouleaux, n'eft à celui qu'il y auroit eu dans le Pivot du Balancier, frotant dans fon trou à l'ordinaire, que comme les diametres des Pivots des Rouleaux, aux diametres des Rouleaux mêmes. Outre qu'on eft maître de cette proportion des diametres refpectifs des Rouleaux & de leurs Pivots, on diminue encore le frotement qui refteroit par le calcul ; car en élargiffant un peu plus qu'à l'ordinaire les trous des Pivots des Rouleaux, les Pivots n'y frotent plus, & ne

font qu'un roulement sur un Arc de leurs circonferences, tout aussi petit qu'on veut. Ainsi la quantité des
frotemens de toutes les parties de la Puissance reglante
de cette Machine, est réduite presque à zero.

Pour la Ligne de Connexion s, s, s, on peut se servir d'une Chaîne de Montre fort déliée & tres-souple.
Je ne connois rien en quoi la flexibilité & la force necessaire s'y rencontrent si heureusement.

Au reste, il est aisé de regler cette Machine par une
Pendule à Secondes, à 2. ou 3. Secondes près en 24. heures ; & dans la premiere épreuve qu'on en a faite à
l'Observatoire, elle n'a varié que de 19. Secondes en 8.
jours entiers, d'une des Pendules de ce lieu, à laquelle
elle avoit été comparée par M. Cassini, pour en rendre
compte à l'Academie.

Vous remarquerez aisément, Monsieur, que tout
ce que je viens de dire ne regarde que les Principes sur
lesquels la Machine est construite. Il s'agit d'examiner
s'ils sont conformes, ou non, aux Principes déja reconnus de la Physique & de la Mechanique. Au reste, quelque vraye que se puisse trouver la Theorie que cette Description renferme, il faut du jugement & de l'adresse
pour la mettre en pratique avec succès. A l'égard des
erreurs qui se pourront manifester dans les experiences,
il n'y a que l'Artiste sçavant & judicieux qui pourra
distinguer celles qui proviennent de l'inexactitude des
Principes, d'avec celles qui pourront être produits par
certaines imperfections, peut-être inévitables, dans la
Matiere & dans l'Execution.

Cette remarque mérite attention ; & pourvû qu'on

B
90 80 70 60 50 40 30 20 JO O JO 20 30 40 50 60 70 80
Fig. 2.
G
I
H
L
C
Figure premiere
S
S
z
HENRICUS SULLY Londinensis invenit 1721 et fecit 1724.

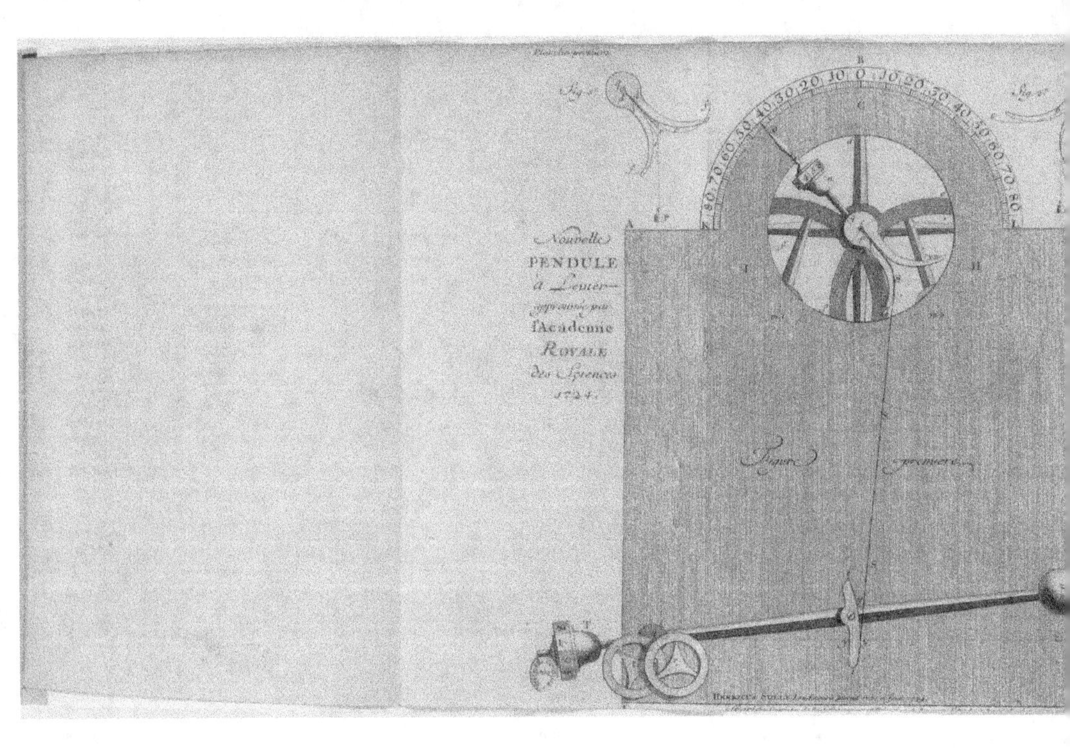

Planche première
Fig. I
B
Nouvelle PENDULE à l'enter-approuvée par l'Académie ROYALE des Sciences 1724
A
90 70 60 50 40 30 20 10 0 10 20 30 40 50 60 70 80
Figure première

n'y prenne pas le change , on ne doit pas douter qu'on ne porte cette Invention avec le tems à une grande perfection , & qu'on ne la rende par conſequent tres-utile à la Navigation.

Je traduirai le plûtôt que je pourrai en Anglois les deux Memoires que j'ai lû à l'Academie Royale des Sciences au ſujet de cet Ouvrage, que je vous enverrai par la premiere occaſion , avec des deſſeins plus dé-taillez , pour la plus parfaite intelligence de cette Ma-chine; & pour que, ſi vous le jugez à propos , vous ayez la bonté de les communiquer à la Societé Royale. En attendant, faites-moi , s'il vous plaît , la grace de me dire ce que vous en penſez en votre particulier. Je ſçais le reſpect que je dois à vos jugemens, & tres-particulie-rement ſur une choſe de cette nature ; & je me flate que vous aurez la bonté de regarder , & l'Eſquiſſe que je vous envoye à preſent, & la Grace que je vous demande, comme les marques les plus ſinceres que je puis vous donner de la haute eſtime que je fais de votre perſonne & votre mérite.

Je ſuis ,

MONSIEUR,

Votre tres-humble & tres-obéiſſant Serviteur ,
SULLY,

De Verſailles , le 29. Juin 1724.

EXTRAIT DES REGISTRES
de l'Academie Royale des Sciences.

Du 11. Mars 1724.

MESSIEURS SAURIN, CASSINI, DE REAUMUR, & DE MAIRAN, qui avoient été nommez pour examiner une Horloge, inventée & executée par M. SULLY, pour une plus juste mesure du tems en Mer, en ayant fait leur Rapport, & ayant dit que cette Horloge en repos, comparée aux Pendules à Secondes de [a] l'Observatoire, ne s'en étoit écartée que de quatre ou cinq Secondes par 24. heures; que suspenduë dans une Berline, qui alloit au trot sur un chemin pavé, il s'étoit trouvé au retour, après une heure & demie, qu'elle avoit retardé de 4. Secondes, à l'égard de la [b] Pendule de l'Observatoire : mais que comme étant en repos, elle retardoit de plus de trois Secondes dans une heure & demie, son retardement par le mouvement de la Berline n'étoit que d'une Seconde ; que suspenduë à diverses reprises à une corde de dix-huit pieds, où on lui faisoit décrire differens

[a] Observation du 8. Janvier 1724. au 16. par une Pendule reglée sur le Tems moyen.

[b] Observation du 10. Mars, par une autre Pendule qui n'étoit point reglée sur le Tems moyen.

Arcs de Cercle, jufqu'à 40. ou 50. degrez, elle avoit avancé de plufieurs Secondes en peu de tems, les grandes Ofcillations la faifant avancer plus que les petites; la Compagnie a jugé que cette Horloge étoit nouvelle à bien des égards ; que les variations inévitables caufées par les frotemens, étoient diminuées par une voye fimple, ingénieufe & nouvelle dans fon application ; que les recherches de l'Auteur étoient fubtiles , & fes explications nettes , quoique l'on n'en veüille pas adopter tous les raifonnemens , & que fon Horloge méritoit que des perfonnes intelligentes en fiffent des épreuves fur Mer. En foi dequoi j'ai figné le prefent Certificat. A Paris, ce 15. Mars 1724.

Signé, FONTENELLE, Secretaire perpetuel de l'Academie Royale des Sciences.

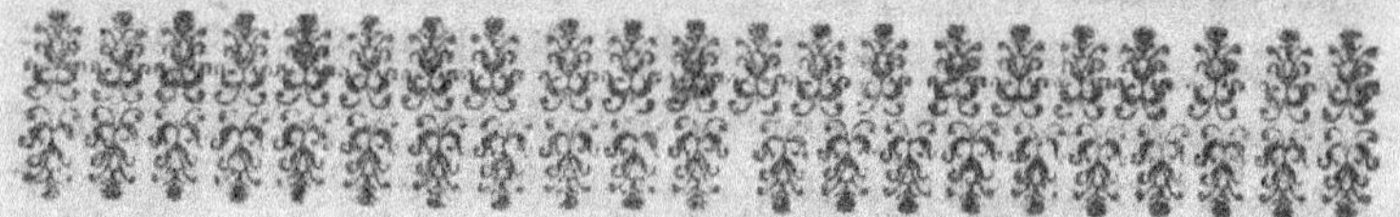

REMARQUES

Sur l'Extrait de l'Academie.

DEPUIS les experiences qu'on a fait de la Pendule de M. Hugens sur la Mediterannée, & qu'on trouve rapportées dans son excellent Livre *de Horlogio Oscillatorio.* Rien n'a paru jusqu'ici pour la juste mesure du Tems sur Mer, dont les Sçavans ayent pû avoir une opinion favorable, ou à quoy ils ayent donné, que je sçache, la plus legere Approbation autentique : ainsi j'ai lieu de m'estimer fort honoré de ce que le Résultat du Jugement de l'Academie Royale des Sciences, est que ma Machine mérite qu'on en fasse des épreuves sérieuses sur Mer.

Ceux qui connoissent bien le *stile* des Jugemens de cette sçavante Compagnie, & avec quelle sagesse & quelle retenuë Elle les porte, sur tout à des choses qui tirent à consequence, peuvent assez sentir combien ce Jugement m'est avantageux : car en effet, c'est tout ce que j'ai pû esperer, & même souhaiter. Une obligation de plus que j'ai à Messieurs les Commissaires nommez par l'Academie pour l'examen de ma Machine, c'est qu'ils ont bien voulu que le Public fût instruit des experiences particulieres qu'ils en ont fait, & de la maniere dont elles leur ont réuſſi; car ils ont mis par ce moyen chacun en état de porter ſon Jugement ſur les Experiences rapportées, & ſur la Conſequence qu'ils en ont eux-mêmes tirée. Comme je puis auſſi en porter le mien, j'ai crû le devoir joindre ici, tant pour l'interêt que j'y dois prendre, que parce que la Machine m'eſt juſqu'à preſent plus intimement connuë qu'à perſonne, & pour l'avoir longtems méditée, & pour en avoir fait un grand nombre d'experiences en mon particulier.

On a eu en vûë par les experiences faites à l'Academie, de connoître:

Premierement, quel rapport de juſteſſe il y avoit entre le mouvement de la Machine en repos, & celui d'une Pendule à Secondes bien reglée.

Secondement, de former quelques conjectures ſur ce que pourroit produire ſur cette Machine les mouvemens ordinaires d'un Vaiſſeau ſur Mer, en lui faiſant ſubir d'autres mouvemens particuliers, qu'on a ſuppoſé avoir quelqu'analogie avec ceux du Vaiſſeau.

Pour la premiere de ces vûës, on a trouvé à la Machine dans la premiere experience faite à l'Obſervatoire, plus de juſteſſe, qu'on ne trouve dans les Pendules ordinaires, hormis les Pendules à Secondes. La variation totale, en ſuppoſant la Pendule de l'Obſervatoire parfaitement juſte, n'ayant été pendant 8. jours, que de 19. Secondes.

Pour le ſecond objet des Experiences, il eſt aſſez mal-aiſé d'imaginer des mouvemens qui ayent quel-

que reſſemblance avec ceux d'un Vaiſſeau ſur Mer. On
eſſaye ceux qu'on trouve à portées ; on ne ſçauroit
mieux faire : mais il reſte toûjours à examiner le rapport qu'ont les mouvemens qu'on employe avec ceux
dont on veut connoître l'effet. Cette comparaiſon eſt
aſſez difficile à bien aprétier ; mais on le peut faire à
coup ſûr en gros, ſans riſquer de s'y tromper. Pour éviter des détails. Qu'on mette telle Pendule qu'on voudra
aux épreuves où l'on a mis la Machine en queſtion : je
croi, ſans l'avoir éprouvée, qu'on en ſeroit peu ſatisfait.
Mais des Pendules dûëment *ſuſpendues s'entretiennent
en mouvement ſur mer ; de façon même que les mouvemens du Vaiſſeau ne ſont pas peut-être le plus grand
obſtacle à leur juſteſſe : d'où l'on peut, ce ſemble, tirer
des conſequences tres-avantageuſes en faveur de la Machine : des conſequences mêmes ſi claires, qu'elles doivent preſqu'entierement effacer la comparaiſon des
mouvemens experimentez, avec les mouvemens effectifs d'un Navire.

Suppoſant que cela ſoit, il ne me reſte qu'à me rectifier ſur quelques erreurs de raiſonnement où j'aurois
pû tomber, ſans m'en être encore apperçû. On me trouvera diſpoſé à recevoir avec plaiſir les éclairciſſemens
qu'on voudra me donner. J'attends cette grace de ceux
qui

a Voyez Hugenti, *Horlogium Oſcillatorium*, fol. *Pariſiis* 1 6 7 3.
pag. 2 0. de l'Edition des Oeuvres *d'Hugens*, de Rotterdam 1 7 2 4. Tom. I.
pag. 49. & 50. Cette Edition ſe trouve à Paris, chez Briasson, ruë
ſaint Jacques.

qui aiment la verité, & qui se plaisent à la communiquer à ceux qui la cherchent uniquement & de bon cœur.

On ne doit pas être surpris que l'Academie *n'adopte pas tous mes raisonnemens.* Elle ne se rend jamais garand de tous les raisonnemens d'un Particulier. Ce seroit se commettre inutilement. Les raisonnemens qui auroient assez de force & de clarté pour se faire sentir par eux-mêmes aux personnes capables d'en juger, ne semblent guéres avoir besoin d'un secours étranger. Les raisonnemens au contraire qui ne peuvent se soutenir par leur propre force, ne méritent certainement pas un si illustre appuy.

Au reste, c'est bien assez que les experiences déja faites sur ma Machine, ne servent qu'à prévenir en sa faveur. Ce préjugé favorable porte naturellement à un examen des Principes; & c'est à quoi j'excite les Curieux. Personne de ceux qui ont examiné cet Ouvrage avec attention jusqu'ici, ne me dispute que cette Horloge ne soit par les principes de sa construction fort superieure à tout ce qui a été connu jusqu'à present, pour l'usage que j'en veux faire; & j'espere pouvoir démontrer dans la suite, qu'au moyen des deux Horloges dont il est parlé dans le second Memoire que j'ai lû à l'Academie, avec le secours qu'on peut tirer des pratiques de Marine un peu corrigées, & des Observations Astronomiques que chaque Pilote intelligent est à portée de faire lorsqu'il y sera bien instruit; j'espere, dis-je, démontrer qu'on aura non-seulement à peu près tout ce qu'il faut pour la connoissance des Longitudes sur Mer,

mais auſſi, des plus grandes facilitez pour les Obſervations Aſtronomiques qui ſervent à rectifier les Cartes; en
un mot, pour perfectionner davantage & la Geographie,
& la Navigation. L'accueil qu'on fera à ces premiers
efforts, me déterminera ſur la maniere dont je les dois
continuer.

A Verſailles, ce 22. Mars 1724.

DISSERTATION SUR LA NATURE
des tentatives pour la découverte de la Longitude sur Mer, des récompenses qu'on a attaché à cette découverte, & sur les usages des Pendules de Mer; ce qui doit servir de (a) PREFACE à la Description generale de cette Invention, que l'Auteur prépare pour l'Impression. Par H. SULLT.

L'Invention qui fait le sujet de cet *b* Ouvrage, y est expliquée d'une maniere à être entenduë de toutes sortes de personnes. Les deux Memoires lûs là-dessus devant l'Academie Royale des Sciences, sont à la verité fort concis, étant calculé seulement pour les Sçavans. Les Lettres qui les suivent, expliquent d'une maniere plus détaillée plusieurs choses, qu'on a supposé entenduës dans les Memoires, ou qu'on n'y a touché que tres-legerement, & j'ai suppléé d'ailleurs ce qui

---

a *Ce qui doit servir de Préface.* Pout qu'on ne trouve pas trop singulier que je donne à la suite d'un Ouvrage ce qui n'étoit destiné qu'à servir de Préface à un autre. Il suffit de dire que j'ai crû après coup que ce discours convenoit à cette double fin, en lui donnant seulement un autre nom. On en jugera mieux après l'avoir lû.

b *Cet Ouvrage.* J'entends l'Ouvrage futur.

pouvoit encore manquer, pour donner une notion juste de cet Ouvrage. Ma vû principale est de mettre les Sçavans & les personnes ingenieuses en état de former quelque jugement sur les proprietez de cette nouvelle Machine, que j'ai produit enfin telle que j'ai pû, après plus de vingt années d'étude & d'application, & que je publie à present, dans le dessein de l'avoir critiqué par les Sçavans & les personnes judicieuses.

De quel succès que je me puisse flater, je n'ignore pas que je dois quelque sorte d'apologie au Public, pour avoir osé seulement *tenter* une Entreprise autant disgraciée, comme a été celle-ci, par le ^c grand nombre de vaines & ridicules prétentions qu'ont eu tant de gens à cette Découverte avec si peu de succès. Tout ce que je puis dire là-dessus est que, j'ai commencé par me bien informer du sujet de ma recherche, que je me suis contenté d'aller lentement, pour mieux voir clair devant moi, & pour ne point laisser des difficultez en arriere, & que j'ai été constamment déterminé à me bien garder du ridicule, dont tant d'autres se sont couverts, pour s'être félicitez avant le succès. Pour ne pas pecher à l'égard de ce dernier point, j'ai évité avec scrupule dans les deux Memoires que j'ai lû devant l'Academie, de *prononcer* seulement *un certain mot*, fort innocent pourtant, & qui auroit pû y avoir trouvé assez

---

c *Par le grand nombre.* Je ne prétends pas confondre dans ce grand nombre plusieurs tentatives tres-ingénieuses, qui ont été faites par des personnes d'un mérite reconnu, quoiqu'elles n'ayent pas eu le bonheur de réussir. Je n'entends parler ici que de ceux qui ont deshonoré une si noble entreprise par leur ignorance des Principes, ou par des Extravagances marquées.

naturellement sa place, mais qui, par l'usage qu'on en a souvent fait, se trouve presque aussi deshonoré dans le Public, que *la Pierre Philosophale*, & *le Mouvement Perpetuel*.

Je me suis tenu à un Titre plus humble, que je n'ai cherché à remplir que par une suite de pensées méditées avec soin, & qui découlent tres-naturellement des principes déja reconnus de la Physique & de la Mécanique.

Heureusement, la connexion nécessaire, est bien connuë parmi les Sçavans, entre une juste mesure du Tems sur Mer, *si l'on y peut parvenir*; & ce qui[d] reste à souhaiter pour la connoissance des Longitudes dans la Navigation : & c'est la consideration des inestimables avantages qui reviendroit d'une pareille découverte, qui a porté quelques[e] Puissances Maritimes à promettre de grandes récompenses à qui y pourroit réussir.

d *Ce qui reste à souhaiter.* On a déja d'excellentes methodes pour fixer les Longitudes Geographiques : il ne s'agit que de les mettre plus generalemens en pratique, pour pouvoir placer sur les Cartes tous les lieux de la Terre, avec toute la précision requise, dont ceux des Côtes doivent être les plus recherchez, par rapport à la Navigation. Quelques-unes de ces Methodes, fondées sur des phenomenes Astronomiques, sont également utiles sur Mer à ceux qui sçavent s'en servir avec jugement, comme les Eclypses de la Lune, & d'autres. Mais comme ces phenomenes n'arrivent que rarement, qu'ils sont encore plus rarement visibles pour tous les Habitans du Globe Terrestre, prises ensemble, & que la pluspart des Marins ne sçavent pas en tirer d'utilité, lorsqu'ils les voyent; il ne reste que trop à souhaiter sur cette matiere, qui interesse les biens & la vie même de tant de personnes.

e *Quelques Puissances Maritimes.* Ces Puissances sont principalement l'Angleterre & la Hollande. La premiere a promis 20,000 liv. sterlins ; & la seconde, 100,000 florins. Je ne sçache point que d'autres Puissances ayent rien promis d'une maniere authentique.

Ces promeſſes méritent qu'on y faſſe attention.

Des récompenſes de cette nature , ſont ſans doute propoſées pour exciter l'induſtrie des perſonnes habiles & ingénieuſes : mais elles ſont malheureuſement accompagnées de telles difficultez , qu'elles perdent par-là la plus grande partie de la force qu'elles pourroient autrement avoir ſur l'eſprit des gens un peu entendus , & qui connoiſſent le monde.

On ne peut avoir que tres-difficilement la moindre prétention à ces récompenſes propoſées ; & on a ſujet de croire que la difficulté de les obtenir , eſt encore plus grande. Ce qu'on peut concevoir tres-facilement, de la nature de la choſe , & des differens talens requis pour faire quelque progrès dans le premier, & pour réüſſir dans le ſecond.

Quel eſt l'homme, s'il a quelque notion des difficultez à ſurmonter dans une pareille entrepriſe , qui peut ſe flater des eſperances d'un plein & parfait ſuccès? Et s'il le pouvoit, juſqu'à quel Age faudroit-il qu'il vive, pour avoir aſſez de tems, de faire par lui-même, toutes les expériences néceſſaires, & pour donner des preuves ſuffiſantes pour convaincre tout le monde de ſon ſuccès ? Quelle *Fortune* , & quelle *Conſtance* faudroit-il avoir, pour pouvoir avancer dans une carriere ſi difficile, & pour vaincre enfin les obſtacles que les *Préjugez* , l'*Indifference* , l'*Ignorance* & l'*Envie* mettent continuellement en ſon chemin? Ainſi, ſelon toute apparence , les eſperances chimeriques d'obtenir ces magnifiques récompenſes , ſeront pour longtems la portion des futurs Auteurs des Projets chimeriques. Un homme dans son bon sens ne les pourra jamais esperer dans toute leur étenduë ; & un sage Gouvernement, qui en promettant une grande récompense, suppose que quelqu'un le peut mériter, ne peut cependant jamais attendre de grand succés d'*un seul homme* quelconque, sans en quelque maniere concourrir avec lui, en lui prêtant la protection & l'assistance aussi necessaires du moins pour sa réüssite d'un côté, qu'est son sçavoir, son génie, & son application de l'autre.

Cependant, quelques grandes que soient ces difficultez, elles ne devroient point absolument décoarager un homme qui espere faire quelque chose dans ce genre, qui peut tôt ou tard devenir utile au Public. Une découverte, ou addition notable, dans quelque Art ou Science, qui auroit une tendance claire & naturelle à produire l'effet qu'on se propose, ne pourra guéres manquer d'être accompagnée de quelque honneur, & suivie de quelque avantage. Des récompenses d'une façon ou d'une autre, s'éleveront naturellement de quelque Quartier, & le viendront trouver d'elles-mêmes, s'il peut constamment & patiemment les attendre, sur-tout lorsqu'elles paroîtront avoir été bien méritées, & qu'elles font par conséquent autant d'honneur à ceux qui les donnent, qu'à celui qui les reçoit.

Quelque petite que soit la prétention que j'ai moi-même euë jusqu'ici à cette sorte de mérite, que j'avoüe d'avoir ambitionné ; & combien que ce soit à la mode de se plaindre, jusqu'à quel point l'encouragement des Arts est generalement negligé, je ne sçaurai que re-

connoître avec la plus haute gratitude que j'ai déja
reçû des marques tres-diftinguées de la bonté Royale,
de la protection la plus gracieufe du premier Prince
du Sang, & de la bienveillance du Prince qui a l'ad-
miniftration des Affaires du Royaume, & de tous les
Miniftres de la Cour de France ; & que celles-ci ont
été fecondées encore par les genereux offices de plufieurs éminentes & nobles Perfonnes, tant de cette
Cour, que de ma propre Nation, & des Pays Etran-
gers, à qui j'ai eu l'honneur d'être connu à l'occafion
de cet Ouvrage, & qui m'ont aidé d'une maniere peu
commune, & dans la feule vûë de me mettre mieux
en état de perfectionner une Invention, que tous les
Sçavans qui la connoiffent jufqu'à prefent ont approuvé,
& dont ils efperent un fuccès utile pour le Public. C'eft
pourquoi, quelques facrifices que j'aye fait jufqu'ici
d'une bonne partie de ma vie paffée, & de plufieurs avantages de la fortune, afin de faire quelque chofe pour l'utilité publique ; ni je ne regrette
le paffé, ni je ne fuis pas trop inquiet de l'avenir :
auffi ne ferai-je pas totâlement fans récompenfe,
pour toutes les peines que je me fuis donné ; car
outre les honneurs & les avantages ci-deffus, & d'autres aufquels je ne renonce pas, j'ai eu beaucoup de
plaifir dans la pourfuite de mes vûës, qui m'ont toûjours paru devoir réuffir ; & ce plaifir fe trouve augmenté à chaque pas que la réuffite fe dévelope & fe
démontre. Et quand même elle ne devroit jamais être
auffi parfaite, comme je la pourrois fouhaiter, il me
reftera toûjours la fatisfaction d'avoir tant foit peu

ajoûté

ajoûté à la perfection d'un Art, déja au nombre des plus ingenieux & des plus utiles.

Qu'il me soit permis à present de parler un peu plus particulierement de cette Invention, & des usages qu'on en pourra faire à coup sûr, & en attendant qu'Elle soit assez perfectionnée, *s'il est possible*, pour servir d'une mesure du Tems aussi *juste* & aussi *universelle*, comme on la peut souhaiter. Et je tâcherai de m'expliquer là-dessus d'une *f* maniere que toutes les personnes qui ont l'esprit juste, me puissent entendre, quelque peu qu'elles soient accoûtumées à ces sortes de matieres.

Je n'insisterai pas plus qu'il ne faut sur l'avantage qu'on pourra tirer de ces *Pendules à Levier*, dans l'usage ordinaire; car pour ce qui est de la grande justesse dans la mesure du Tems pour un même endroit, rien, selon les apparences n'excedera, ni peut-être n'égalera jamais la *Pendule à Secondes* : mais comme cette grande justesse, par exemple, de ne pas s'écarter d'une Seconde ou deux du *Tems g moyen* ou *égal*, pendant

---

f *D'une maniere que toutes les personnes, &c.* C'est pourquoi j'ai ajoûté encore à ce discours ces Notes & les Figures de Planches 2. & 3. Les Sçavans sur ces matieres pourroient s'en passer ; mais elles seront utiles à d'autres.

g *Tems moyen ou égal. La connoissance des Tems.* Livre imprimé tous les ans par ordre de l'Academie Royale des Sciences, explique ce qui regarde la mesure du Tems, & le mouvement du Soleil. On trouvera ces matieres encore plus détaillées dans un Livre que j'ai publié en 1714. sur le Titre de *Regle Artificielle du Tems*, & dont je donnerai incessamment une seconde Edition ; & l'on en trouvera assez pour l'usage ordinaire, dans un espece d'Abregé du même Livre, qui sera publié au premier jour sur le Titre de *Methode pour regler les Montres & Pendules.*

D

plusieurs jours de suite, n'est point necessaire dans l'u-
sage ordinaire, puisque le *Tems égal* differe encore
beaucoup davantage du *Tems apparent*, ou du vray
Tems du jour, comme il nous est mesuré par le Soleil;
il ne laisse pas d'y avoir de l'agrément de se servir de
ces *Pendules à Levier*, qui répondront toûjours aux
usages ordinaires tout aussi bien que les *Pendules à Secondes*, & qui en même tems deviennent bien plus
commodes, par le peu de volume qu'elles occupent,
& par la facilité qu'elles donnent à les transporter d'un
lieu à un autre, sans en déranger le Mouvement.

Outre cette commodité, Elles en ont une autre tres-
considerable par-dessus les *Pendules à Secondes*; c'est
qu'en les embalant sûrement, ce qui est tres-aisé à faire,
on les peut envoyer dans les Pays les plus éloignez, sans
danger, ni embarras; & non-seulement chacun les
peut mettre en Mouvement sur le champ, sans l'aide
d'un Horloger: mais aussi Elles se trouveront tout aussi-
bien reglées d'abord pour le *lieu* où Elles arrivent,
qu'Elles l'étoient auparavant pour le *lieu* d'où Elles par-
tent; & avec tout cela, Elles n'occupent chacune avec
sa Boëte qu'un pied tout au plus d'étenduë, dans ses
plus grandes dimensions. Au lieu que la Pendule à Secondes avec sa Boëte, a ordinairement six à sept pieds
de longueur, ne s'embale que difficilement, ne peut
être placée & mise en mouvement, comme il faut, que
par l'aide d'un Horloger, même assez adroit; ce qui ne
se trouve point, ou difficilement, en plusieurs lieux, où
l'on a coûtume de les envoyer; & encore faut-il
avoir ensuite le soin & l'adresse de les bien regler

de nouveau, pour le lieu où elles se trouvent.

Mais une chose principale en quoi la Pendule *à Levier* l'emporte sans comparaison sur la Pendule *à Secondes*, c'est par sa grande [b] commodité dans plusieurs usages Astronomiques. Portative, comme Elle l'est ; si facile à mettre en mouvement, & se trouvant également bien reglée dans tous les lieux par Elle-même, on s'en pourra servir sur le champ, sans embarras, & sans perdre de tems : au lieu que la Pendule *à Secondes* est beaucoup moins portative ; plus difficile à dresser & à mettre en mouvement, & lorsqu'elle change de Climat, elle a toûjours besoin d'être reglée de nouveau ; ce qui demande tant d'adresse, donne tant de peine, & consume tant de tems, qu'on perd souvent par là les occasions de faire les Observations les plus importantes, ou l'on ne s'avise pas de les entreprendre, par les difficultez qu'on prévoit d'en venir à bout.

Ainsi en attendant que les Experiences necessaires à faire, ayent convaincu le Public jusqu'à quel point la *Pendule à Levier* pourra être utile pour la connoissance des *Longitudes sur Mer*, il est déja démontré qu'Elle sera du moins d'un grand usage pour mieux fixer les *Longitudes Geographiques* : parce qu'étant toûjours reglée & prête pour l'usage, on pourra s'en servir sur le champ dans tous les *lieux* où l'on met pied à terre ; & l'ayant seulement ajustée sur l'*heure* ou le *Meridien* du lieu, on en pourra aisément connoître la Longitude avec

---

h *Sa grande commodité dans plusieurs usages Astronomiques.* Je n'avance pas ceci de mon chef. Des plus habiles Astronomes l'ont dit devant moi, & je m'en rapporte à eux de tout ce que je dis sur cet Article.

assez de précision, en¹ observant une seule Immersion, ou Emersion du premier Satellite de Jupiter, dans¹ tous les tems que cette observation se pourra faire. Ce qui donne une grande facilité pour perfectionner davantage les Cartes Marines, & seroit souvent d'une grande utilité dans les Navigations mêmes, de ceux qui se donneroient les soins de faire de pareilles Observations.

La *Montre* de nouvelle construction, indiquée dans le second Memoire, & que j'appellerai pour la distin-

1 *En observant une seule Immersion, ou Emersion du premier Satellite de Jupiter.* Les Satellites de Jupiter sont ses Lunes, dont il en a 4. qui font leurs révolutions autour de lui à des distances differentes de ce vaste Globe, & en differens tems. Le plus proche de Jupiter est celui qu'on appelle le premier Satellite, qui fait sa revolution en 1 jour 18 h. & ½. Le second fait la sienne en 3 j. 13 h. & ¼. Le troisiéme, en 7 jours 4 h. Le quatriéme, en 16. jours 18 h. ou environ ; en negligeant ici quelques Minutes & Secondes, sur quoi les plus habiles Astronomes ne s'accordent pas trop, je ne sçais pas pourquoi. J'en parlerai ailleurs. Chacune de ces Lunes de Jupiter éclypse une partie du disque éclairé de cette Planette, en passant entre elle & le Soleil, comme la quatriéme, *Figure* 3. & en est éclypsée en passant derriere Jupiter, comme la troisiéme, & cela à chaque révolution : en ceci du moins differente de notre Lune qui environne la Terre, & qui ne l'éclypse, & n'en est éclypsée que rarement, par des raisons bien connuës, & dont je n'entrerai pas ici. On appelle *Immersion* d'un Satelite son entrée dans l'ombre de Jupiter, comme le premier, & son *Emersion*, la sortie de l'Ombre, comme le second, *Figure* 3. Les *Immersions* s'observent depuis la conjonction de Jupiter avec le Soleil, jusqu'à son opposition suivante, comme de la Terre en ♑, & ♈, & les *Emersions*, depuis l'opposition de Jupiter avec le Soleil, jusqu'à la conjonction suivante, comme de la Terre en ♋, & ♎. *Figure* 2. Dans ces *Immersions*, ou *Emersions*, le Satellite disparoît ou reparoît tres-subtilement, principalement le premier, par la vîtesse de son mouvement, & qui est celui qu'on s'attache le plus à observer, à cause que ses Eclypses sont plus frequentes.

1 *Dans tous les tems que cette Observation se pourra faire.* Qui est 9. à 10. mois de l'année, lorsque le mauvais tems, ou un Ciel couvert n'y portent pas d'obstacle.

guer, *Montre* m *Marine*, a aussi des usages tres-conside-
rables, outre la *n* principale pour laquelle je l'ai imaginé, & qu'on trouvera expliqués dans ledit Memoire.
Comme son mouvement est beaucoup plus juste que
toute autre *Montre portative* qu'on ait faite jusqu'ici,
on pourra fort bien s'en servir pour l'observation des
Satellites de Jupiter. En un mot, Elle pourra servir à
tous les usages sur Mer & sur Terre, ausquelles on peut
appliquer une Machine, qui réunit en soi la justesse à
peu près des *Pendules ordinaires*, avec la commodité
des *Montres portatives*, sans que les mouvemens les
plus violents d'un Vaisseau sur Mer, ou ceux d'un Carosse, Chaise de Poste, ou autre Voiture sur Terre, puissent sensiblement déranger la justesse de son mouvement.

Pour rendre encore plus intelligible tout ce que je
viens de dire, à ceux, qui avec beaucoup de sagacité en
d'autres choses, pourront n'être pas assez au fait du
rapport qu'il y a entre la juste mesure du Tems, & la
connoissance des *Longitudes*; je me crois indispensable-

m *Montre marine*. Une grosse Montre d'une nouvelle construction, dont
j'expliquerai les proprietez dans la Description generale de mes Machines
pour la Mer. *Planche* 3. *Figure* 2.

n *La principale*. L'usage principal dont je parle ici, est pour servir de
supplément à l'*Horloge à Levier*, en cas que l'*Horloge* se trouve dérangée
dans une Tempéte, ou par d'autres accidents. La *Montre* qui doit être tous
les jours reglée sur l'*Horloge*, conservera la juste mesure du Tems avec assez
de précision, pour quelques heures ou jours, quelque violent que soit
le mouvement du Vaisseau, jusqu'à ce que l'*Horloge à Levier* soit remise en état.

ment obligé d'expliquer cette matiere ici, avec toute la clarté possible : ayant remarqué qu'il y a nombre de gens de tres-bon sens, & fort versez en d'autres matieres, qui ne sçavent pas seulement ce que c'est que la *Longitude*. Beaucoup d'autres qui entendent assez ce que veut dire le terme de *Longitude*, ne conçoivent point, sans qu'on le leur explique, comment on la peut connoître par une juste mesure du Tems; & d'autres encore prévenus contre la possibilité de la chose, de quelque maniere qu'on s'y prenne, plûtôt pour l'avoir souvent oüi dire impossible, que par Raison, & par un Act de leur propre jugement, apprehendent de se deshonorer, en quittant des préjugez, qui, depuis si longtems ont trouvé place dans leur esprit. Tous ces Messieurs méritent bien qu'on se donne la peine de les éclaircir & de les convaincre.

Pour les premiers, ceux qui ne sçavent pas ce que c'est que les Longitudes; il suffit de leur dire, qu'on suit deux mesures, principalement dans la division du Globe Terrestre. On appelle l'une *Latitude*, & l'autre *Longitude*. La *Latitude* se mesure de l'Equateur aux Poles, Nord & Sud. On l'appelle *Boreale*, ou *Australe*, suivant qu'elle est dirigée vers l'un ou l'autre Pole. On la voit marquée dans les Cartes du bas en haut pour l'Hemisphere Boreale, & de haut en bas pour l'Hemisphere Australe. La *Longitude* se mesure sur l'Equateur, & suivant sa direction, sur toutes ses Paralleles, d'Occident en Orient, ou d'Orient en Occident; & on la voit marquée dans les Cartes, en haut & en bas,

de la gauche à la droite. Les Livres de Geographie en
inftruiront *o* plus à fonds, qu'il ne m'eft permis de le
faire ici.

o *Les Livres de Geographie en inftruiront plus à fond*, &c. J'ai pourtant
ajoûté la Planche feconde, pour éclaircir davantage cette matiere, qui fait
le fujet principal de mon Difcours.

Les Notes fur ces Figures feront peut-être un peu longues : mais on fe
fouviendra que je ne les ai faites que pour ceux à qui elles pourront faire
plaifir.

Figure premiere, eft la projection du Globe terreftre en perfpective,
comme il paroîtroit à l'Equinoxe d'Automne, étant vûë de loin, comme
de la Lune, en conjonction avec le Soleil, à l'heure du Midi pour le premier Meridien, ou à 1 h. 20 min. aprés midy, pour le Meridien de Paris,
à la réferve des Lignes, qui ne font qu'imaginées pour la démonftration des
problêmes, touchant les ufages du Globe & de la Sphere.

Les Lignes à remarquer ici, font l'*Equateur*, l'*Ecliptique*, les *Tropi-*
ques, les Cercles *Polaires*, & toutes les *Paralleles*, depuis l'Equateur jufqu'à l'un & l'autre Pole, & les *Meridiens*, avec les deux points N. S. qui
font les *Poles*, *Nord* ou *Boreal*, & *Sud*, ou *Auftrale*.

a, E, b, l'*Equateur* eft un grand Cercle qui divife le Globe en deux
parties égales par le milieu, & à diftances égales de l'un & l'autre
Pole.

c, ♋, & d, ♑, font deux Cercles qu'on appelle *Tropiques*, qui marquent les
extrémitez de la déclinaifon du Soleil, au plus long jour d'Eté, & au plus
court d'Hyver. Le premier au Nord eft le Tropique de *Cancer*, & l'autre au
Sud eft celui de *Capricorne*, chacun éloigné de 23.½ degrez de l'Equateur,
de côté & d'autre, & renfermant entr'eux cette portion de la furface du
Globe, qu'on appelle *Zone Torride*. Les jours & les nuits y font partout
à peu près de même longueur en tout tems, & on y a le Soleil à plomb fur
la tête à midi.

e, f, g, h, font les Cercles qu'on appelle *Polaires, Artiques & Antarti-*
ques, ou Nord & Sud. Ils renferment chacun avec fon Tropique de même côté, une des deux portions de la furface du Globe, qu'on appelle les
Zones Temperées. Les jours & les nuits y font de differentes longueurs,
fuivant les Saifons ; & le Soleil y eft plus ou moins élevé fur l'Horifon,
depuis l'aplomb, jufqu'aux bords de l'Horifon, fuivant qu'on eft plus ou
moins éloigné du Tropique.

Les Cercles *Polaires* renferment chacun vers fon *Pole* une des deux autres
portions de la furface du Globe, qu'on appelle les *Zones froides*. Le jour
y eft continuel pendant l'Eté, & la nuit de même pendant l'Hyver. Voyez

Ceux qui ne conçoivent pas comment une Horloge qui mesure le Tems avec précision, pourra servir pour connoître les *Longitudes*, ou ce qui est la même chose, la distance ou situation des lieux, les uns à l'égard des autres, par rapport à l'Orient & l'Occident, n'ont qu'à considerer de quelle maniere la Terre est éclairée journellement du Soleil tout autour, & dans toutes ses parties, successivement d'Orient en Occident, dans l'espace de 24. heures. Comme tous les Cercles du Globe sont divisez en ᵖ 360. degrez, il

Figure 2. ♄, ♋. Toutes les autres Lignes tirées en même sens, depuis l'*Equateur*, jusqu'aux *Poles*, sont aussi des Cercles qu'on appelle *Paralleles*. On en peut imaginer tant qu'on veut; il n'y en a ici que de dix en dix degrez.

c, E, ♄, est l'Ecliptique, ou le chemin annuel du Soleil, ou plûtôt de la Terre autour du Soleil.

Les Lignes qui coupent toutes celles ci-dessus, sont des *Meridiens*, dont on peut aussi imaginer tel nombre qu'on veut. Un *Meridien* est un grand Cercle du Globe, qui coupe l'*Equateur* à Angles droits, & qui passe par les *Poles*. On n'en met ici que de quinze en quinze degrez. On appelle des Meridiens ainsi placez, *Meridiens horaires*, parce qu'ils marquent sur le Globe des differences d'une heure en tems de l'un à l'autre.

♈, ♉, ♃, ♋, &c. *Figure* 2. est le chemin de la Terre autour du Soleil dans le plan de l'Ecliptique, & parallele à la ligne c, E, ♄, *Figure* 1. On le represente ici en perspective, pour mieux faire entendre les phenomenes qui résultent du double mouvement de la Terre sur son Axe, & dans son Orbit. Voyez la *Figure* 2. en rappellant tout ce qui en a déja été dit.

Pour revenir au Texte. *La Latitude* est marquée sur le *Meridien* N. S. qui paroît ici une Ligne droite, suivant la définition, & s'entend de même sur tous les autres Meridiens.

La Longitude est marquée suivant la définition sur l'*Equateur*, a, E, b, & s'entend de même sur tous les Paralleles.

p *Tous les Cercles du Globe sont divisez en 360. degrez.* C'est une division arbitraire, mais dont on est convenu, & tout le monde s'y conforme.

il est facile de voir que 15. *q* degrez de l'Equateur, ou d'une de ses Paralleles, passent par le Meridien dans une heure de tems ; de maniére, que de deux Villes, ou autres lieux, qui different par leur situation en Longitude, ou d'Occident & d'Orient de 15. degrez l'une de l'autre, comme par exemple, *Paris* & *Vienne* en Autriche, il sera Midi au lieu Oriental : e, g, *Vienne*, une heure avant qu'il soit Midi au lieu Occidental, *r Paris.* Ainsi en comptant une *heure* pour 15. *degrez* de difference en Longitude, ou 4. *minutes* d'heure pour un *degré*, ayant la difference en Longitude de deux endroits quelconques sur le Globe Terrestre, on peut sçavoir aussi-tôt quelle est aussi la difference en *Tems*, ou dans l'heure du jour de l'un à l'autre.

Si donc la difference en *Longitude* de deux lieux quelconques, donne leur difference en *Tems* ; la difference en *Tems* de ces lieux, une fois connuë, donne de même leur difference en *Longitude*. Et pour avoir cette connoissance tant desirée, principalement *sur Mer*, il ne faudroit qu'*une Horloge*, qui pourra mesurer le Tems sur Mer, avec à peu-près la même justesse que les Pendules le mesurent sur Terre. Car cette Horloge montrant

q *Quinze degrez de l'Equateur, ou d'une de ses Paralleles, passent par le Meridien dans une heure de tems.* L'inspection de la *Figure premiere*, sera aisément comprendre cette proposition, soit qu'on conçoive le mouvement journalier, ou dans le Soleil d'Orient en Occident, ou dans la rotation de la Terre sur son Axe d'Occident en Orient.

r *Paris* & *Vienne*, sont marquées dans leurs places p, & v. *Fig.* 1. On verra qu'elles sont à peu prés de même distance l'une de l'autre, que le sont deux *Meridiens horaires* sur la même Parallele.

E

toûjours l'heure du jour du lieu de , départ , toutes les fois qu'on la compare au Midi du lieu où l'on se trouve , fera voir par l'heure qu'elle marque alors , ou de l'avant , ou de l'après-Midi , sur son Cadran , l'éloignement du lieu où l'on est , d'avec celui d'où l'on est parti , ou la difference d'Occident ou d'Orient , ou en Longitude , de l'un à l'autre , QUI EST LA CHOSE CHERCHE'E.

s Lieu de départ. On appelle ainsi le Port de Mer où l'on s'embarque. L'Horloge étant reglée pour montrer l'heure du jour de ce lieu , la doit montrer par tout de même. Mais *l'heure de l'Horloge* ne se rencontrera point avec *l'heure du lieu* où l'on se trouve , à moins que ce lieu ne soit sous le même Meridien du lieu du départ , & c'est à quoi on le reconnoît. Si *l'heure du jour* devance *l'heure de l'Horloge* , on est à l'Orient du lieu du départ. Si c'est le contraire , on en est à l'Occident. Un exemple suffit pour éclaircir cette matiere.

Qu'on parte de Lisbonne pour les Indes Orientales. La hauteur du Pole de ce Port de Mer , ou Latitude Nord , est de 38 degr. 45 min : Longitude , 9 degr. 15 min; l'Horloge ajustée pour *l'heure de Lisbonne.* Au bout de quelques jours de navigation en cinglant au Sud-Sud-Ouest , on prend hauteur , qu'on trouve de 31 degrez , & l'Horloge à Midi montre 12 h. 24 min. On sçait alors qu'on est à 3 degrez 15 min. de Longitude ; qu'on a l'Isle Madere à 30 lieuës environ au Nord-Est , & les Isles Cananies devant soy , & presque en vûë , & qu'on ne tardera guéres de voir avec un vent favorable. On continue sa route , après avoir verifié l'Horloge. On n'a d'observation qu'au bout de 15 jours ; on trouve la hauteur 13 degrez , & l'Horloge à Midi 12 h. 40 min. On sçait qu'on a doublé le Cap-Verd , & qu'on l'a de 25 à 30 lieuës au Nord-Est. On approche la ligne tirant à l'Est du-Sud , on a des tems differens , au bout de 20 jours , on prend hauteur : on trouve 12 degrez de Latitude Australe , & l'Horloge marque 12 h. justes à Midy. On sçait alors qu'on est dans le même Meridien qu'est Lisbonne , & qu'on a l'Isle Sainte-Helene à 80. lieuës environ vers le Sud-Est. De cette Isle , qu'on trouve aisément par ce moyen , on fait route vers le Cap de Bonne-Esperance ; & faisant une autre Observation , qui donne 34 degr. de Latitude , & l'Horloge à Midy , 10 h. 30 min. on sçait qu'on a le Cap de 40 ou 50 lieuës à l'Est. *Cette connoissance suffit à tout ce dont on a besoin.*

Mais *la grande difficulté* est de construire [t] *une telle Horloge*, & de pouvoir s'assûrer qu'elle aura certainement cette justesse sur Mer, & en tout tems & en differens Climats. Ceux qui connoissent des mieux la Nature sont les plus vivement frappez de ces difficultez, qu'ils sentent distinctement, & qu'ils croyent, & avec des grandes apparences de raison, être la plûpart insurmontables. Mais *le grand nombre* n'est dans cette opinion que par imitation, & pour avoir oüi dire en gros, qu'*on cherche inutilement les Longitudes*.

Je parle aux [v] premiers dans l'Ouvrage que j'offre à leur consideration, auquel il est inutile de rien ajoûter dans ce Discours, quant à la matiere ; & ce que j'ai à dire [x] ici de plus, n'est que pour ceux qui ne fondent leur croyance de l'impossibilité de la réussite, que sur l'opinion commune, sans autres lumieres ; & je leur parle un langage qui répond assez à celui de leurs Objections, qui n'est pas, comme on le sçait, trop Geometrique.

Ces Messieurs donc feroient tres-bien de considerer en premier lieu, que ce n'est pas la chose du monde la plus séante, que de donner son jugement, sans que rien y oblige, sur des matieres dont on n'a nulle notion clai-

---

t *De construire une telle Horloge, &c.* C'est-là la grande difficulté. Plûsieurs à la verité croyent les difficultez de cette entreprise insurmontables, d'autres esperent le contraire. Il n'y a encore rien de démontré, qui empêche de l'esperer.

v *Je parle aux premiers.* Je veux dire ceux qui à leur sçavoir, veulent bien aussi ajoûter leur attention, sans quoi on risque de juger aussi mal, que faute de lumieres.

x *Ce que j'ai à dire ici de plus.* N'est point dit à dessein d'offenser personne ; les personnes éclairées n'y pourront trouver à redire.

re & nette. Que c'eſt une choſe peu utile , & qui ne fait pas même trop d'honneur , que de répeter de ſimples ſons, comme un Echo, & principalement après d'autres qui ne ſçavent pas toûjours trop ce qu'ils diſent. Et de plus, que, quiconque prononce une choſe *impoſſible*, qui de ſa nature n'implique point contradiction , ſe donne du moins pour un homme qui ſçait plus déja de ce qu'il n'a jamais bien médité, que n'en peuvent ſçavoir les plus ſçavans ſur cette matiere. Pendant que ceux-ci ſe contentent de ne décider qu'en choſes ſuſceptibles de démonſtration.

Il y en a d'autres qui ne veulent point admettre une choſe pour poſſible, à moins que de pouvoir former dans leur imagination la maniere dont elle peut être, & ſans concevoir diſtinctement & avant-coup l'effet qu'elle doit produire. Je conviens que cette maniere de penſer eſt plus philoſophique que la precedente : mais il eſt bon de ne la point toûjours ſuivre. Le plus habile de ces Philoſophes ſeroit longtems à deviner comment ſont faites les *parties* d'une *Montre à Repetition* , & de *quelle maniere* elles agiſſent les unes ſur les autres , ou riſqueroit fort de deviner une maniere qui ne produiroit pas ſon effet. Donc , ſuivant ces principes, la choſe qui eſt, n'eſt pas, & ne peut pas être.

Rien ne montre mieux la vanité & la petiteſſe d'eſprit d'où procede cette orgüeilleuſe ſuffiſance , que ce que l'experience nous enſeigne continuellement. Combien d'effets ſurprenans du génie & de l'induſtrie des hommes ne voyons-nous pas tous les jours, & même ſi familierement, qu'on n'y fait plus d'attention , que les plus grands Hommes des siécles passez n'auroient pû admettre comme simplement possibles ? Qu'on eût demandé à un des plus sçavans Hommes du monde du quatorziéme siécle, s'il croyoit qu'il fût possible qu'on trouvât un jour à venir quelque Machine qui mesureroit le Tems avec plus de justesse que le Soleil, il y a grande apparence que sa réponse auroit été qu'il ne le croyoit pas, & rien que cette *rare modestie* qui accompagne toûjours le *vrai Sçavoir*, auroit pû l'empêcher de prononcer la chose absolument impossible.

Les effets des Telescopes & des Microscopes de la Machine pneumatique, & plusieurs autres Inventions heureuses, & qui ont été perfectionnées avec une admirable adresse, n'auroient point paru plus vrai-semblables : cependant nous les voyons produits ces surprenants effets tous les jours, & même souvent, par les mains des Ouvriers qui n'ont ni science ni génie. Convenons donc qu'il est seant d'être sobre dans nos jugemens, sur ce qu'on fera peut-être à l'avenir dans les Arts ; & l'on peut remarquer ici en passant, que c'est à peu près par un même foible qu'on donne trop aisément dans des Inventions équivoques ou vetilleuses, & qu'on rejette ou neglige celles qui sont les plus importantes & les plus utiles.

Est-ce la peine enfin que je m'arrête à une autre sorte de gens qu'on connoît bien dans le monde ? Adversaires redoutables de tout ce qu'ils n'entendent pas, & qui se croyent obligez de l'être, pour qu'on ne les soupçonne d'ignorance, sur quelque sujet que ce soit. Ces Messieurs décident de tout avec une promptitude merveilleuſe, & trouvent d'autres qui les écoutent & les admirent. Laiſſons-leur ce plaiſir; c'eſt tout ce qu'ils demandent.

Mais je reviens encore pour finir, aux *vrais Sçavans*, même ceux qui ſe ſont rendus des plus reſpectables, & qui méritent par bien des endroits les honneurs qu'on leur rend. C'eſt pour les prier de vouloir bien donner quelque attention ſérieuſe à l'Ouvrage que j'ai l'honneur d'expoſer à leurs jugemens. D'examiner du moins ſi ce que j'ai eu le bonheur de trouver, répond en quelque maniere à ce que j'ai cherché; de s'attacher bien plus à la *Choſe même*, qu'à la *maniere* dont je l'explique; de n'y approuver que ce dont ils pourront eux-même démontrer le vrai & l'utile; d'indiquer, s'il leur plaît, les endroits où il reſte le plus à ſouhaiter, & de me relever avec candeur de mes erreurs. Je leur demande cette grace, bien plûtôt en vûë de l'utilité publique, qu'en ma propre faveur, quoique je n'en ſerai pas moins reconnoiſſant, que s'ils ſe donnoient la même peine par une bienveillance purement pour moi. Au reſte, je ne doute point qu'ils ne ſe trouvent dédommagez de ces attentions, par le ſeul plaiſir qui leur reviendra d'avoir rendu par-là un ſervice au Public: car je ſuis tres-perſuadé que cette Invention perfectionnée, autant qu'elle pourra l'être, deviendra un jour plus ou moins utile à toutes les Nations Maritimes, qui ſe trouvent à portée de s'en ſervir, & le plûtôt que cela arrivera ſera le mieux.

Quoique je me ſois borné dans ce Diſcours à ne parler que des usages qu'on peut faire de ces Machines à coup sûr, & dans l'état où elles sont à present, il convient pourtant qu'on sçache que je n'aye nul doute qu'elles ne puissent être *dès-à-present* d'une tres-grande utilité pour la connoissance des Longitudes sur Mer, sur tout avec les secours qu'on peut esperer de tirer de l'usage des Telescopes, qu'on trouvera peut-être un jour perfectionnées au point de pouvoir s'en servir commodément aux Observations des Satellites de Jupiter sur Mer.

Et pour mieux faire sentir les raisons que j'ai pour ce que je viens de dire, il est necessaire d'expliquer ici trois choses, & les mettre dans leur vrai jour.

La premiere est, le degré de justesse que je connois déja dans mes *nouvelles Horloges de Mer.* La seconde, qu'elles sont les apparences que *les Lunettes* seront perfectionnées au point qu'on le souhaite. La troisiéme, quel est le *degré* de précision, ou de justesse *necessaire* dans le *mouvement de l'Horloge*, pour produire l'effet qu'on s'en propose.

Pour la premiere, je puis dire que je suis parvenu à pouvoir regler mes *Pendules à Levier* à un degré de justesse, à ne s'écarter d'une *Pendule à Secondes*, que de quinze à vingt Secondes près par Semaine; & je vois déja par où m'y prendre, pour approcher encore de bien plus près.

Pour la seconde, je sçai que plusieurs habiles gens y travaillent actuellement, suivant les vûës que le Chevalier Newton a donné dans ses *Optiques*; & je sçai de bonne part qu'on y a déja réüſſi en partie, & qu'il y a lieu d'eſperer encore une plus grande réüſſite.

Pour la troiſiéme, il ne s'agit que de ſçavoir qu'une Horloge, dont la variation du *Tems moyen* ou *égal*, ne ſeroit que d'une minute par mois, ſuffiroit toute ſeule, ſans autre ſecours, pour la connoiſſance des *Longitudes* ſur Mer, même dans les Voyages de plus long cours. On eſt rarement dans ces Voyages plus de deux mois, ſans voir ou ſans toucher à quelque Terre, dont la Longitude eſt déja connuë, ou qu'on compte pour connuë, & qu'on poſe pour telle dans les Cartes; & ces deux minutes d'erreur en *Tems*, cauſées par la variation ſuppoſée de l'Horloge, ne donnent qu'un demi degré d'erreur en *Longitude*; ce qui ne produit qu'une erreur en *meſure commune*, de depuis *cinq*, juſqu'à *dix* lieues, dans toutes les Mers compriſes entre les 60 y degrez de *Latitude* de côté & d'autre de l'*Equateur* : & cette étenduë comprend preſque toute *la ſurface navigable* du Globe. Et ſuppoſant que, par des cas extraordinaires, l'on fût *quatre mois ſans voir terre*, même alors l'erreur en meſure ne ſeroit que de *dix* lieuës vers les 60 degrez, & de *vingt* lieuës tout au plus vers la Ligne.

Qu'on ſeroit heureux, ſi l'on pouvoit avoir une regle ſûre pour connoître les *Longitudes*, avec ſeulement

ment

---

y *Les Mers compriſes entre les 60. degrez.* Non-ſeulement il y a peu de Navigations au-delà de 60. degrez : mais pour celles qui s'y font, il y a ſi peu de lieuës pour un degré en Longitude, que l'Horloge y donnera les Longitudes avec beaucoup plus de préciſion, que vers l'Equateur, toutes autres choſes égales.

ment autant de certitude & de justesse ! puisque par les methodes ordinaires d'*Estime*, on est sujet à tomber souvent dans des erreurs dix fois plus grandes que celles que je viens de supposer, lesquelles on trouvera peut-être un jour, le pis aller de notre Invention ; car si avec cette justesse on avoit aussi le secours des Telescopes, avec lesquelles on pourroit observer les Immersions ou Emersions des Satellites de Jupiter *sur Mer*, & qu'on ne fit qu'une de ces Observations par mois, *la plus grande erreur d'Estime qui pourroit arriver pendant quatre mois de navigation en pleine Mer*, n'excederoit point cinq lieuës : ce qu'on pourroit compter pour rien en effet, étant tres-certain qu'il reste sur les meilleures Cartes encore de plus grandes erreurs que celles-là dans l'emplacement des Côtes.

Mais avec le secours des Telescopes, comme ci-dessus, cette grande justesse de l'Horloge n'est point si necessaire. Une variation d'une minute par Semaine seulement, rectifiée par des Observations d'un mois à l'autre, ne donneroit tout au plus que de 10. à 20. lieuës d'erreur en *Estime* par mois. Et les mêmes ₂ Observations

2 *Les mêmes Observations répétées plus souvent.* Si l'on parvenoit à pouvoir faire ces Observations en Mer, il y auroit lieu d'esperer qu'on en pourroit faire d'assez frequentes, puisqu'il se fait plus de 30. Eclypses des quatre Satellites prises ensemble chaque mois, dont il y a dix-sept du premier seulement. Il importe pour cet effet que les Tems périodiques des révolutions de ces Satellites, sur tout du premier, soient calculez avec la derniere précision, ce dont on pourroit d'abord douter, les voyant differemment en differens Livres, où sont toujours citez l'un ou l'autre des Astronomes du premier ordre; & c'est sur quoi j'ai dit, *page 28. Note* [*i*], que les plus habiles Astronomes ne s'accordoient pas trop là-dessus, dont

répetées plus souvent , réduiroient l'erreur à presque rien.

Ceux donc qui veulent bien se donner la peine de considerer avec attention ce que je viens de dire , &

je ne sçavois pas la raison. Mais voulant m'éclaircir sur une matiere si intéressante , Monsieur Cassini a eu la bonté de lever tous mes scrupules , m'ayant assuré qu'il n'y a point d'erreur sensible dans les calculs , dont *feu Monsieur Cassini* son pere a dressé des Tables il y a plus de 30. ans ; que les Phenomenes d'aujourd'hui y répondent tres-exactement , & que les Astronomes en sont d'accord. Ainsi le tems périodique moyen de la révolution du premier Satellite est, d'un jour , 18 heures , 28 minutes , 36 secondes. Le paragraphe suivant fera voir la maniere dont on tire usage des Observations des Immersions & Emersions de ce premier Satellite.

La moitié de la Terre voit Jupiter à la fois. Que ce soit par exemple , l'Hemisphere N , b , S , a , N. *Figure premiere, Planche* 2. Par les Tables calculées pour le Meridien de Paris , je trouve , par exemple, qu'il s'y fait une Immersion du premier Satellite un tel jour à 8 heures du soir. Un Observateur à *b* Rome verroit cette même Immersion à 8 h. 41 minutes 20 secondes ; un second au grand *c* Caire la verroit à 9 h. 56 min. 25 secondes ; un troisiéme au Cap *d* Verd la verroit à 6 h. 42 min. o secondes : un quatriéme à la *e* Martinique la verroit à 3 h. 46 min. 45 secondes. Ainsi pour tous les lieux dont les Longitudes sont déja connuës , on sçait les Tems que les Immersions ou Emersions y doivent paroître. Ou voyant une Immersion ou Emersion dans un lieu , soit de Terre ou de Mer , dont on ne connoît pas encore la Longitude , en observant le Tems qu'elle arrive pour ce lieu , & comparant ce Tems avec celui d'un autre dont la Longitude est connuë , & où elle doit paroître au même instant , on connoît la difference en Longitude de ces deux lieux , en réduisant les Heures , Minutes & Secondes de cette difference en Tems , en Degrez & Minutes de l'Equateur. Si donc l'on pouvoit voir sur Mer les Eclypses des Satellites , un Vaisseau dans la Mer *f* des Indes ayant 22 degrez de Latitude Australe , & qui verroit l'Immersion ci-dessus à 11 h. 20 min. sçauroit qu'il se trouve dans le soixante & dixiéme degré de Longitude , entre Madagascar , & l'Isle-Bourbon , & éloigné également de l'un & de l'autre d'environ 50 à 60 lieuës. Et chaque Observation de cette espece qu'on feroit sur Mer , détermineroit de même la Longitude du lieu de l'observation , serviroit pour rectifier l'Horloge , & pour en connoître les inégalitez. Voyez *sur l'Hemisphere* , Figure premiere , *les lettres* b , c , d , e , f , *qui designent les lieux ci-dessus nommez.*

le comparer avec ce qui eſt dit dans le Corps de l'Ouvrage, des proprietez des Horloges dont j'explique la
conſtruction, ne devroient, ce ſemble, gueres douter
d'une réüſſite & plus grande & plus parfaite, que je ne
l'oſe promettre, avant qu'on en ait fait toutes les experiences requiſes.

C'eſt pourquoi les Directeurs, & principaux Inte-
reſſez des Compagnies des Indes, d'Angleterre, d'Hollande, des Pays-Bas Imperiaux, & de France, & les
riches Negotians des autres Pays Maritimes, ne feroient
peut-être pas mal de s'informer attentivement de
quelle utilité pourra leur être cette Invention. Il
ne leur coûtera pas grand peine de conſulter là-deſſus
les plus ſçavans hommes en ces ſortes des matieres, ni de grands frais pour en faire *des Experien-*
ces.

Je crois avoir aſſez dit pour exciter l'attention de
tous ceux qui ſe trouvent portés à favoriſer les choſes
qui tendent à l'utilité publique. Je croi même m'y
être pris d'une maniere, qui ne laiſſe lieu au moindre
ſoupçon que je veuille en impoſer à quelqu'un ; car
toute la France eſt témoin de ce que j'ai fait, & j'ex-
poſe mon Ouvrage au jugement de tout le Monde.

A V I S.

PERSUADE' comme je le suis de l'utilité de mon *Invention* , & n'ayant rien tant à cœur, que de faire tout ce qui dépend de moi, pour que le Public en tire quelque avantage, je m'adresse par cet *Avis* à ceux, qui sur la foi de leurs propres Lumieres, veulent bien accepter les services que je m'offre à leur rendre, & qui par l'honneur qu'ils me feront de les souhaiter, auront titre à tous les soins que je pourrois me donner pour y bien répondre. La maniere dont je l'entends, pourra n'être pas devinée de tout le monde, & ne doit être expliquée qu'à *Ceux* qui croyent avoir quelque interêt aux éclaircissemens que je pourrois leur en donner.

J E suis prêt à donner ces éclaircissemens toutes les fois qu'il m'en sera fait des propositions par *des Personnes qualifiées à cet effet* , & par des voyes convenables.

L E s Personnes qui souhaiteront me faire l'honneur de m'écrire sur cette matiere, sont priez d'affranchir le Port des Lettres, & je serai tres-exact à y répondre.

N. B. L'Edition Angloise de cet Abregé, qui est prête pour l'Impression, suivra immediatement celle-ci. On pourra s'adresser à l'Auteur *à Paris* ; & aux Freres Innys, *Libraires*, vis-à-vis le grand Portail de Saint-Paul, *à Londres*, où se trouve aussi des Exemplaires de cette Edition Françoise.

Les Sçavans de tous Païs, qui se trouvent disposés à communiquer à l'Auteur leurs Remarques sur son Ouvrage, sont priez de lui écrire à son Adresse, rüe de la Comedie Françoise , Fauxbourg Saint-Germain , à la Maison-Neuve. **A PARIS.**

A V I S   A U X   R E L I E U R S.

Planche premiere, *doit regarder* la page 10.
Planche seconde, *doit regarder* la page 44.
Planche troisiéme, *doit regarder* la page 48.

Fig. 2
Fig. 3

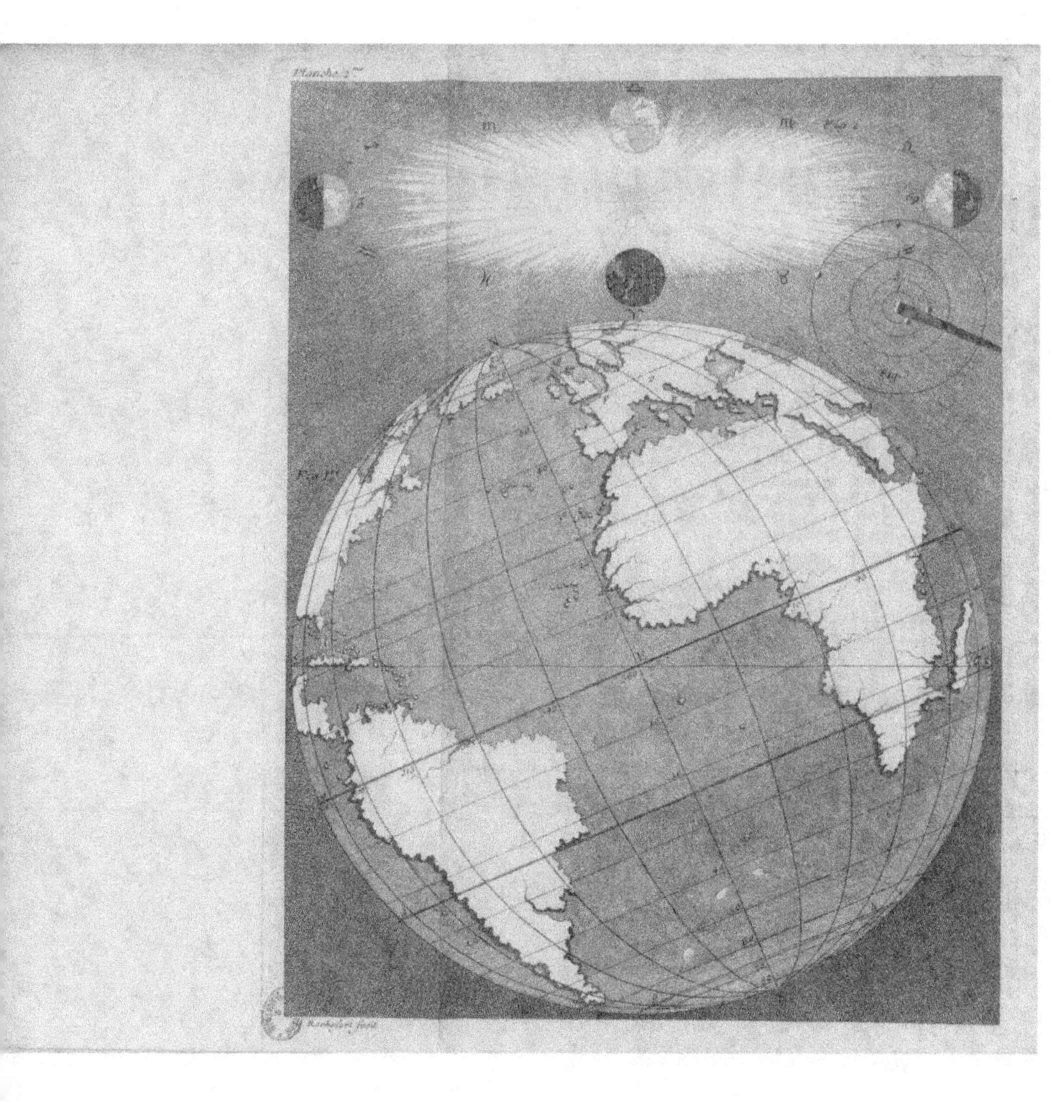

Planche 3.
Rochefort fecit

MEMOIRE presenté par l'Auteur à Monseigneur le Comte DE MAUREPAS, Ministre & Secretaire d'Etat, & des Commandemens de Sa Majesté, ayant le Département de la Marine; au mois de Decembre 1724.

IL vous a plû, MONSEIGNEUR, d'approuver ce que j'ai eu l'honneur de vous exposer, touchant la maniere de faire la premiere Experience sur Mer, de mon Horloge, pour l'usage de la Navigation; cette Experience n'ayant uniquement pour objet que de connoître si les differens mouvemens d'un Vaisseau sur Mer, peuvent troubler ou déranger le mouvement particulier de la Machine. Vous m'avés même ordonné, MONSEIGNEUR, de mettre par écrit le détail où vous m'avés bien voulu permettre d'entrer sur ce sujet, afin qu'il pût servir de plan pour fixer la maniere dont cette Experience se doit faire.

Il y a dans la construction de cette Horloge des choses qui ont plus ou moins besoin les unes que les autres d'être mieux connuës, ou plus confirmées par des Experiences; & il y a plusieurs de ces Experiences à faire, avant qu'il soit possible d'affirmer avec certitude jusqu'où peut aller la justesse de cette Machine, dans tous les cas ou elle se pourra trouver.

Toutes ces Experiences se doivent faire avec jugement & avec ordre, sans quoi il seroit impossible d'en tirer les éclaircissemens qu'on cherche ; au contraire on ne pourroit que se brouiller & s'y tromper.

La plûpart des proprietez de cette Horloge se découvrent ou se confirment, en comparant son mouvement avec celui d'une Pendule à Secondes ; & dans toutes les Experiences qu'on en a faites de cette sorte, l'Horloge, étant en repos, on n'y a point remarqué d'irregularité sensible ou de consequence, dont on n'ait bientôt reconnu la cause, toûjours provenante de quelque faute, ou inadvertance d'execution, & non pas du défaut ou d'erreur de principe ; ce qui est bien prouvé, en ce qu'on a sçû corriger immanquablement ces inégalitez, à mesure qu'elles se sont manifestées.

Il y a d'autres proprietez, que la construction de la Machine paroît annoncer avec une si grande apparence de vray & de succès, qu'on ne peut les attaquer directement, sans renverser en même tems quelque principe generalement reçû de la Physique, ou de la Mecanique, ni les adopter comme indubitables avant qu'elles soient confirmées par des experiences propres à les mettre hors de doute ; lesquelles judicieusement faites, decideront bien mieux de ces proprietez, que les plus subtiles conjectures, fondées sur les plus sçavantes Theories.

La plus importante de ces proprietez, qui demande l'experience pour en décider, est celle par laquelle la Machine doit conserver l'égalité de ses vibrations dans un Vaisseau sur Mer, nonobstant les divers mouvemens du Vaisseau. Les autres qui restent à prouver, étant ou de moindre consequence, ou plus clairement démontrées.

Cette Experience se doit faire simplement de la maniere suivante ; tout rafinement qu'on pourra suggerer là-dessus étant absolument inutile.

On se munira d'une a *Pendule à Levier*, & d'une b *Montre Marine* : on regle l'une & l'autre sur le Tems moyen avant que de s'embarquer, & on tient Registre de leurs variations dans cet état. On s'embarque, n'importe en quel Port de Mer, les deux Machines suspendues comme elles doivent l'être dans le Vaisseau. On se mettra sur Mer pour quelques jours, sans s'embarasser du côté où l'on veut aller, pourvû qu'il fasse un *Tems* convenable pour que le Vaisseau soit autant agité, que la nature de l'experience le requiert. Ensuite, qu'on mette pied à terre dans quelque autre Port de mer dont la Longitude est connuë, ou qu'on revienne au même Port où l'on s'est embarqué, en comparant les *mouvemens* des Machines, pendant le tems qu'elles ont été sur mer, avec leurs *mouvemens* avant l'embarquement, on connoîtra si les diverses agitations du Vaisseau y ont causé du changement ; *ce qui est la Chose cherchée dans cette Experience.*

S'il arrive des variations considerables dans le mouvement de la Pendule à Levier, ou d'autres inconveniens dans cette Experience qu'on ne peut prévoir, on espere pouvoir découvrir à quoi l'attribuer, & d'y apporter du remede. Si au contraire, il n'y arrive point de

a *Pendule à Levier.* A , B , C , D , *Planche* 3.

b *Montre Marine.* E , F , G. *Planche* 3.

c *Suspenduës comme elles doivent l'être.* On peut beaucoup varier ces manieres de suspensions, suivant le besoin. Je n'entre pas ici dans la discussion de cette matiere. Celles qui sont representées *Planche* 3. suffisent assez pour faire entendre ce qui est neçessaire à present sur cet Article.

variation confiderable , l'on a d'abord la fatisfaction qu'on fouhaite ; fçavoir, une preuve démonftrative de la bonté de cette Machine , & de fon utilité immediate pour la Mefure du Tems fur Mer.

Il importe pour la fatisfaction du Public , que cette Experience foit faite par ordre du ROY, & en prefence de Perfonnes éclairées, & à qui l'on puiffe s'en rapporter.

On indiquera dans la fuite toutes les Experiences qu'il conviendroit de faire après, & la maniere de s'y prendre, pour éclaircir les autres proprietez énoncées de la Machine.

F I N.

E R R A T A.

Page.	Ligne.	Faute.	Correction.
2	28	dérange	dérangent
5 6	12 10 11	tangeante	tangente
14	6	*Horlogio*	*Horologio*
	16	à des chofes	fur des chofes
15	17	pourroit	pourroient
16	2	*Horlogiun*	*Horologium*
18	1	des plus grandes	de plus grandes
21	15	reviendroit	reviendroient
22	18	peut	puiffe
	20	vive	vêcut
23	30	faurai	faurois
25	28	fur le Titre	fous le Titre
26	19	arrivent	arriveront
	20	partent	font parties
27	29	devant	avant
30	12	Act	Acte
31	2	de le faire ici	de faire ici
33	22	qui pourra	qui pût
34	22	Cananies	Canaries
35	6	avec des	avec de
37	5	mefureroit	mefurât
	6	auroit	n'auroit

SUITE
DE LA
DESCRIPTION ABREGÉE
D'UNE
HORLOGE
D'UNE NOUVELLE INVENTION;

Pour la juste mesure du tems sur Mer.

Par HENRY SULLY.

A BORDEAUX,

Chez RAYMOND LA BOTTIERE, Place du Palais.

A PARIS.

Chez { BRIASSON, ET CLAUDE JOMBERT, } Ruë S. Jacques.

A AMSTERDAM,

Chez J. FREDERIC BERNARD.

M. DCC. XXVI.

Avec Approbation & Privilege du Roy.

AVERTISSEMENT.

VOICI la suite de mon Ouvrage que j'ai promis dans mon premier Avertissement du mois de Janvier, où j'explique assés mon dessein : Je l'ai depuis rempli de mon mieux. J'ai fait les premieres experiences de mes Horloges sur l'eau, comme je me l'étois proposé, & j'en donne ici le détail. J'ai ajoûté ce qui m'a parû necessaire pour donner aux Connoisseurs une idée assez complete de mon Ouvrage, & du succés qu'on en doit esperer.

La reconnoissance m'engage de publier combien je suis redevable aux Sçavans qui m'ont

AVERTISSEMENT.

*fait l'honneur de me communiquer leurs Remar-
ques sur ma Description ; j'ai taché d'y répondre d'une maniere convenable : Ces Remarques
& les Réponses ausquelles elles m'ont engagé,
dévelopent suffisamment chaque partie de mon
sujet, & le mettent bien à la portée de tous
ceux qui ont quelques principes de Phisique &
de Mécanique.*

*En publiant la Description abregée de mon
Horloge, je n'ai eu en vûë que d'exposer les
principes de sa construction au jugement des
Connoisseurs. Ce terme comprend principalement
les Phisiciens, les Géometres, les Mécani-
ciens par principe, & qui n'ignorent pas la pratique, & les Navigateurs experimentez.*

*C'est aux mêmes personnes que j'adresse encore
tous les raisonnemens répandus dans la suite de
cet Ouvrage, qui regardent ces Sciences.*

*On y trouvera aussi plusieurs choses, qui étant
de pratique, sont plus proprement du ressort des
Artistes ; je veux dire des Artistes, qui non seulement sont habiles dans la belle Horlogerie,*

mais qui ont encore quelque connoissance des Sciences. J'en connois plusieurs de cette espece ; j'honore leurs talens & leur capacité ; je souhaiterois profiter de leurs lumieres, & je les prie de m'honorer de leurs avis sur les choses qu'ils trouveront dans mon Livre, dont ils pourront ne point convenir avec moi : cette sorte de critique est toûjours utile au Public, elle fait honneur à ses Auteurs ; les Lettres de Monsieur Graham qu'on trouvera dans ce Recueil en sont un bel exemple. En effet, on sent bien quelle superiorité cet incomparable Artiste a sur les autres, par l'avantage qu'il a de joindre à une grande connoissance des Sciences les plus sublimes, la pratique la plus familiere de tout ce qu'il y a de plus excellent & de plus recherché dans les Arts mécaniques.

J'ai trouvé sur mon chemin une autre espece d'Artistes bien differens de ceux-ci, aussi prennent-ils une route toute opposée pour se distinguer : semblables à ces Braves de profession, ils insultent indifferemment tous ceux qu'ils rencontrent :

AVERTISSEMENT.

Etrange manie, & dont on ne sçauroit les guerir que par des remedes violens! Je n'entreprendrai point de leur répondre ici; je les abandonne au mépris & à l'indignation que leur procedé merite: Ils sont assez à plaindre des peines inutiles qu'ils se donnent pour nuire, & de la vive douleur qu'ils ressentent quand ils voyent réüssir quelqu'un. Leur critique mal fondée est plus mal exprimée encore: elle ne blesse jamais à coup seur ceux qu'elle attaque, & ne sert pour l'ordinaire qu'à dévoiler leur malice & leur ignorance. Ils ne sont pas plus heureux dans leurs prédictions; comme ils conjecturent sans principes, ils se trompent presque toûjours dans leurs conjectures; & leurs pratiques sourdes & malignes n'aboutissent enfin qu'à tromper cette partie du public, peu éclairée, ignorante & credule, dont les sentimens sont toûjours comptez pour rien.

A Dieu ne plaise que je confonde dans cette miserable classe toutes les personnes qui ne se sentent pas en état de juger par elles-mêmes des matieres qui sont traitées dans cet Ouvrage: je

AVERTISSEMENT.

sçais qu'il en est plusieurs de ceux-là qui aiment
sincerement la verité, qui la cherchent de bonne
foi, & qui veulent seulement éviter qu'on leur
en impose; ceux-là n'auront pas de peine à se déterminer; & sans doute ils ne balanceront pas
long-tems à opter entre le babil peu intelligible
des ignorans & des envieux d'une part, & les
judicieuses remarques des personnes sçavantes
& celebres de l'autre, & confirmées, comme
elles le sont, par le jugement & par le témoignage de deux sçavantes Academies.

L'Edition Angloise de ce Livre paroîtra incessamment à Londres.

Je dois ajoûter que le développement & la
description éxacte des Horloges, & autres
Machines dont il est parlé dans cet Ouvrage,
feront le sujet d'un second Livre, & les instructions necessaires pour s'en servir, fourniront matiere pour un troisiéme. J'ai dessein de
m'appliquer à la composition de ces Ouvrages,

AVERTISSEMENT.

& même préferablement à toute autre chose, si
j'ai le bonheur de trouver que celui-ci soit fa-
vorablement reçû du Public.

A Bordeaux ce 31. Decembre 1726.

DESCRIPTION
D'UNE
HORLOGE
DE NOUVELLE INVENTION,
Pour mesurer le Temps en Mer.

PREMIER MEMOIRE,

Lû par l'Auteur devant l'Academie Royale des Sciences,
à Paris, le 17. Avril 1723.

N sçait bien quelle seroit l'utilité d'une juste mesure du Tems, par rapport à la Navigation ; mais toutes les tentatives ont jusqu'à present été si infructueuses, & toutes les difficultez à surmonter paroissent si grandes, que les préjugez reçûs contre la possibilité d'y réüssir par des Machines, paroissent des mieux fondez ; on est en droit de ne s'en dé-

G

partir que fur des démonftrations & des experiences con-
vainquantes.

Je viens cependant expofer à cette illuftre Affemblée
une Machine qui n'eft pas tout-à-fait indigne de fon attention : *Je ne fais pas état qu'on y trouve d'abord toute la
juftefse dont elle eft fufceptible , & qu'elle ne fouffre toûjours
des objections contre la perfection phifique , perfection à laquelle , felon toutes les apparences , les Machines compofées
ne pourront jamais atteindre.*

Pour mefurer le tems en Mer avec plus de fuccés qu'on
ne l'a pû faire jufqu'ici, il faut obferver;

Quelles font les imperfections les plus marquées des
meilleures méthodes dont on s'eft deja fervi, & démontrer que les remedes qu'on y apporte font bons en eux-
mêmes , & praticables dans l'ufage ordinaire.

Le Pendule eft fans comparaifon le meilleur Inftrument
dont on foit en poffeffion pour l'éxacte mefure du Tems ;
Il n'eft donc befoin que d'examiner celles de fes imperfections qui le rendent le moins propre à mefurer avec la
juftefse requife le Tems en Mer, & dans tous les climats.

Cet Inftrument eft fujet à trois inconveniens confiderables , qui confpirent à interrompre la juftefse de fon
mouvement, fur tout en Mer.

Le premier , en commençant par le moindre, eft,
que le fil , ou verge qui fait la longueur du Pendule eft
tant foit peu allongé ou racourci par la chaleur & par
le froid , ce qui ralentit ou accelere à proportion de ce
changement les durées de fes vibrations.

Le fecond : L'experience fait voir qu'indépendamment

de ce qui eſt produit par la chaleur ou par le froid , il faut tantôt alonger , tantôt racourcir le même Pendule , ſuivant les divers endroits du Globe terreſtre , pour qu'il faſſe le même nombre de vibrations dans un même eſpace de tems , on n'a pû juſqu'à preſent en aſſigner certainement la cauſe phiſique ; encore moins y apporter du remede.

Le troiſiéme eſt , que toutes les méthodes de ſuſpenſion juſqu'ici connuës , ou peut-être poſſibles , ne peuvent entierement l'exempter des déreglemens cauſez par les differens mouvemens d'un Vaiſſeau en Mer.

Il s'agit de ſuppléer à ces imperfections , qui rendent le Pendule de peu d'utilité dans la Navigation , & de lui ſubſtituer quelque Machine qui ne ſoit pas ſujette à des pareils inconveniens , & qui tienne de ſa propre conſtruction , de quoi corriger les inégalitez , même des principes phiſiques qui le font agir ; c'eſt ce que j'ai eu pour objet dans la Machine dont je vais donner la deſcription.

Dans cette nouvelle Horlorge il y a deux choſes principales à remarquer.

1°. La conſtruction de la partie qui en fait la puiſſance reglante avec ſes proprietez.

2°. La maniere d'appliquer cette puiſſance aux autres parties de la Montre qui ne ſervent qu'à entretenir ſon mouvement.

Toute la difference de cette Horloge à une autre, conſiſte dans ces deux choſes : Il me reſte d'en donner l'explication.

Cette nouvelle puiſſance reglante eſt compoſée de trois parties principales.

1°. D'un Balancier. G. H. I. *Figure* 1.

2°. D'un Levier, que j'appellerai Constant ou Horisontal. x. y. z.

3°. D'un Levier, que j'appellerai Croissant ou Courbe. q. vi. q. v. 2.

Le Balancier & le Levier Horisontal agissant reciproquement l'un sur l'autre par l'entremise du Levier croissant, il resulte de cette combinaison trois proprietez singulieres.

La premiere, Que les plus grands & les plus petits arcs de vibration sont parfaitement isochrones.

La seconde, Que la dilatation ou le retrecissement des Metaux causez par la chaleur ou par le froid, ou n'influent point sur les tems de vibrations, ou tout au plus dans une trés-petite proportion de ce qui arrive au Pendule par les mêmes causes.

La troisiéme, Que les variations dans la cause même de la pesanteur ou de ce qui est analogue, qui affectent si sensiblement le Pendule, ne peuvent produire d'inégalité sensible par rapport au tems des vibrations de cette Machine, ou tout au plus, que des inégalités qui n'auront qu'un rapport extrémement petit ; comparées à celles qui arrivent aux Pendules par les mêmes causes. En voici les preuves.

A l'égard de la premiere de ces proprietés, l'experience fait voir, & il est évident par l'effet de la Courbe même, sans en chercher à present d'autre raison, que si le Levier, au lieu de courbe ou croissant, étoit un (*a*) Levier constant ou rayon de cercle, & qu'il y eût un poids (†) agissant uni-

(*a*) Figure 3. q. 1.　(†) P.

frmement deſſus dans une direction perpendiculaire à l'Horiſon, les grands arcs de vibrations employeroient plus de tems que les petits : Que ſi au contraire le Levier courbe étoit augmenté, ou croiſoit dans un trop (*b*) grand rapport aux arcs de vibrations, le même poids agiſſant ſur tous les points de la courbe, les grands arcs de vibrations employeroient moins de tems que les petits : d'où il ſuit qu'il eſt entre ces deux extrémes un certain accroiſſement du Levier dans un juſte rapport aux arcs de vibration, qui forme une courbe (*c*) telle que le même poids agiſſant comme ci-deſſus, tous les arcs de vibration depuis le plus grand juſqu'au plus petit, ſeront parfaitement iſochrones ; mais comme le Levier horiſontal n'agit dans une direction perpendiculaire à l'Horiſon qu'en un ſeul point, & par tout ailleurs en arc de cercle, il faut encore ajouter à la courbe par un nouvel accroiſſement du Levier, dequoi compenſer ce que le poids perd de force par la direction circulaire du Levier : Je laiſſe aux Geometres l'examen plus particulier de la nature de cette courbe compoſée, je ne fais que la leur indiquer, il ſuffit pour l'uſage que j'en veux faire à preſent de la pouvoir former mechaniquement avec toute la juſteſſe requiſe, & de démontrer par l'experience, qu'elle produit tout l'effet que je pretens, & que l'on peut ſouhaiter.

A l'égard de la ſeconde proprieté, la chaleur & le froid ne pourront cauſer de changement au tems des vibrations de cette Horloge, par la dilatation, ou par le retreciſſement

(*b*) Figure 2. aa. bb. cc.
(*c*) Figure 1. q. v. 1. q. v. 2.

des Metaux, comme aux Pendules : Car quelle que puisse être ou la dilatation ou le retrecissement dans le Levier Horisontal x. y. étant toûjours égal à y. z. le poids en z. & la puissance en y. se trouveront toûjours dans le même équilibre ; par consequent ils agiront toûjours de la même façon l'un sur l'autre.

Les preuves de la troisiéme proprieté, qui est la plus singuliere & la plus importante, demandent un plus grand détail, d'autant que c'est un espece de paradoxe phisique, qu'un mouvement qui a la pesanteur pour principe, ne soit point changé par le changement même de la pesanteur qui en est la cause, je n'aime pas les paradoxes, je me hâte d'éclaircir une proposition qui en paroît un.

Supposons à present que la puissance reglante de notre Machine soit tellement conditionnée, qu'en mettant le Balancier en mouvement par son plus grand arc de vibration, il continuë d'en faire soixante dans une minute d'heure, finissant par son plus petit arc, & que ces vibrations soient parfaitement isochrones : Ce Phœnomene ne peut resulter que d'un juste rapport entre toutes ses parties ; un changement qui arriveroit à une seule de ces parties dérangeroit necessairement la justesse supposée de son mouvement.

Par exemple, supposons le Balancier & le Levier Horisontal toûjours dans le même état, & que l'on change la forme de la Courbe, les vibrations décrivant des arcs inégaux, ne seront plus isochrones.

Supposons encore la Courbe & le Balancier dans le même état : Si l'on ajoûte du poids au Levier Horisontal, la Machine fera plus de soixante vibrations dans une minu-

te ; si l'on en ôte du poids , elle fera moins de 60. vibrations dans une minute.

Au contraire, la Courbe & le Levier Horisontal restant
dans le même état, que l'on ajoûte du poids au Balancier ,
il se fera alors moins de soixante vibrations par minute; &
plus de 60. si l'on en ôte du poids.

D'où il suit necessairement , qu'en ajoûtant du poids
au Balancier & au Levier Horisontal en *juste proportion*
dans le même tems , ou en ôtant du poids de l'un & de
l'autre en *juste proportion* dans le même tems, on ne changera rien aux tems des vibrations.

Donc, des variations quelconques dans la cause même de la pesanteur, ne pourront apporter aucune irregularité ou changement , par rapport au tems, au mouvement de la Machine. *d*

Je ne sçaurois cependant dissimuler une chose qu'on
pourroit objecter au désavantage de cette Machine , en
la comparant au Pendule, c'est le frotement qu'elle suppose plus que dans le Pendule appliqué à l'Horloge. J'a-
voüe même qu'un pareil inconvenient détruiroit seul tous
les avantages que l'on se promettroit par la construction
de cette puissance reglante.

J'ai trouvé un moyen de diminuer ce frotement à la
moindre quantité assignable ; j'ose presque dire , à le
faire évanoüir : Ce moyen est aussi important que toutes

d Je m'arrêtai dans cet endroit pour faire devant l'Academie des
experiences sur une Machine que j'avois fait pour cet effet, & je prouvai
mécaniquement , & je rendis sensible toutes les proprietez de l'Horloge à Levier ci-dessus énoncées.

les autres proprietez de la Machine jointes ensemble. Je dois l'expliquer.

Soit le Pivot qui porte tout le poids du Balancier & du Levier Horisontal, d'une demie ligne de diametre, & que le frotement de ce Pivot à la maniere ordinaire, chargé d'un poids quelconque, soit, pour l'exprimer en nombre, égal à 10000.

Que l'on suppose maintenant deux cercles de laiton posez comme dans la Figure 1re m,1. m,2. & que le Pivot portant le poids, au lieu de glisser ou de froter sur la surface concave cilindrique d'un trou fait dans une platine, ne fait à present que rouler sur les circonferences des deux cercles en P. qui cedent à ce mouvement; tout le frotement est alors transporté aux Pivots de ces rouleaux circulaires, & n'est au premier, à l'exception du poids des rouleaux, qu'en raison des diametres des Pivots des rouleaux, aux diametres des rouleaux mêmes.

Soit l'arc de vibration du Balancier de 120. dégrez d'un grand cercle; l'arc du roulement de son Pivot sera de même de 120. dégrez de sa petite circonference.

Soit le diametre des rouleaux de 3. pouces environ, ou la circonference de 120. lignes, & que ces rouleaux soient divisez en 360. dégrés, chacun de ces degrés sera d'un tiers de ligne.

Or 120. deg. l'arc du Pivot du Balancier ne parcourant, par la supposition, qu'une demi ligne d'espace, ne fera tourner les rouleaux par ce mouvement qu'un dégré & demi d'un grand cercle, les Pivots des rouleaux ne tournant que dans la même proportion, & en ne donnant à ces

Pivots

Pivots qu'un demi tiers de ligne de diametre, chacun ne parcourrera d'espace que la 240ᵉ partie d'une ligne à chaque vibration. Ainſi le frotement total du Pivot étant au commencement égal à 10000. ſe trouve deja reduit à 43. 10000ᵐᵉˢ ou à la 240ᵉ partie du frotement ordinaire.

Mais quelque petite, & preſque inconcevable que ſeroit la reſiſtance d'un pareil frotement, nous n'en avons pas encore tant : Car comme les diametres des trous ſont toûjours plus grands que les diametres des Pivots, & qu'ils peuvent ſans inconvenient être dans cet endroit beaucoup plus grands, en raiſon des Pivots, que dans d'autres cas, il s'enſuit que le frotement s'évanoüit, & qu'il ſe convertit dans un petit roulement imperceptible, lequel n'interromproit pas les effets phiſiques de la Machine. (ſ)

On peut encore appliquer des rouleaux aux Pivots du Levier Horiſontal pour la derniere juſteſſe, comme r. r. *Fig.* 1ʳᵉ.

Je dois faire obſerver, pour prevenir une foible objection, qu'il n'en eſt pas de même de l'autre Pivot du Balancier ; il frote à l'ordinaire ; mais ce Pivot-ci ne porte pas de poids, il eſt trés-menu, la quantité de frotement qu'il peut ſouffrir eſt trés-peu conſiderable ; à plus forte raiſon, la difference du plus grand au plus petit frotement ſur ce Pivot échape au calcul par ſon extrême petiteſſe.

J'ajoûterai un mot au ſujet du fil, ou autre matiere dont il faut ſe ſervir pour ſuſpendre le Levier Horiſontal

(ſ) Je prouvai encore mécaniquement cette proprieté.

H

au Balancier, & qui prend la forme de la Courbe à chaque vibration. On pourra d'abord avoir quelque doute sur l'effet que peut produire ou son alongement ou son retréciffement, ou sa difference de flexibilité.

J'ose répondre, que pour le premier, tout ce qui en arrivera ne produira pas sur cette Machine la centiéme partie de l'effet que la même cause produit sur le Pendule ; à l'égard de sa difference de flexibilité, si on employe des matieres convenables, avec les précautions requises, il n'y a rien à craindre sur cet article.

Je viens maintenant à la seconde partie de mon Discours, où j'ai à considerer cette puiffance reglante appliquée aux autres parties de la Montre, qui ne servent qu'à l'entretenir en mouvement : J'ai quelques remarques à faire sur ce sujet, fondées sur cette propofition ; *Que l'application avantageuse de la puiffance reglante n'eft pas moins importante pour la jufteffe totale de la Machine, que la perfection de cette puiffance par fa propre nature.* Je m'explique.

Soit deux puiffances reglantes de differentes natures ; l'une, par exemple, un Pendule, & l'autre un Balancier avec son reffort fpiral ; toutes les deux appliquées de la même maniere à leurs forces motrices, ou, en termes d'Art, avec une même forte d'échapement. Je dis que ces deux puiffances reglantes ont entr'elles des perfections relatives, qui (toutes autres chofes égales) font en raifon reciproque, des variations caufées en leurs mouvemens par des inégalitez proportionnelles des forces motrices, qui les entretiennent en mouvement ; car fi en doublant le poids moteur d'une Pendule , (g) on n'en accelere le mouvement que d'une minute en 24. heures , & qu'on accelere le mouvement d'une Montre de poche de 4. heures en 25. en doublant la force du ressort moteur ; la variation de la Pendule étant par la supposition , 240. fois moindre que celle de la Montre, il est évident que la perfection relative du Pendule est à celle du Balancier , & son ressort spiral comme 240. à 1.

Qu'on suppose maintenant une nouvelle maniere d'appliquer le Balancier & ressort spiral à une Montre, de façon, qu'en vertu de l'échapement seul, la force motrice doublée ne l'accelere que d'une seule minute en 24. heures ; en ce cas on gagne (pour ainsi dire) par l'application avantageuse de la puissance reglante, autant qu'on perdoit auparavant par l'imperfection relative de sa nature ; ou du moins on reduit par là l'effet de son imperfection à la 240e. partie de ce qu'il étoit auparavant.

Or j'ai trouvé & mis en usage une maniere d'appliquer la puissance reglante qui fait tout ce que je viens de supposer, & même au-delà ; de sorte que par cette application, la puissance reglante, de quelque nature qu'elle puisse être, se trouve absolument à l'abri de toutes les inégalitez possibles de la puissance motrice. Rien ne prouve mieux ce que j'avance que l'experience que je demande la permission d'en faire devant cette Assemblée. (h)

Mais pour mieux tirer quelques consequences de cette

(g) Reg. Art. du Tems. & Mem. de l'Acad. des Sciences de 1720.
(h) J'ai fait sentir à Messieurs de l'Academie cette proprieté par une Machine particuliere.

H ij

experience, admettons qu'il y eût une difference dans le mouvement de cette Montre d'une seconde par minute, ou de 24. minutes par jour entre deux forces motrices, dont l'une seroit quadruple de l'autre : Comme la plus grande variation qui arrive ordinairement dans la force motrice des Montres durant le cours de plusieurs années, n'excede pas la dixiéme partie de la quantité totale de cette force ; (ce qui n'est que la quarantiéme partie de la difference dont je viens de faire l'experience) il est évident qu'une Montre ainsi construite ne pourroit être alterée dans son mouvement par toutes les variations possibles de la force motrice, qu'en raison de la quarantiéme partie de 24. minutes, ou de 36. secondes par jour ; en allant d'abord d'une extremité à l'autre ; ce qui est impossible. Supposons cependant que toute cette variation dans la force motrice survint dans une seule année, (ce qui souvent n'arrive pas en dix ans dans les Montres bien faites) même en ce cas ; il est encore évident qu'en partageant la variation également entre les jours de l'année, elle ne produiroit qu'une variation d'une dixiéme de seconde d'un jour à l'autre, ce qui est infiniment imperceptible. Un pareil changement dans la force motrice d'une Pendule à secondes, avec cet échapement, ne produiroit pas une seconde en dix ans ; & pour revenir à notre Pendule à Levier, elle ne pourroit jamais causer le moindre effet par rapport au tems.

Il est donc de la derniere évidence, que si cette Machine est encore sujette à quelque variation, il en faut chercher la cause dans la seule puissance reglante, indépendam-

ment de tout ce qui l'a precedé ; ce qui est trés-utile à sçavoir, pour mieux découvrir les imperfections qui pourroient s'y rencontrer.

Il faut pour l'ordre que je dise ici quelque chose de la
maniere dont je pretens suppléer dans cette Machine au
troisiéme inconvenient du Pendule, qui consiste en la difficulté jusqu'à present insurmontable de mettre son mouvement propre à l'abri des déreglemens causez par les mouvemens particuliers d'un Vaisseau en Mer. Il y a même apparence que c'est un inconvenient sans remede pour le
Pendule. Cet article est trés-important, il merite qu'on
examine meurement & sans precipitation, tout ce qui
peut vraisemblablement arriver à cette Machine dans les
cas ordinaires de la Navigation. S'il n'étoit question que
de la comparer au Pendule, pour juger laquelle des deux
auroit son mouvement propre moins troublé par les divers
mouvemens du Vaisseau, il seroit aisé de la décider à l'a-
vantage de la Machine.

Cela me paroît évident & ne pas avoir besoin de preuve : Mais ce n'est pas assés que la Machine soit seulement
plus parfaite à cet égard que le Pendule, il faut qu'elle le
soit autant qu'on le peut souhaiter; il s'agit donc d'une autre
question : Sçavoir, si au moyen d'une suspension convenable, si le mouvement propre de la Machine sera, ou ne
sera pas dérangé par l'agitation du Vaisseau, ou du moins
à quel degré son mouvement seroit dérangé ; supposé
qu'il le soit, encore s'il y auroit du remede, & quel seroit
le meilleur.

Cette question est délicate & importante, je l'ai examinée avec attention ; je me flâte d'être en état de répondre aux plus fortes objections sur cet article: Je sens cependant qu'il n'est pas aisé de les prevenir par le seul raisonnement, & je suis persuadé que les seules experiences pourront les resoudre : C'est, Messieurs, ce que je me suis proposé de vous dire sur l'Ouvrage que j'ai l'honneur de vous exposer , je le soumets à votre examen & à votre jugement ; si on me fait la grace de me proposer des difficultés , elles me donneront occasion de déveloper davantage mes pensées , & si l'experience nous y fait découvrir des imperfections, je tacherai d'y remedier.

SECOND MEMOIRE.

Lû à l'Academie Royale des Siences de Paris,
le 8. Janvier 1724.

L'HORLOGE que je montrai à l'Academie au mois d'A-
vril dernier, n'étoit, à proprement parler, qu'une
exposition mécanique du Mémoire que j'eus alors l'honneur de lire dans cette illustre Assemblée ; j'exposai mes
raisonnemens bien plus que mon Ouvrage au jugement
de cette sçavante Compagnie.

Messieurs les Commissaires nommez par l'Academie
pour l'examen de ma découverte, m'ont donné le tems
de faire un Ouvrage qui répondît mieux par sa construction
& par son execution, aux principes que j'ai établis, & qui
fût plus propre par consequent aux experiences qu'ils
souhaitent de faire, afin d'en rendre un plus juste compte
à l'Academie.

Je vous presente aujourd'hui, Messieurs, cet Ouvrage, je le soumets à votre examen, je le laisse entre vos
mains, pour que vous en fassiez toutes les épreuves que
vous jugerez être necessaires, soit pour confirmer ce que
j'aurois dit de vrai, soit pour découvrir les erreurs dans lesquelles je serois tombé.

J'omis dans mon premier Memoire plusieurs choses necessaires pour la parfaite intelligence de la construction de cette Machine , je ne pouvois bien la decrire avant que de l'avoir executée, & je craignois de vous être à charge : j'ai fait de plus de nouvelles reflexions sur les objections que l'on m'a proposées , & sur celles qui se presentent naturellement à l'esprit, veüillez, Messieurs que je vous , les rapporte.

J'ai deja établi que la puissance reglante de cette Horloge a cet avantage outre ceux de sa construction , que la regularité de son mouvement est à l'abri des inégalités quelconques des forces motrices , & cela de deux manieres ; 1°. En vertu de l'échapement indépendamment de la Courbe. 2°. Par la seule Courbe, independamment de l'échapement , à plus forte raison par tous les deux joints ensemble : On doit se servir de tous ses avantages quand l'objet de la réüssite est important ; j'ai donc crû qu'il convenoit de ménager l'égalité de la force motrice avec autant d'attention que si le succez de la Machine en eût entierement dépendu. J'employe à cet effet deux forces motrices , dont la premiere ne sert qu'à remonter ou restituer la seconde , celle-ci seule agit par rapport au mouvement, d'une maniere assés uniforme , & elle est chaque quart d'heure renouvellée par celle là. Le celebre Monsieur Leibnitz a le premier publié cette méthode dans le Journal des Sçavans de l'année 1675 ou 76. & d'habiles Ouvriers en Hollande, en Angleterre , & en France , l'ont utilement employée : Je dis ceci pour ne m'attribuer de cet ingenieux artifice que la maniere dont je l'ai mis en œuvre : Le mouvement se trouve par là reduit à la plus gran-

de

de simplicité, cette seconde force motrice conserve plus long-tems sa vivacité & son égalité, qu'une seule force motrice quelconque, qui seroit necessairement chargée d'un plus grand nombre de rouës. On peut par cette méthode réduire le Mouvement à une seule rouë, dont la force motrice se renouvelleroit à chaque minute d'heure; mais cela seroit inutile. Cette construction ne demande pas que l'on employe ni chaîne ni corde, & elle donne un avantage, (en certains cas trés-considerable,) pour la durée, & pour l'égalité des forces motrices; puis qu'on peut augmenter la premiere & faire durer ses efforts autant qu'on le veut, sans se mettre en peine des inégalitez qui s'y trouveront; & qu'on peut réduire la seconde à la derniere simplicité, & racourcir à volonté les périodes de sa durée. Je reconnois cependant qu'une fusée suffiroit dans l'usage ordinaire, & qu'elle rendroit le total de la machine plus simple & d'une moindre dépense.

J'ai encore expliqué & fait voir par des experiences certaines cette proprieté de mon échappement, qu'il compense trés-parfaitement, même les plus grandes inégalitez de la force motrice: j'ai été le premier surpris d'une proprieté si admirable, elle surpasse de beaucoup ce que j'étois en droit d'esperer, & j'ai remarqué que les plus sçavans en ont été également frappez; mais plus cette proprieté m'a parû avoir d'éclat, plus j'ai redoublé mon attention pour l'examiner à fonds, j'ai craint qu'ébloüi par de belles apparences, il m'échapperoit quelque imperfection. Cet examen a fait naître un soupçon que je crois bien fondé: j'ai apprehendé que mes pallettes d'acier, quelques dures

I

& quelques polies qu'elles puissent être, ne fussent sujettes en quelques rencontres á certains accidens de ce métail,
& qu'elles ne produisent des variations nuisibles, attendu
les frotemens qui s'y font. J'employe doncà la place de
l'acier des pierres précieuses, dont l'extrême dureté, jointe au plus parfait poli me rassurent contre ce soupçon, & ne
me laissent plus rien ni à désirer ni a craindre sur cet article.

J'ai aussi disposé ces pallettes d'une autre façon que dans
la premiere machine. Je les mets sur la tige d'une roue de
champ, au lieu de la tige du Balancier, sur laquelle j'ai pla-
cé un pignon : la roue des Pallettes s'engraine dans ce Pignon & le fait alternativement tourner de côté & d'autre :
cette nouvelle disposition m'a paru procurer deux petits
avantages ; le premier, les vibrations du Balancier sont
plus libres, & plus indépendantes de l'échappement, &
l'effet du mouvement total de la puissance réglante plus
Physique ; le second, j'ai par ce moyen tel arc de vibration
qui me convient le plus & avec moins de frotement sur mes
pallettes, l'échappement sur l'axe du Balancier n'admet pas
ces avantages. J'avoue qu'il y a un frotement de plus sur
le Pignon du Balancier ; mais aussi ce frotement est d'une
espece moins nuisible que celui des pallettes que je diminue
par ce moyen. Je n'appuye pas sur ce petit changement je
le crois dans le fonds de peu d'importance.

J'ai expliqué ma méthode de diminuer par des rouleaux
les frotemens sur les pivots du Balancier ; mais afin de prévenir toute ombre d'objection sur cet article, j'ai repeté
ces rouleaux aux deux pivots du Balancier, & encore à celui du Levier qui porte le poids, les pointes des pivots qui

peuvent toucher à quelque chofe, depuis ceux de la rouë des Pallettes jufqu'à ceux du Levier Horifontal, font par tout foûtenus de façon, que le frotement total de toutes ces parties enfemble de la puiffance réglante, eft prefque nul.

Il m'a paru que plus on a approuvé la découverte de ma courbe de compenfation qui donne l'Ifochronifme aux vibrations décrivantes differens arcs, plus on s'eft attaché à m'en demander, ou l'Analyfe Géometrique, ou une régle certaine, afin de la conftamment décrire; qu'il me foit permis de m'expliquer à cet égard.

J'ai d'abord abandonné l'Analyfe à mes Supérieurs en ce genre, d'autant plus volontiers, qu'il ne me paroît pas neceffaire de m'y attacher, quand même j'efpererois d'y réüffir, d'habiles Géometres reconnoîtront qu'elle fouffre des difficultez : mais je fuis déja en état de donner une régle mecanique trés-éxacte & trés-facile à exécuter avec fuccés.

J'ai eu une grande attention au choix de la matiere du fil qui tient le Levier Horifontal fufpendu, & qui prend à chaque vibration la forme de la courbe. Les proprietez que l'on doit principalement rechercher, font, que le fil foit d'une grande flexibilité, qu'il ait affez de force, & qu'il foit peu fujet à s'alonger ou à fe racourcir. Je n'ai trouvé ces proprietez fi bien réünies qu'en une chaine de Montre des plus déliées, dont je me fuis fervi avec fuccés. Si la partie de la chaine qui joüe dans la courbe étoit d'or elle feroit plus parfaite.

Rien n'eft indifferent dans la compofition d'une machine dont on prétend un effet aussi utile que celui d'une juste mesure du tems en mer ; mais particulierement dans une occasion où l'experience déterminera le jugement que l'on doit porter. C'est une satisfaction de voir établir par l'experience précisément ce que l'on avoit prévû par principe : mais il est équivoque de s'en rapporter absolument aux premieres experiences par rapport à des choses qui demandent du tems pour être portées à leur derniere perfection.

Les Reflexions que j'ai eu occasion de faire en recherchant de porter cette machine au point de perfection où elle est, m'ont donné lieu de m'éclaircir sur d'autres choses dont la parfaite connoissance peut avoir des grandes utilitez, & pour une plus juste mesure du tems, & pour la Physique generale. Je ne parle à present que d'une seule de ces choses, elle a un trés-intime rapport avec mon sujet : c'est l'égalité des vibrations d'un Balancier joint à un ressort spiral.

On a d'abord supposé ces vibrations parfaitement Isochrones, on a ensuite remarqué qu'elles ne l'étoient pas ; l'unique instrument sur lequel on a pû faire ces experiences avec quelque précision est une Montre portative. Les experiences en general sont contraires à l'Isochronisme ; plusieurs choses concourent à la détruire : mais ces causes n'ont pas été assez démêlées pour connoître la valeur de châcune en particulier, il est facile de prendre le change & d'attribuer à une de ces causes plus ou moins de ce qui appartient à d'autres.

Les principales causes de l'inégalité des vibrations du Balancier & de son ressort spiral appliquées à une Montre, sont, ou les inégalitez des impulsions de la force motrice, ou les inégalitez des frotemens des Pivots du Balancier même, ou les inégalitez Physiques de l'élasticité d'un corps à ressort. On reconnoît que les deux premieres, avec d'autres accessoires mécaniques, sont les causes évidentes de presque toutes les irregularitez dans le mouvement des Montres; mais l'inégalité Physique de l'élasticité est la seule qu'on n'a pas nettement démêlée, on ne doute pas qu'elle ne soit une de ces causes. Ce seroit donc quelque chose de faire voir qu'elle ne passe pas certaines bornes, jusqu'à ce que l'on ait une methode pour en déterminer plus précisément la valeur.

Lorsque le mouvement d'une montre est trés-juste, où toutes les causes de l'irregularité du mouvement sont trés-petites, ou elles se compensent trés-parfaitement : car dés qu'une seule devient considerable, ou qu'elle l'emporte sur les autres, cette grande regularité supposée est détruite. On voit, rarement à la verité, des Montres reglées de maniere à ne point varier d'une seule minute en huit ou en quinze jours, encore qu'elles ayent souffert durant ce tems - là divers dégrez de chaleur & de froid & d'autres changemens; ces accidens doivent, suivant les idées reçûës sur cette matiere, beaucoup plus affecter l'élasticité que les autres causes de l'inégalité des vibrations, ce seul exemple suffit pour en présumer avec raison, que cette inégalité Physique n'est que trés-peu de chose; or il est démontré qu'une augmentation ou une diminution de la 1440ᵉ. (†) partie seulement de la force des ressorts de quelque cause que ce soit, avanceroit ou retarderoit ne-

(†) Regle artificiele du tems.

cessairement une Montre ordinaire d'une minute en 24. heures ; donc dans une Montre qui n'a point varié d'une minute en 8. jours, il a falu que ni le grand ressort, ni le ressort spiral n'ayent varié chacun que de la 11520°. partie de sa force totale.

Dés qu'il sera une fois bien démontré que l'inégalité Physique des ressorts est aussi peu considerable qu'elle le paroît par ce calcul; & que l'on écarteroit les autres causes étrangeres de l'inégalité des vibrations du Balancier & du ressort spiral, ils auroient presque toute la perfection qu'on a d'abord attribué aux vibrations des ressorts: du moins aura-t'on le moyen & de sçavoir plus juste la quantité des variations Physiques ausquelles ils se trouvent sujets, & de pouvoir peut-être les reduire à quelques regles.

La Machine que j'ai l'honneur de vous presenter est trés-propre à cette découverte ; car en y ajoûtant un ressort spiral à la place du Levier & de la Courbe, les vibrations du Balancier uniquement déterminées par la force du ressort spiral, il n'y aura d'inégalité sensible dans ces vibrations que celle qui provient des variations Physiques du ressort, elles me paroissent trés-petites, suivant quelques experiences que j'en ai deja fait. Si l'inégalité Physique de la pesanteur (qui affecteroit toûjours le Balancier, quelque égale que soit la force du ressort spiral ;) Si, dis-je, cette inégalité se trouve en effet beaucoup moindre qu'on ne l'a cru sur la foi de quelques experiences, si petite, même nulle, ainsi que plusieurs habiles Physiciens l'estiment, ces Horloges à Balancier & à ressort spiral conserveroient plus de justesse dans leurs mouvemens, par tout où on les tranſporte & ſur mer & ſur terre, qu'on n'a eu lieu de le penſer, en vertu de toutes les experiences faites juſqu'à preſent ſur les Montres ordinaires.

Quoi qu'il en ſoit, il eſt évident que par mon nouvel échappement, & par ma maniere de diminuer les frote-mens, j'ai écarté des grandes cauſes acceſſoires d'irrégularité, & que j'ai reſtitué par ce moyen au reſſort ſpiral une partie de ſa réputation : il l'avoit plus perduë par le concours des cauſes étrangeres, que par ſa propre imperfection.

Il en eſt à peu prés de même du Pendule appliqué à l'Horloge. De trés-habiles Phyſiciens, (*a*) & Géometres, ont eu bien de la peine à démêler les cauſes de certaines petites variations qu'on remarque quelques-fois dans la Pendule à ſecondes ; il y a apparence qu'ils ne l'ont pas encore fait avec la derniere préciſion : une variation de deux ou de trois ſecondes par jour peut avoir pour cauſes en même tems, & les inégalitez de la force motrice, & la dilatation ou le rétreciſſement du fil de ſuſpenſion ou de la verge, l'inégale roideur d'un reſſort de ſuſpenſion & la réſiſtance inégale du milieu, & pluſieurs autres cauſes. Il eſt extrémement difficile de découvrir avec certitude la juſte part que chacune de ces cauſes a en particulier dans un ſi petit effet. Le ſimple ouvrier rapporte naturellement de pareils effets à des cauſes mécaniques ; il croit les entendre : mais des cauſes acceſſoires mécaniques trés-conſidérables échappent ſouvent à l'obſervation du Phyſicien & du Géometre. Un auſſi grand homme que Monſieur Hugens, & auquel

(*a*) Voyez les Memoires de l'Academie, ci-aprés citez.

l'Horlogerie en particulier doit beaucoup de ce qu'elle a
de plus estimable, n'a pas pris garde que sa belle démonstration de l'Isochronisme des arcs de diverses grandeurs
d'un Pendule suspendu entre deux arcs de Cycloïde, que
sa démonstration, dis-je, ne se trouveroit plus éxactement
vraye lorsque ce même Pendule est appliqué à l'Horloge.
S'il m'est permis de le remarquer, ma nouvelle maniere de
Pallettes trés-propres à l'échappement des Pendules, rendra
la démonstration de Monsieur Hugens aussi vraye qu'il l'a
supposé dans le Pendule appliqué à l'Horloge.

J'ai parlé avec retenuë dans mon premier Memoire de
ce qui regarde la suspension de mon Horloge à Levier
dans un Vaisseau ; parce que cette experience sur Mer est
la principale, & celle qui doit décider de son utilité, & je
n'ai pû encore la faire: mais j'ai mis cette Horloge à de plus
fortes épreuves, elles m'ont réüssi au-delà de mon attente.
Je ne présume pas néanmoins qu'elle puisse indifferemment
souffrir toutes sortes de mouvemens : une suspension tranquille, & autant qu'il se peut, perpendiculaire à l'horison,
est sa situation la plus naturelle. Les mouvemens ordinaires d'un Vaisseau ne la lui feront presque pas perdre, il n'y
aura que les coups de mer qui donnent quelques fois de
subites secousses au Vaisseau, lesquels pourront causer des
écarts un peu sensibles; mais toûjours moindres à proportion
que la masse du Vaisseau est plus grande. D'ailleurs ces coups
arrivent trés-rarement, même dans un orage, & tous les
écarts qui en peuvent provenir, s'ils ne sont excessifs, se
compensent presque parfaitement. Je puis d'avance le démontrer par la structure de l'ouvrage & par les experiences

que

que j'ai déja faites , elles sont aisées à repeter , & concluantes. Si l'on craint que la justesse du mouvement de cette machine sera sensiblement dérangée durant un trés-violent orage , j'ai encore un remede à cet inconvenient : le voici. Outre l'Horloge à Levier on a une autre Horloge à ressort spiral , celle-ci ne cede guere en justesse à celle-là , du moins pour quelques heures. Si on les tient toûjours bien reglées & ensemble ; sçavoir l'Horge à ressort spiral sur celle à Levier ; quand même l'Horloge à Levier seroit plus ou moins dérangée par un gros tems, celle à ressort spiral (dont le mouvement ne peut être alteré par le plus grand orage) serviroit à remettre la premiere ; l'orage fini , l'Horloge à Levier continueroit sans erreur sensible son mouvement accoûtumé dans un tems ordinaire. On ne peut même, sans un pareil expedient, sçavoir au vrai si un tems orageux dérange ou non le mouvement de notre Machine , & encore moins de combien. Si c'est de beaucoup , voilà un remede tout prêt : Si c'est de trés-peu , ou de rien , on pourroit mieux s'en passer. Il seroit cependant & plus seur & plus utile , principalement dans les voyages de long cours , d'avoir les deux Horloges.

Je reviens à celle à Levier , & je vous prie Messieurs, de rappeller que j'ai eu l'honneur de vous dire en vous l'annonçant, que je ne faisois pas état qu'elle eût toute la justesse dont elle est susceptible , ni qu'elle ne souffre des legeres objections contre la perfection phisique , perfection à laquelle les machines composées ne pourront pas vraisemblablement atteindre.

K

Je le repette ; encore que j'aye travaillé à rendre celle-ci plus parfaite que la premiere, & que je me flatte d'a-
voir réüffi, les chofes ne font pas tout d'un coup portées
à leur derniere perfection : Aidé de vos lumieres, je puis,
ou quelqu'autre à l'avenir, ajoûter à mes découvertes.

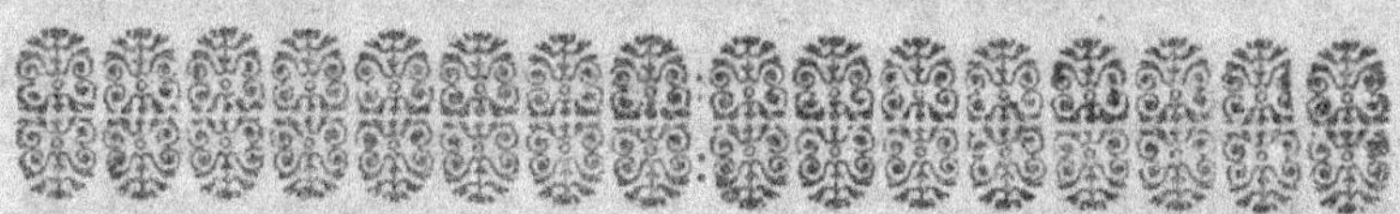

PREMIERE LETTRE

DE MONSIEUR GRAHAM, HORLOGER,
de la Societé Royale , écrite de Londres à l'Auteur,
en réponfe de celle qui contient la defcription abregée.

Du 21   Juillet. (Vieux Stile) 1724.

MONSIEUR,

J'ai confideré avec une grande fatisfaction le deffein
que vous m'avez envoyé de votre ingenieufe découverte pour la jufte mefure du tems en mer. J'avoüe
qu'elle furpaffe de beaucoup tout ce que l'on a jufqu'à
prefent tenté à cet effet ; & je fouhaite de tout mon cœur
qu'elle reponde aux plus flateufes efperances que vous en
avez formé, Mais comme l'on ne peut connoître la jufteffe du mouvement de cette nouvelle Horloge fur Mer,

que par des experiences de cette sorte, je me promets que vous trouverez bon mes conjectures à cet égard.

1°. Je crois bien que les differens dégrés de chaleur & de froid l'affecteront peu, sur tout, si la contraction & la dilatation des Pallettes & du Balancier sont proportionelles.

2°. Je ne sçais si une augmentation ou une diminution proportionelle des poids du Balancier & du Levier ne changeroit pas les durées des vibrations. Si vous en avez fait l'experience, mon doute cesse.

3°. Je crains que les differences des frotemens que souffrira la chaîne qui joûë entre les courbes, causeront quelque petite variation : Cependant je ne connois rien de si flexible & de moins sujet aux plus petites alterations.

4°. Je juge qu'il est extrêmement difficile de former vos Courbes, & qu'on ne peut en donner la veritable figure que par des observations & par des experiences. Si cette veritable figure des Courbes est une fois trouvée, je conçois qu'il sera facile d'en former d'autres, dont toutes les parties agissantes seront semblables.

5°. Le changement de position de la Machine par rapport à l'horison, me fait le plus de peine. Il faut la suspendre dans un Vaisseau; & le changement de position me paroît un effet inévitable de la suspension. De là il suit necessairement que les vibrations de la Machine en seront plus ou moins affectées, à proportion de ce changement. Tous les mouvemens du Vaisseau (aux circulaires & progressifs prés) changeront la force de l'action du Levier sur le Balancier ; ce qui doit necessairement affecter les durées des vibrations, puisque l'isochronisme dépend d'une pesanteur inalterable dans le Levier , le poids du Balancier reſtant le même. Si on s'imagine que la Machine ſoit poſée ſur un plan parallele à l'Horiſon, & dans cette ſituation, que l'axe du Levier eſt parallele à tous les deux, un changement de ce Plan qui conſerveroit le parallelifme de l'axe du Levier avec l'Horiſon, produiroit le même effet, que ſi le plan n'eût point été changé , & qu'on eût donné une plus grande ou une plus petite élevation au Levier. Tout autre changement d'inclinaiſon diminuera le poids du Levier, ce changement étant analogue à un poids qui deſcend ſur un plan incliné. Le mouvement du Vaiſſeau en haut & en bas changera auſſi la peſanteur relative du Levier, ou ſon action ſur le Balancier. Vous me direz peutêtre que les plus grands changemens de cette eſpece n'arriveront à la Machine en Mer que dans les grands orages , & qu'ils ſeront ſi petits dans un tems ordinaire , qu'ils ne cauſeront pas de variation conſiderable aux durées des vibrations; je l'eſpere , fondé ſur l'experience que vous avez faite dans une Berline. Mais je ſouhaiterois que des perſonnes intelligentes & fidéles en euſſent fait l'épreuve en Mer avec les attentions convenables. Au reſte , je ſuis perſuadé que les irregularités de cette Horloge dans un Vaiſſeau ſur Mer ne ſeront point ſi conſiderables, qu'avec les précautions neceſſaires , on ne la rende trés utile à la Navigation.

Votre moyen de diminuer les frotemens ſur les Axes eſt fort bon. Je n'ai rien vû de ſemblable dans notre Art qu'une ſeule fois, il y a plus de vingt ans ; c'étoit le Pivot ſuperieur du Balancier d'une vieille Horloge-à-Balancier, qui étoit contenu & qui tournoit entre trois rouës posées à cet effet. Il paroissoit que ces rouës n'avoient pas été faites par le constructeur de l'Horloge, & qu'un autre main les y avoit ajoûtées.

Vous voyez, Monsieur, avec quelle franchise je vous expose mes reflexions sur ce qui regarde votre Machine: Si j'avois eu des objections d'un plus grand poids, je ne les aurois pas supprimées. Je souhaiterois que vous puissiez m'envoyer des desseins plus détaillez de votre Horloge, & tels que vous les jugerez convenables pour être communiquez à la Societé Royale; cette invention me paroît meriter trés particulierement son attention. Elle est à present ajournée pour ne reprendre ses séances qu'à la fin d'Octobre. Il conviendroit que vous ajoûtiez à la description de la Machine, les experiences que vous aurez faites dans votre particulier, soit à l'égard de la chaleur ou du froid, soit à l'égard des autres causes quelconques.

Je vous prie d'accepter, Monsieur, les sinceres remercimens de votre trés-humble & trés-obéissant serviteur,

GEO: GRAHAM.

RÉPONSE

A LA LETTRE DE MONSIEUR GRAHAM

De Versailles, le 29. Août 1724.

Monsieur,

J'ai reçû votre Lettre du 24. Juillet. C'est un grand plaisir pour moi que vous approuviez l'Horloge dont je vous ai envoyé la description abregée : je sçai le cas que je dois faire d'une approbation comme la votre, & je vous suis trés-obligé des souhaits que vous formez pour mon succés.

La conformité de nos idées me flatte, vos remarques sont trés-judicieuses, & la candeur avec laquelle elles sont dictées m'oblige à vous répondre ingenument. Permettez-moi de joindre mes conjectures & mes raisonnemens aux votres, en attendant que les experiences sur Mer décident mieux du succés de mon Ouvrage.

1°. Vous paroissez assés persuadé que la chaleur & le froid n'affecteront que trés-peu la Machine, si la dilatation ou le rétrecissement du Balancier & des Pallettes sont proportionnelles ; ajoûtez y encore les Courbes : Or il me paroît qu'il ne reste aucun doute sur cet article, parce qu'on ne peut donner une raison apparente, pour que ce rétrecissement ou cette dilatation ne soit point proportionnelle, ou si approchant la proportion, qu'il faut regarder comme insensibles les differences qui s'y rencontreroient.

2°. On ne peut que douter d'abord, comme vous faites, si une augmention ou une diminution proportionnelle, du poids, du Balancier & du Levier ne changeroit pas la durée des vibrations : Cette importante proprieté demande un examen attentif, & les experiences aident aux raisonnemens, par lesquels on la peut démontrer. En voici une que j'ai repeté plus de cent fois sur un modéle fait exprés pour démontrer mécaniquement toutes les proprietés énoncées de la Machine ; vous conviendrez que cette experience est décisive, & qu'elle doit necessairement réüssir.

Il est certain, toutes choses égales, qu'un rapport quelconque des poids du Balancier & du Levier, détermine les durées des vibrations ; qu'un poids ajoûté au Levier les accelere, & qu'un poids ajouté au Balancier les retarde : ne s'ensuit-il pas qu'une augmentation ou qu'une diminution proportionnelle du poids de l'un & de l'autre en même tems, ne changera rien à ce rapport ? Car supposons que (par miracle) toutes les parties qui composent le Balancier & le Levier soient en un instant changées en Or, ou en quelqu'autre matiere, ou plus pesante ou plus legere que le Laiton dont elles sont faites ; Or en ce cas, donnera-t'on une raison pour que le Balancier & le Le-

vier, de la forte changez, lefquels confequemment con-
ferveroient entr'eux la même proportion de pefanteur,
n'agiffent pas l'un fur l'autre & de la même maniere &
dans les mêmes tems qu'avant leur converfion ? Ce qui
arrive dans la nature par l'augmentation ou par la diminution de la pefanteur, n'a-t'il pas une parfaite Analogie
avec le miracle fuppofé ? Donc, le changement de la pefanteur affectera & de la même maniere & dans la même
proportion, chaque partie & du Balancier & du Levier.

Il eft vrai que dans l'experience, il pourra ne pas arriver que les poids ajoûtez au Balancier & au Levier foient
dans la même & jufte proportion l'un à l'autre, que le
poids total du Balancier, eft au poids total du Levier ; la
raifon eft évidente : c'eft parce qu'on ne peut appliquer les
poids que l'on ajoûte, qu'à des parties particulieres de
chacun ; par exemple, au cercle du Balancier, & à la
lentille du Levier. Mais il fuffit que les poids ajoûtez dans
l'experience foient l'un à l'autre dans un rapport approchant de cette proportion ; car pour qu'ils fuffent dans
une éxacte proportion, il faudroit que châque portion de
la matiere des poids que l'on ajoûte fût adoptée à des parties correfpondantes des maffes totales du Balancier & du
Levier ; ce qui dans l'experience eft impoffible.

Au refte, je n'apperçois plus que deux trés-legeres objections à cét égard. La premiere, l'acceleration des corps
tombans entre pour quelque chofe dans l'action du Levier (foit peut-être par la 500. partie.) Or l'augmentation ou la diminution de la pefanteur ne eauferont-elles
pas un peu de changement dans la partie accelerante de
l'action

l'action du Levier, quelque petite que soit cette partie accelerante ; pendant que la même cause ne pourra produire
aucun effet sur le mouvement du Balancier, lequel étant
circulaire, n'est nullement sujet à la loi de l'acceleration des
corps tombans. La seconde, si le Balancier est appliqué
au roüage, de façon que la force motrice de la Machine
peut accelerer ou retarder les tems dans lesquels le Balancier & le Levier feroient ensemble leurs vibrations indé-
pendemment de la force motrice : Cette acceleration ou
ce retardement, ne sera-t'il pas plus petit ou plus grand,
à proportion que la pesanteur du Balancier & du
Levier sera ou augmentée ou diminuée, la force motrice
restant toûjours la même ? Je reponds, qu'à la rigueur ces
effets peuvent avoir lieu, mais qu'ils importent si peu,
qu'ils ne meritent pas d'attention. Je n'ai rapporté ces
objections que pour vous montrer avec quel scrupule je
suis accoûtumé de m'en faire à moi - même.

Vous craignez que les differens frotemens que souffrira la chaîne qui joüe entre les Courbes, causeront quelque variation ; j'ai craint la même chose, j'ai aussi jugé,
comme vous, que l'on ne pouvoit employer rien de plus
flexible, & de moins sujet aux plus petites alterations :
vos doutes & les miens sont raisonnables ; une experience
les favorise Je me suis servi d'une chaîne trés déliée,
elle est de Geneve, on n'en trouve point à Paris de
meilleure, je l'ai extrêmement travaillée pour qu'elle
fût trés-flexible, j'ai neanmoins observé (à la verité
depuis deux mois seulement) que mon Horloge comparé à ma Pendule, avoit avancé de quelques minutes

L

en peu de jours, aprés qu'elle avoit été bien reglée durant six mois. J'ai cherché la cause d'un changement si extraordinaire, & j'ai vû que la chaîne étoit roidie, qu'elle s'élevoit en Angles sur les Courbes, & que les arcs des vibrations étoient diminuez depuis prés de 60. dégrez de chaque côté jusques à 45. J'attribue cet effet aux grandes chaleurs, les parties les plus déliées d'un peu d'huile restée entre les mailles ou chaînons se sont évaporées, & les parties grossieres de cette huile formant une espece de Colle ont produit le changement observé; car ayant de nouveau travaillé cette chaîne; devenuë plus flexible & remise en sa place, les vibrations ont été dans l'instant plus libres, decrivantes jusques à 65. dégrez de chaque côté, & le mouvement de la Machine a été mieux reglé. Je tire de là deux conclusions: la premiere, que la chaîne n'avoit jamais été aussi libre qu'elle auroit dû l'être: la seconde, que si on fait des chaînes à l'usage des Horloges à Levier, il est aisé de construire ces chaînes plus flexibles que celles des Montres ordinaires, & si on les fait d'or & non d'acier, il n'y aura plus rien à craindre des differens frotemens, où l'alteration qu'ils causeront seroit reputée pour rien, particulierement considerée dans des parties aussi délicates que celles d'une chaîne, & sujettes à un si petit mouvement d'une maille à l'autre.

4°. Votre quatriéme remarque est des plus justes, je conviens avec vous de la méthode de former les Courbes, & de la difficulté qui s'y rencontre, ce qui n'empêchera pourtant pas qu'on n'en facilite la pratique en établissant de bonnes regles pour l'execution.

5°. Je reconnois encore que tous les raisonnemens de votre cinquiéme paragraphe sont bien fondez, il est seur que le bon ou le mauvais succez de la Machine dépend de la façon dont son mouvement sera affecté par les differens mouvemens d'un Vaisseau en Mer, & dans lequel on l'aura suspenduë : Mais souffrez que je reprenne chacun des articles touchant les alterations dont vous faites un si judicieux dénombrement , je puis peut-être éclaircir de petites difficultez sur lesquelles j'ai eu occasion de refléchir.

Je sçai que l'on ne peut éviter le changement de position par rapport à l'Horison de mon Horloge suspenduë dans un Vaisseau sur Mer ; mais je sçai que ce changement de position par rapport à l'Horison , est réellement d'une moindre consequence que l'on ne se le persuade , il faut l'avoir à dessein , & avec soin observé pour en porter quelque jugement. J'ai fait une extrême attention sur ce sujet. De tous les differens mouvemens d'un Vaisseau, il n'y en a qu'un seul qui puisse sensiblement changer la direction perpendiculaire d'un corps qui y seroit dûement suspendu, c'est celui que l'on appelle le coup de Mer, lequel même n'arrive que trés-rarement, ces coups, il est vrai, ébranlent quelque-fois tout le corps du Vaisseau, mais la secousse est moindre à proportion que la masse totale du Vaisseau est grande. Dans cette sorte de mouvement le point de suspension du corps étant lateralement transporté avec une vitesse subite, le corps suspendu est écarté de la direction perpendiculaire d'une pareille quantité en sens contraire, mais il y revient par sa propre pesanteur, & dans un tems qui est deja déterminé par la distance de son centre d'oscillation du point de la suspension.

Soit le tems d'une de ces oscillations d'une demi-seconde, & que l'écart de la Machine de sa direction perpendiculaire, & dans le plan vertical du Balancier & du Levier soit de dix dégrés dans sa plus grande étenduë ; si on demande quelle sera la variation de la Machine par rapport au tems, causée par mille de ces oscillations, chacune de la quantité de dix dégrés, l'une portant l'autre : Je reponds que la Machine n'étant qu'un instant à l'extremité des dix dégrés , & n'employant qu'une demi-seconde à décrire tout l'arc, une inclinaison constante d'environ cinq dégrés pendant une demi-seconde, produira à peu prés la même variation en tems qu'une oscillation entiere telle que je viens de la décrire, par consequent une inclinaison constante de la machine de cinq dégrés durant mille demi-secondes, ou cinq cens secondes, donnera une variation approchante de celle de mille oscillations cy-dessus observées. J'ai fait une experience qui paroît donner des lumieres sur ce sujet ; j'ai incliné la Machine de sorte que le Levier descendoit à chaque vibration cinq dégrés plus bas que son parallelisme à l'Horison, & la Machine n'a été acelerée en tems que d'une seule seconde, en mille, ou en seize minutes: J'ai incliné en sens contraire la Machine, de maniere que le Levier à chaque vibration ne descendoit que cinq dégrés moins que le Parallelisme,

& elle n'a retardé que d'une seconde, dans environ le même espace de tems. Vous concevrez les causes de ces differens effets, en considerant sur quelles parties des Courbes le Levier agit avec sa plus grande puissance dans chacun de ces cas, & vous serez peut-être surpris autant que je l'ai été, de reconnoître que la variation soit si peu considerable & si heureusement compensée. Je conviens que d'autres changemens d'inclinaison diminueront le poids du levier, par consequent que les vibrations en seront affectées à proportion de ce changement : Mais je me flatte qu'il en arrivera peu de cette sorte, si l'on prend les précautions necessaires dans chaque circonstance de la suspension. Je conviens encore que les mouvemens du Vaisseau de haut en bas, & de bas en haut, doivent changer la pesanteur relative du Levier, ou son action sur le Balancier, mais il me semble qu'il est aisé d'entrevoir une compensation, bien plus clairement dans ce cas, que dans le cas cy-dessus ; car si l'action du Levier est augmentée pendant que le Vaisseau est montant, ne sera-t'elle pas diminuée, le Vaisseau descendant, & dans la même proportion, supposé les espaces parcouruës égales & les tems égaux, comme ils le seront, ou trésapprochant, l'un portant l'autre ? Ces raisons, Monsieur, me persuadent que les mouvemens ordinaires d'un Vaisseau ne causeront que de trés-petites variations en tems au mouvement particulier de la Machine ; l'experience faite dans la Berline semble aider à ces raisons, & je vois avec plaisir que cette experience vous ait donné lieu de former les mêmes esperances que j'ai conçû.

Au reste les differens accidens que la Machine peut essuyer dans les grands orages ne m'inquietent point, j'ai un remede assuré contre ce qui peut arriver de plus fâcheux en pareil cas. L'explication de ce remede fera le sujet d'une autre Lettre.

A l'égard de ma méthode pour diminuër les frotemens sur les axes, j'ignorois qu'on l'eut employé dans l'exercice de notre Art, mais ayant vû une grande rouë qui servoit à tourner une meule, suspenduë à peu prés de la même façon, je sentis le bon usage que l'on en pourroit faire dans l'Horlogerie, je crois m'en être utilement servi dans cette Machine : Si au defaut de cette rouë, appliquée à une meule, j'avois connu la vieille Horloge à balancier dont vous parlez ; je m'imagine qu'elle m'auroit fourni les mêmes idées, lesquelles je n'aurois peut-être point eu sans quelque rencontre semblable.

Votre franchise dans les objections que vous me propposez m'a extremement plû, elle me persuade que vous n'avez ômis aucunes de celles qui vous ont parû raisonnables ; & puisque vous estimez mon Horloge digne de l'attention de la Societé Royale, je vous envoyerai avec grand plaisir tout ce qui est bon à être communiqué sur ce sujet à cette sçavante Compagnie, dont je respecte infiniment les jugemens.

Je suis avec beaucoup d'estime & de respect,

MONSIEUR,

Votre trés-humble & trés-obéïssant serviteur, SULLY.

SECONDE LETTRE

DE MONSIEUR GRAHAM.

JE vous suis trés-obligé, Monsieur, de votre attention à examiner les objections de ma premiere Lettre, elles regardoient principalement ce qui devoit arriver à la Machine, à l'occasion des mouvemens irregu-
liers d'un Vaisseau. Je n'ai pas présumé que l'on pût
assigner jusques à quel dégré ces mouvemens l'affecte-
roient; je n'ai jamais voyagé sur Mer, & je ne me
souviens pas d'être allé dans un Vaisseau avec la voile;
je ne suis donc pas en état de former un jugement sur
la quantité d'erreur qui peut venir de cette cause.

Pour ce qui est de la Théorie, j'ai le plaisir de voir que
nous en convenons parfaitement vous & moi, mais vous
avez cet avantage, que vous pouvez mieux déterminer par
des experiences quel rapport de regularité le mouvement de
votre Horloge peut avoir avec celui d'une Pendule à secondes, comparées dans les differentes saisons de l'année, &
dans les tems du froid ou de la chaleur, experiences dont
je souhaitte beaucoup d'être informé. Ces experiences
feront plier toutes les conjectures de pure Théorie, elles détermineront tout d'un coup & avec certitude l'ef-

fet de plusieurs ingenieux artifices ; combinez d'une maniere singuliere, curieuse & délicate ; elles donneront à ceux qui ne connoissent point notre art, de meilleures idées de l'excellence de la Machine, lors qu'ils verront une comparaison immédiate de son mouvement, à celui d'une Pendule à secondes, celui-ci leur étant deja assés connu. L'utilité d'un semblable journal de comparaison se fait davantage sentir, si on considere que c'est la seule voye de découvrir plusieurs perfections de la Machine ; car non seulement ce que peut causer la chaleur & le froid, mais ce qui regarde la Chaîne de suspension, la figure des Courbes, la méthode de diminuer les frotemens du Balancier & du Levier, les differens dégrés de force communiquez aux roüages du mouvement : toutes ces choses se reconnoîtront mieux par des experiences faites à Terre, que par celles qu'on feroit en Mer, car plus le nombre des causes qui agissent ensemble est grand, plus il est difficile de connoître la proportion que chacune a dans l'effet total.

Les Sçavans ausquels j'ai fait voir le dessein de votre Horloge, conviennent unanimement qu'elle est ingenieusement imaginée ; mais que l'experience seule en feroit mieux connoître le merite. Ce qui leur a empêché, à ce que je crois, d'en porter de jugement plus particulier, c'est que je n'ai pû les instruire assés sur les observations & les experiences que vous en aurez peut-être faites. Cependant ayant appris qu'elle n'avoit varié d'une Pendule à secondes que de dix-neuf secondes en huit jours, ils ont reconnus que c'étoit un dégré de justesse, auquel ils

ne

ne croyoient pas que l'on pût atteindre. Quelques-uns ont ajoûté, que si cette Machine servoit à mesurer le tems en Mer avec une justesse passable durant quelques jours de suite, elle seroit utile dans les observations astronomiques, en conservant la mesure du tems d'une observation à l'autre, ils croyent que c'est là tout l'avantage que l'on peut retirer de cette Machine ou de tout autre servant à mesurer le tems.

J'ai eu depuis peu de jours occasion de montrer le dessein de votre Horloge à un des Secretaires de la Societé Royale; je lui ai demandé son sentiment sur votre intention de la communiquer à la Societé, il l'a fort approuvé; mais il m'a dit qu'il étoit bon de vous avertir que cette Compagnie n'a pas coûtume de donner des approbations aux Ouvrages que l'on expose à son examen, quelque bonne opinion qu'elle en ait. Sans cet avertissement vous pourriez former de fausses conjectures sur le jugement qu'elle porteroit de votre Ouvrage.

Il me paroît par les differens sentimens de ceux ausquels j'ai parlé de votre Horloge, qu'il est indispensable de communiquer à la Societé Royale non seulement sa description, mais toutes les observations que vous aurez fait, en comparant son mouvement avec celui de la Pendule à secondes. Je suis,

MONSIEUR,

Votre trés-humble & trés-obéïssant
Serviteur, G. GRAHAM.

Londres Oct. 12. 1724.

M

REPONSE

A la seconde Lettre de Mr. Graham.

A Versailles le 21. Oct. v. st. 1724.

VOus ne me devez point, Monsieur, des remercimens sur l'examen de vos objections ; mais je vous
dois des excuses sur l'attention que j'ai exigé de votre part.
Je ne me suis pas proposé de vous donner des instructions,
mais de vous communiquer certains faits : je n'ai eu en
veüe que d'ajoûter mes conjectures aux vôtres , en attendant que les experiences décident mieux de mon Ouvrage.

Je ne me lasse point de vous repeter que j'ai une grande
satisfaction de reconnoître que notre théorie est entierement conforme ; il est vrai que j'ai eu l'avantage de faire
plusieurs observations en consequence des experiences que
j'ai reïterées, qu'elles ont aidé à mes conjectures, & qu'elles ont servi à me confirmer dans quelques parties de théorie ; mais il s'en faut bien que j'aye fait toutes les observations que je souhaite. Je suis forcé de partager mon attention en mille differens soins, quelques vifs que soient mes
désirs de m'appliquer à ce seul objet.

Je me serois uniquement attaché à perfectionner mon
Horloge , que je n'y aurois encore pû réüssir , ni répondre

au Public de ses avantages ; l'invention en est toute récente ; je n'ai eu que le tems d'exposer ma théorie, & d'éxecuter quelques Ouvrages sur des plans un peu differens ; mais non pas de faire toutes les experiences que je voudrois faire. Vous avez trés - judicieusement remarqué, que *plus le nombre des causes qui agissent ensemble est grand, plus il est difficile de découvrir la proportion que châcune a dans l'effet total* : On ne peut même y parvenir que par un certain ordre d'experiences, en separant alternativement les causes les unes des autres, autant qu'elles le peuvent être : mais une telle attention demande & du tems & du travail.

Je n'exige pas, Monsieur, que les Sçavans donnent une entiere approbation à mon Ouvrage ; je suis satisfait s'ils inferent sur des principes connus quelques utilitez de la Machine. Je ne parle que des jugemens particuliers, & non de celui de la Societé Royale ; je sçai qu'elle n'a pas de coûtume de donner des approbations en forme aux choses soûmises à son éxamen : Mon objet, en lui communiquant la description de mon Horloge, est le même que celui de cette sçavante Compagnie, de rechercher tout ce qui regarde les moyens propres à l'avancement des sciences, & des Arts. Je me propose de vous envoyer incessamment cette description, & d'y joindre les experiences & les observations que je pourrai faire : J'ai presque traduit en Anglois les deux Memoires que j'ai lû dans l'Academie Royale des Sciences à Paris, je vous les enverrai le plûtôt que je pourrai ; & j'aurai attention de faire les experiences que vous m'indiquez, & de vous les communiquer. Je suis, &c.

M ij

QUATRIEME LETTRE

DE L'AUTEUR A MONSIEUR GRAHAM.

De Paris le 5. Novembre 1725.

MONSIEUR,

Je vous envoyai l'année derniere une description abregée de mon Horloge, pour la mesure du tems en Mer, sur laquelle vous avez bien voulu me communiquer vos reflexions ; je vous (*a*) envoye à present par un de mes amis, trois de ces Horloges, pour que vous ayez la satisfaction de les examiner à loisir : Je ne vous entretiendrai pas de leurs perfections, mais de leurs défauts ; les perfections se feront assés sentir, à l'egard des defauts, il s'agit de les épier, d'en connoitre la nature, & d'y apporter du remede : Je vous avoüe que j'ai eu le plaisir de ne trouver de défectuosité que dans certaines parties qui dépendent de l'execution, & non dans les principes que j'établis ; j'en augure bien pour le succés.

Je vous envoye encore les deux Mémoires que j'ai lûs à l'Accademie Royale des Sciences de Paris, aux mois d'Avril 1723. & de Janvier 1724. je vous ai promis de les

(*a*) J'avois préparé les Machines pour les envoyer à Londres, mais un accident imprévû m'en a empéché ; j'ai envoyé la Lettre seule.

traduire en Anglois. Je vous prie de remarquer que la premiere de ces Horloges que j'ai faite & que j'ai montrée à l'Academie en Avril 1723. est dans la suite de cette Lettre cottée *A*. La seconde que j'exposai en Janvier 1724. & qui bat aussi les secondes, est cottée *B*. celle qui bat les demi secondes, & que j'ai fait depuis, est cottée *C*. La Montre marine que j'indique dans le second Mémoire, & que j'ai fait aussi depuis, est cottée *D*. Je ne m'attacherai qu'aux objets principaux, & qui seuls meritent qu'on les examine à fonds : Je néglige plusieurs observations sur de petites inattentions d'execution, dont les effets indiquent suffisamment les causes. Il y a quatre choses dans la Pendule à Levier, ausquelles on peut rapporter tous les dégrés de perfection que la main de l'Homme peut donner à cette Machine.

La premiere regarde la forme de la Courbe ; la seconde, les proprietez de l'échappement ; la troisiéme, les qualitez du fil de suspension du Levier ou de connexion du Balancier & du Levier, & la quatriéme regarde le nombre des vibrations qu'on fait faire à la Machine par heure, ou les poids respectifs du Balancier & du Levier.

Dans le grand nombre d'observations que j'ai fait sur le mouvement de ces Horloges, j'ai distingué plusieurs sortes de variations dont j'ai soigneusement cherché les causes, je les ai toûjours trouvées dans l'une ou l'autre des sources marquées ; j'ai peu trouvé de variations que je n'eusse prévû ; je n'en connois point encore pour lesquelles je n'entrevoye des remedes effectifs.

Notre premier & principal objet est la forme des Courbes, j'en ai démontré l'exiſtance, & ſa proprieté de rendre iſochrones des vibrations décrites ſur des arcs inegaux, dans le premier Mémoire que j'ai lû à l'Academie; j'ai auſſi fait obſerver que la Courbe une fois trouvée avec les conditions qui ſe rapportent, ſouffriroit quelque alteration de ſa premiere forme, par l'application d'un Levier $x. y. z.$ au lieu du poids $P.$ je n'explique qu'une des raiſons, ſçavoir la direction circulaire du Levier dans ſon action, en voici une autre. La ligne $c. s. s. s. y.$ formant un angle à châque vibration avec la ligne $c. y.$ & cet angle étant plus grand ſuivant que les rayons des Courbes $c. u. s. c. u$ 2. ont un plus grand rapport à la diſtance $c. y.$ il s'enſuit que la ligne $s. s. s.$ parcourt ou envelope à chaque vibration, une plus grande partie de la Courbe, que n'en parcoureroit une ligne à laquelle ſeroit ſuſpendu un poids comme $P.$ cette ligne-ci ſeroit toûjours perpendiculaire à l'horiſon, & paralelle à elle, même pendant toute la durée de la vibration, par conſequent tangente à d'autres points de la Courbe à chaque inſtant de cette durée.

D'où il s'enſuit auſſi que des Leviers de differentes longueurs, poſez à la même diſtance de $c.$ ou des Leviers de même longueur poſez à differentes diſtances de $c.$ exigeroient encore d'autres changemens dans la forme des Courbes.

Il arriveroit d'autres differences, & même d'aſſez ſenſibles dans la forme des Courbes, par l'application d'une Force motrice quelconque au Balancier, & par les differentes manieres de l'application de la même Force motrice; d'autres encore par quelques variations, ou dans la matiere, ou dans la forme, ou dans la refiſtance de la ligne de connexion.

Quelle que ſoit la reſiſtance, l'obſtacle, ou tel autre inconvenient de la ligne de connexion, les effets en ſeront plus grands, en raiſon reciproque du poids du Levier au poids du Balancier ; ou ce qui eſt la même choſe en raiſon directe des durées des vibrations.

Les premieres & principales obſervations que j'ai faites ſur l'Horloge *A.* que j'ai conſtruite & miſe en mouvement à Londres en 1721. ſont celles-ci.

Ayant conçû la proprieté de mes Courbes, je fis les premieres avec un morceau de Laiton très-mince, que je pliai avec mes doigts approchant de la forme requiſe; je me ſervis d'une ſoye fort déliée pour ma ligne de connexion : elle n'avoit que la longueur neceſſaire pour enveloper entierement les Courbes : J'attachai au bout de cette ſoye un petit poids, comme *P. Fig.* 3. je mis auſſi en œuvre mes Pallettes cylindriques à plans inclinez, dont j'avois déja découvert & éprouvé la proprieté, en les appliquant à un Balancier à reſſort ſpiral, avec un ſuccés dont je fus ſurpris ; je fis décrire à mon Balancier des arcs de vibration de differente grandeur, par le moyen des differens poids que j'appliquai au roüage; je fus bien-tôt confirmé par les effets, de la proprieté compenſatrice de mes Courbes.

J'appliquai le Levier à la place du poids *P.* laiſſant mes Courbes dans leur premier état ; je trouvai auſſi-tôt par les experiences, comme je m'y attendois, que les plus grands arcs de vibration employoient plus de tems à ſe décrire, que les plus petits ; ce qu'ayant remarqué, je donnai à mes Courbes la forme que le Levier exigeoit, je la trouvai visiblement differente de la premiere.

Satisfait de ces premieres experiences, je ne m'attachai point à former mes Courbes avec une grande précision, je me contentai d'en entrevoir les moyens ; j'observai néanmoins qu'en employant le même Poids moteur qui faisoit décrire des arcs égaux, je pourrois aisément regler mon Horloge à 10. ou 15. secondes prés par 24. heures, nonobstant les inégalitez qui restoient encore dans les Courbes ; j'ai quelque-fois observé, même dans cet état imparfait, qu'elle n'avoit varié tout au plus que de 5. secondes par jour, comparée à ma Pendule à secondes.

De retour en France au mois de Juin 1722. je m'appliquai à former mes Courbes avec plus de soin & plus d'éxactitude, & avec le succés que je desirois. Voici la premiere experience que j'en fis. J'appliquai un grand ressort de Montre à la roüe qui porte l'Aiguille des Minutes : ce ressort faisant six tours, entretenoit le mouvement de l'Horloge durant six heures ; la plus grande force de ce ressort remonté faisoit décrire l'arc de 60. 0. 60. & sa plus petite force à la fin de son action, faisoit décrire l'arc 30. 0. 30. En cet état j'ai formé mes Courbes avec tant de précision, qu'à peine pourroit-on appercevoir la variation d'une seule seconde, d'une heure à une autre, durant les six heures, de l'action inégale du ressort.

Content de la confirmation que cette experience donnoit à ma théorie, sur la qualité compensatrice des Courbes, & sur les moyens de les executer avec toute l'éxactitude necessaire, j'ai voulu aussi m'instruire par d'autres ex-

periences de l'effet que de violentes secousses produiroient
sur le mouvement de l'Horloge. J'en fis la premiere experience dans la Berline de Monsieur l'Abbé de Livri : L'Horloge étoit suspenduë à l'imperiale ; cet illustre Abbé, Monsieur le Chevalier de Bethune , & Monsieur de la Peronie
étoient avec moi dans la Berline. Cette experience dura une
heure , & l'Horloge ne varia que de deux secondes, comparée à ma Pendule. Cette experience faite à Versailles le
11. Avril 1723. je l'ai repetée plusieurs fois dans d'autres
voyages de Versailles à Paris , & de Paris à Versailles , &
toûjours avec un succés à peu prés égal.

J'ajoûtai à cette Horloge *A*. deux autres roües & un
grand & fort ressort sans fusée , le tout calculé pour la faire aller 36. jours. Je ne regardois pas cette construction
comme la meilleure , mais la plus desavantageuse : je le fis
dans la seule veüe de me satisfaire moi-même , & de convaincre les autres de la proprieté compensatrice de mes
Courbes , & du dégré de perfection auquel on pouvoit la
porter. Dans cet état j'observai que les variations dans le
mouvement de l'Horloge d'un jour à l'autre , étoient bien
plus considerables qu'elles n'avoient été auparavant, d'une
heure à l'autre , à peu prés comme elles devoient l'être ,
suivant la proportion.

Je la montrai ainsi la premiere fois à l'Academie des
Sciences en Avril 1723. Cette sçavante Compagnie té-
moigna beaucoup de satisfaction en la considerant ; elle
écouta trés-favorablement le discours que je lûs , pour en
expliquer les proprietez. Elle me proposa de la laisser pour
la mettre en experience ; je m'en excusai , mais je promis
de faire une autre Horloge dans cet objet plus parfaite. Je

N

fis donc l'Horloge *B*. je la preſentai à l'Academie au mois de Janvier 1724. & je prononçai le ſecond Diſcours. Cette Horloge fut portée de l'Academie à l'Obſervatoire, elle y reſta huit jours entre les mains de Monſieur Caſſini; il fit les obſervations ſuivantes: Il m'a permis de les copier ſur ſon Journal.

JOURNAL DE Mʳ. CASSINI.

La Pendule à Levier faite par Mr. Sully, & par lui preſentée hier à l'Academie, a été miſe dans une des Tours de l'Obſervatoire, à côté d'une Pendule à ſecondes, ce 9. Janvier 1724.

	Pendule de l'Obſervatoire.				Pendule à Levier.		
	Heur.	Minut.	Sec.		Heur.	Minut.	Sec.
Soir.	5.	40.	0.		5.	40.	0.
				10. Janvier.			
Mat.	8.	0.	0.		7.	59.	55.
				11. Janvier.			
Mat.	8.	50.	0.		8.	50.	0.
				12. Janvier.			
Mat.	7.	40.	0.		7.	40.	10.
Soir.	5.	0.	0.		5.	0.	14.
				13. Janvier.			
Soir.	8.	40.	0.		8.	40.	16.
	11.	0.	0.		11.	0.	16.

Pendule de l'Observatoire.							*Pendule à Levier.*		

	14. Janvier.								
	Heur.	Minut.	Sec.					Heur.	Minut.	Sec.
Mat.	9.	29.	0.	–	–	–	–	9.	29.	15.

	15 Janvier.								
	Heur.	Minut.	Sec.					Heur.	Minut.	Sec.
Mat.	7.	21.	0.	–	–	–	–	7.	21.	15.
Soir.	0.	5.	0.	–	–	–	–	0.	5.	15.

	16. Janvier.								
Soir.	0.	3.	0.	–	–	–	–	0.	3.	12.

La variation totale durant les huit jours entiers a été de 21. secondes.

On descendit de la Tour de l'Observatoire la Pendule à Levier ; & attendu le rapport du succés de plusieurs experiences faites sur l'Horloge *A.* dans la Berline de Monsieur l'Abbé de Livri, & repetée dans plusieurs autres voitures ; on suspendit l'Horloge *B.* dans une Berline ; Messieurs Cassini & Maraldi étoient avec moi. Nous partîmes de l'Observatoire.

Pendule de l'Observatoire.							*Pendule à Levier suspendüe.*		

	Le 16. Janvier.								
	Heur.	Minut.	Sec.					Heur.	Minut.	Sec.
Soir.	3.	21.	0.	–	–	–	–	3.	21.	5.

Dans la descente de l'Observatoire, qui est assés roide, & durant une partie du chemin trés-raboteux & inégal, jusqu'au pavé qui mene au Bourg la Reine, nous remarquames que les vibrations alloient quelquefois par des se-

couſſes violentes juſqu'à 80. à 90. dégrés de côté & d'autre ; de ſorte que la ligne de connexion excedoit de beaucoup les extremitez des Courbes pendant pluſieurs vibrations de ſuite , avant que de pouvoir ſe remettre à l'arc
ordinaire , qui étoit 60. 0. 60.

Je fis d'abord obſerver cet effet à ces Meſſieurs , & je
leur predis que nous trouverions l'Horloge ſenſiblement retardée ; ils en convinrent : En effet de retour à l'Obſervatoire , nous trouvames ,

Pendule de l'Obſervatoire.				*Pendule à Levier.*		
Heur.	Minut.	Sec.		Heur.	Minut.	Sec.
Soir. 5.	14.	0. — — — —		5.	13.	46.

De ſorte que le retardement de l'Horloge *B.* dans cette
experience étoit de 19. ſecondes. Je propoſai de corriger
ce défaut en allongeant les Courbes, Monſieur Caſſini y
conſentit, afin d'en faire une autre experience qui devoit
par ce moyen mieux réüſſir , pour en faire rapport à l'Academie.

On remit l'Horloge *B.* dans la Tour de l'Obſervatoire,
pour voir ſi le mouvement de la Berline n'y avoit point
cauſé d'autre changement. On la repoſa , comme auparavant , à côté de la même Pendule à ſecondes.

Pendule de l'Obſervatoire.				*Pendule à Levier.*		
	Le 16. Janvier.					
Heur.	Minut.	Sec.		Heur.	Minut.	Sec.
Soir. 6.	48.	0. — — — —		6.	48.	0.
	Le 17. Janvier.					
Soir. 0.	4.	0. — — — —		0.	3.	59.
5.	40.	0. — — — —		5.	39.	59.

Je remarque ici une petite erreur dans laquelle je suis tombé en vous écrivant ma premiere lettre ; je vous ai dit que la variation totale de *B.* comparée à une des Pendules de l'Obſervatoire, n'a été que de 19. ſecondes, elle a été réellement de 21. & ce n'eſt que dans le moment que je m'apperçois que j'ai pris par mégarde la variation dans l'experience de la Berline, pour celle de la Tour de l'Obſervatoire ; ce qui, au reſte, n'eſt pas de conſequence.

Je rapportai donc l'Horloge *B.* avec moi à Verſailles, & j'en allongeai les Courbes, pour prévenir l'inconvenient dont je viens de parler. L'ayant ainſi mis en bon état, & fait là-deſſus toutes les autres obſervations que je jugeai alors neceſſaires, je la rapportai encore à l'Obſervatoire le 10. Mars, où Meſſieurs les Commiſſaires nommez par l'Academie pour en faire les experiences, ſe devoient trouver enſemble ce jour-là. Je ne ſçaurois mieux vous informer de ce qui s'y paſſa, qu'en vous envoyant la traduction du rapport que ces Meſſieurs en ont fait à l'Academie, & le jugement qu'elle en a porté.

Voyez l'Extrait des Regiſtres de l'Academie Royale des Sciences, du 11. Mars 1724. pag. 12.

Je vous ai conté, Monſieur, dans ma ſeconde Lettre l'inconvenient qui étoit arrivé à cette même Horloge *B.* par le roidiſſement de la premiere chaine de connexion que j'avois employé, & vous me fites le plaiſir de m'en envoyer une de Londres, beaucoup mieux faite, que j'y ai toûjours employé depuis ; mais j'ai auſſi trouvé à la

longue le même défaut dans cette chaîne que dans la premiere, quoique dans une moindre quantité.

J'ai observé en général, que depuis trois ou quatre mois
l'Horloge est allée avec moins de regularité qu'auparavant, qu'elle a varié quelques fois, jusqu'à deux ou trois minutes par semaine, & que les Arcs de vibration se sont trouvez diminuez à moins de 40. d. de châque côté ; là-dessus j'ai ôté la chaîne il y a environ 8. ou 10. jours pour l'examiner, & je l'ai trouvée notablement roidie dans la partie seulement qui agit entre les deux Courbes : pour être mieux assuré que cette diminution des arcs de vibration ne venoit que de la resistance de la chaîne ainsi roidie, j'ai mis une soye à sa place, sur quoi les vibrations ont été sur le champ jusqu'à prés de 60. o 60. quoique l'Horloge ait été deux ans en mouvement sans avoir été nettoyée. Vous remarquerez, Monsieur, sans doute, que les mêmes Courbes qui étoient bien ajustées avec la chaîne ne se trouveront plus exactes avec la soye ; mais je n'ai pas voulu y faire de changement, ayant dessein d'y remettre la même chaîne ou une autre. Je vois bien à present que si l'on veut se servir d'une chaîne, il la faudroit faire extrêmement libre & hors de tout danger de se pouvoir roidir par quelque cause que ce soit ; autrement une soye, un crain, ou pareille matiere, lui devroit être preferée ; & c'est ici, Monsieur, que je vous prie d'examiner attentivement avec moi la proposition suivante.

Quels que soient la resistance, l'obstacle, ou autre inconvenient de la ligne de connexion, l'effet qui en sera produit sur la durée des vibrations, ne sera-t'il pas diminué dans une proportion reciproque à l'augmentation du poids du Levier, le poids du Balancier restant de même ? Et par consequent les vibrations en demi-secondes ne seront-elles pas plus avantageuses pour la regularité totale de l'Horloge que celles des secondes ?

Mon opinion est l'affirmative de cette proposition, & je l'ai pratiqué avec succés dans l'Horloge *C.* j'ai observé seulement que les vibrations de *C.* sont plus troublées par les agitations d'un Carosse, que ne sont celles d'*A.* & *B.* dont il est aisé de comprendre la raison. La premiere experience qu'on en fera sur Mer déterminera si un pareil effet sera produit, & en quelle proportion, par les mouvemens du Vaisseau. Je conjecture d'avance qu'il pourroit bien y avoir quelque petite difference à cet égard au désavantage de *C.* mais que cette différence sera de trop peu de consequence pour meriter attention, ou pour contrebalancer l'avantage de l'autre côté, des vibrations de demi secondes.

Je viens maintenant à vous entretenir plus particulierement de l'Horloge *C.* qui est fait avec grand soin, & qui a été pendant prés d'une année entre les mains d'un Homme de condition, qui est curieux, ingenieux & sçavant dans la Navigation, aussi est-il un des premiers Officiers de la Marine de France. Entre les autres obligations que j'ai † à ce Seigneur, je lui ai celle en particulier d'une suite d'observations qu'il a eu la bonté de faire avec beaucoup d'attention & d'éxactitude sur les mouvemens de cette Horloge pendant tout le tems qu'il l'a eu dans sa possession, dont voici le précis.

† Le Chevalier de Luines.

Lorſque je lui ai premierement mis cette Horloge entre les mains, les vibrations alloient à 45. o 45. comme elles font à preſent ; la ligne de connexion étoit un crain, le même qui y eſt encore. Pendant les deux ou trois premiers mois, il la regloit aſſez aiſément à une minute environ prés par ſemaine. Enſuite elle retardoit peu à peu, & on la regloit à meſure en avançant la Lentille *T.* vers *X.* juſques dans les derniers mois qu'elle retardoit tant que ne pouvant plus aſſés approcher la Lentille *T.* d'*X* le retardement alloit à 3. ou 4. minutes par jour.

Je me ſuis d'abord bien ſouvenu qu'en formant les Courbes (ce que je fis auſſi un peu à la hâte) je n'avois donné mes attentions qu'à bien former les parties répondantes aux arcs compris entre 40. & 50. n'ayant alors du ſoupçon d'aucun accident qui pourroit diminuer les Arcs, à moins de 40. dégrez ; mais à la premiere inſpection je vis avec quelque ſurpriſe qu'ils étoient diminuez juſqu'à 30. dégrés. Ayant d'abord jugé d'où procedoit une diminution des arcs de vibration ſi grande & ſi inattenduë ; la premiere choſe que je fis pour en être plus ſeur, étoit de mettre un peu d'huile aux Pallettes, ce qu'ayant fait, les arcs de vibration augmenterent en moins d'une minute juſqu'à leur premiere grandeur, qui étoit d'environ 45. o. 45.

Les arcs de vibration reſtituez par ce moyen à leur premiere grandeur, je trouvai enſuite que pour regler l'Horloge de nouveau, il faloit reculer la lentille *T.* preciſément à l'endroit où elle avoit été avant tous ces retardemens, ce que je fis, en comptant éxactement les tours du reculement :

lement : La quantité étoit de 102. angles ou chiffres d'une lentille à 8. pans, ou de 12. & 3. quarts tours de la vis, ce qui répondoit trés-bien à la somme des avancemens de la lentille, faits en differens tems, & marquez dans le Journal d'Observations; & acheva de me confirmer dans tout ce que j'avois préalablement conjecturé là-dessus.

J'ôtai alors la corde du Barillet, & je mis sur le quarré de la Fusée une Clef sur laquelle étoit attachée une poulie de deux pouces de diametre, j'y appliquai differens poids, pour faire décrire à volonté de plus grands ou de plus petits arcs de vibration; j'en fis l'experience avec plusieurs poids, depuis un jusqu'à dix livres, ce qui produisoit des arcs de vibration depuis 20. 0. 20. jusqu'à 50. 0. 50. Je remarquai que le poids de 3. livres donnoit la vibration 30. 0. 30. je la laissai aller quelque tems sur cet arc, & je trouvai, selon mon attente, qu'en avançant la lentille vers x. de la même quantité que je venois de la reculer, l'Horloge alloit de même comme elle avoit fait avant que j'eusse reculé la lentille, & mis de l'huile aux Pallettes.

Etant parfaitement satisfait de toutes ces observations, châcune desquelles répondoit si éxactement à mon attente, & ne servoit qu'à confirmer ma théorie, je m'appliquai ensuite avec beaucoup de soin & d'attention à corriger mes Courbes; ce qu'ayant fait, je trouvai que tous les arcs de vibration depuis 25. jusqu'à 50. produits par differens poids de depuis 2. jusqu'à 10. livres, se sont décrits en tems si égaux, qu'à peine peut-on remarquer la difference d'une seule seconde par heure, de l'un à l'autre de ces arcs, dans toute cette étenduë; & je crois qu'on a peu befoin d'une plus grande précifion fur cet article, fur tout, *en trouvant des moyens feurs pour entretenir les vibrations long-tems fur le même arc* ; ce qu'il importe beaucoup à chercher dans cette conftruction d'Horloge, puis qu'on fuppléeroit par là aux petites inégalitez qui refteront inévitablement dans la formation des Courbes.

Je dois convenir ici que le défordre imprévû qui eft arrivé à mes Pallettes en *C*. & dont je viens de parler, ne femble gueres quadrer avec le calcul que j'ai fait à leur avantage dans mon premier Memoire : Ainfi je confens qu'on regarde une partie de ce que j'en ai dit dans cet endroit, comme foûtenuë avec un peu trop d'emphafe; quoi qu'il reftera toûjours une jufte diftinction à faire entre ce qui peut être vrai dans la théorie, & l'effet des accidens imprévûs qui furviennent fouvent dans la pratique.

A dire le vrai, je commençois de bonne heure à craindre que quelque chofe de cette nature pourroit bien arriver, & vous pourrez auffi vous en appercevoir par les † précautions que j'ai prifes dans la conftruction de l'échappement en *B*. & par les raifons que j'en donne dans mon fecond Memoire. Et il eft auffi trés-neceffaire qu'en me fervant de ces précautions, rien de cette nature ne s'eft encore manifefté en *B*. ni il n'y a point d'apparence que rien de pareil y arrive.

Mais pendant que d'un côté je vous dépeins fi naïvement une imperfection trés-confiderable de mes Pallettes, de l'autre, je ne puis en condamner abfolument l'ufage.

† Pag. 55. & 56.

elles sont sujettes à un grand défaut ; mais elles ont en même tems une proprieté admirable , & pourront être em-
ployées trés-avantageusement en plusieurs cas; ce que j'expliquerai † ailleurs. Je me borne ici à dire seulement , que
par tout où l'on employe les Courbes , ces Pallettes non
seulement n'y sont d'aucun avantage , mais qu'elles y sont
plûtôt nuisibles , sur tout lors qu'elles sont immédiatement
appliquées à l'axe du Balancier , comme dans l'exemple
ci-dessus en *C*. & puis qu'on trouve aisément une compensation dans les Courbes aux inégalitez des impulsions de
toute sorte d'échappement ; rien à present ne m'empêche
d'être persuadé que la Roüe de rencontre & les Pallettes à
l'ordinaire bien executées , conviendroient à cette Horloge autant qu'aucune autre qu'on puisse trouver , & seroit
peut-être le meilleur de tous dans l'usage ordinaire. J'ai
dessein d'en faire bien-tôt l'experience , dont je ne manquerai pas de vous rendre compte en son tems.

Je m'apperçois , Monsieur , que ma Lettre est dévenuë
trés-longue , & cependant je ne vois pas par où j'aurois pû
l'abreger , sans avoir supprimé quelque remarque ou observation assés utile.   Vous concevrez aisément par la nature des observations qui m'ont occupées jusqu'à present ,
qu'il ne m'a pas été possible de rien découvrir encore de
certain sur le mouvement de cette Horloge en differentes
saisons de l'année ; car jusqu'à ce qu'elle soit entierement
purgée de ses plus grosses imperfections , le resultat des
experiences si délicates ne pourra jamais paroitre dans son
vrai jour , ni même en aucune maniere qui soit sensible.

En attendant, conjecturons un peu sur tout ce qui pour-

† Voyez la Dissertation sur la Montre Marine.   O ij

ra possiblement arriver par les differences de la chaleur &
du froid. Pour moi je ne vois que deux voyes possibles
par où les durées des vibrations pourront être affectées
par ces differentes causes ; ce n'est que par l'échappement
& par la ligne de connexion : Je ne parle point d'autre frotement dans la puissance reglante, le regardant comme
hors de tout danger, étant deja reduit à une quantité insensible ; & je n'ai pas de peine à concevoir la possibilité de
mettre les deux autres hors de tout soupçon d'être encore
sujets à des changemens sensibles provenant de ces causes.

C'est pourquoi l'experience que j'ai moi-même le plus
à cœur, est celle d'essayer *de quelle maniere le mouvement
de cette Horloge sera affecté par les diverses agitations d'un
Vaisseau sur Mer.* Si cette experience réussit, comme je
me l'imagine, on sera alors fort encouragé à donner toute son application pour porter cette Invention jusqu'à sa
derniere perfection.

Vous trouverez, Monsieur, l'utilité de la Montre Marine indiquée dans le second Memoire ; elle doit servir
de Supplément à l'Horloge à Levier : Je parlerai ailleurs
de sa construction & de ses proprietez, & des moyens que
j'ai imaginé de lui donner encore une plus grande perfection. La suspension que je lui ai donnée pourra servir de
modéle à celle qu'on donnera aux Horloges *A. B. C.* dans
l'experience sur Mer.

Je compte faire l'Eté prochain un voyage à Londres ;
si en attendant vous jugez à propos de communiquer ces
Memoires, & les Lettres que j'ai eu l'honneur de vous
écrire à ce sujet, à la Societé Royale, je vous en serois

fort obligé : Et je me flate que les soins que je me suis donné, pour tâcher de rendre mon Invention utile au Public, agréeront aux Sçavans qui composent cet illustre corps.

Je suis avec la plus parfaite estime,

MONSIEUR,

Votre trés-humble & trés-obéïssant
serviteur, SULLY.

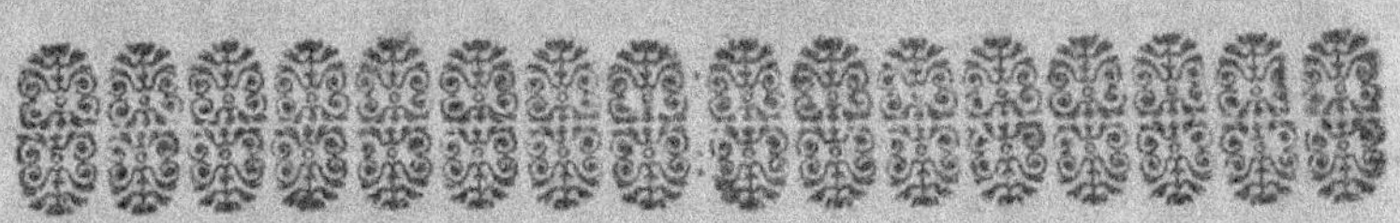

LETTRE

DE MONSIEUR BERNOUILLI.

De Bâle ce 20. Juin 1726.

MONSIEUR,

J'ai reçû en son tems la Description d'une nouvelle Horloge de votre invention, que vous m'avez fait l'honneur de m'envoyer, & dont je vous suis trés-obligé : Mais une maladie assés dangereuse me tenant alors attaché au lit, m'en a fait differer la lecture jusqu'à present que je me por-te un peu mieux ; cependant je n'ai pas laissé d'envoyer d'abord à Monsieur de Traitorens à Lauzane, le paquet qui lui étoit adressé. Vous me demandez dans votre Let-tre mon sentiment sur votre nouvelle Horloge : Le voici.

1°? Votre Invention me paroît tout-à-fait nouvelle & trés-ingenieuse, digne par consequent d'être perfection-née, & d'en faire des experiences sur Mer, pour voir si on en peut tirer quelque usage pour la détermination des Lon-gitudes.

2°: Messieurs les Commissaires nommez pour examiner votre Horloge, disent dans leur rapport, que le violent mouvement d'une Berline dans laquelle elle étoit suspen-duë, & qui alloit au trot sur un chemin pavé, n'avoit causé à votre Horloge d'autre retardement que d'une se-conde pendant une heure & demie qu'elle souffrit les se-cousses de la Berline : Cette alteration d'une seule secon-de est si peu sensible, qu'elle paroîtroit incroyable, si les Commissaires ne l'avoient dit ; mais ne pourroit-on pas attribuer cela au hazard, qui peut avoir fait rencontrer vòtre Horloge à cette précision fortuitement, aprés qu'el-le avoit peut-être tantôt retardé, tantôt avancé durant le mouvement de la Berline ? Ainsi on n'auroit pas mal fait si l'on avoit reïteré cette experience plusieurs fois.

3°: Ce qui confirme ce que j'ai dit dans l'article prece-dent, c'est qu'il est dit dans le rapport des Commissaires, que votre Horloge suspenduë à diverses reprises à une cor-de de 18. pieds, ou on lui faisoit décrire differens arcs de cercle jusqu'à 40. ou 50. dégrés, elle avoit avancé de plufieurs fecondes en peu de tems ; les grandes ofcillations la faifant avancer plus que les petites ; car fi ces ofcillations, dont le mouvement eft pourtant plus uniforme que celui de la Berline, a produit une alteration fi confiderable en fi peu de tems, il eft fort probable que la juftefle trouvée dans l'experience de la Berline, n'ayant été faite qu'une feule fois, a été feulement cafuelle.

4°. Il eft à craindre, que l'agitation ou les balancemens des Vaifleaux fur Mer, qui font affez femblables aux ofcillations de la corde, à laquelle votre Horloge avoit été fufpenduë, ne caufent de pareilles inégalitez auffi fenfibles que celles-là : ce qui détruiroit l'ufage qu'on efpere de votre Machine dans la Navigation.

5°. La voye dont vous vous fervez pour diminuer les variations caufées par les frotemens, eft en effet fimple & ingenieufe, mais elle ne me paroît pas nouvelle ; me fouvenant de l'avoir deja lûë dans Perrault ; il eft cependant vrai que l'application aux Horloges eft nouvelle.

6°. Vous avez raifon de dire que l'ifochronifme des vibrations du Balancier fur differens arcs dépend de la veritable courbure des lignes courbes $q, v1.q, v2.$ fur lefquelles le Fil $s. s. s.$ s'applique alternativement en maniere de tangente, de même que fur l'arc circulaire $t. y. y. t.$ cependant vous n'enfeignez pas la maniere de décrire ou former également les Courbes $q. v1. q. v2.$ je trouve que la nature de ces lignes ne peut pas demeurer toûjours la même ; car à mefure que les Lentilles $n.$ & $T.$ changent de place en s'approchant ou s'éloignant du centre de leurs mouvemens $r.$ & $x.$ ou qu'il fe faffe d'autres changemens dont vous parlez ; la même courbure qui convenoit auparavant ne servira plus pour l'isochronisme : que faire donc pour y remedier ? Il faudroit aussi changer la courbure ; mais celui qui voudroit se servir de cette Horloge, n'étant ni Horloger ni Géometre , seroit-il en état de la rectifier selon l'éxigence des changemens ?

Voilà , Monsieur , les petites remarques que j'ai faites à la hâte en lisant votre Ouvrage ; si j'étois à portée de voir votre Machine en original , j'en aurois sans doute une idée plus distincte que je n'en ai par votre Description , & par la seule figure. Au reste je dois admirer votre profonde connoissance dans l'Astronomie ; c'est quelque chose de rare quand les Gens de votre Profession s'y appliquent : Soyez donc persuadé que je suis avec beaucoup d'estime,

MONSIEUR;

Votre trés-humble & trés-
obéïssant Serviteur ,
J. BERNOUILLI.

REPON:

RÉPONSE

A la Lettre de Mr. Bernouilli.

De Paris le 26. Juin 1726.

MONSIEUR,

J'ai reçû avec une extrême satisfaction la Lettre que vous m'avez fait l'honneur de m'écrire au sujet de mon Horloge. Vos remarques, Monsieur, quoique faites à la hâte, sont telles, à peu prés, que je les attendois de la part d'une personne de votre pénetration & de votre sçavoir. Mais comme sur une Description abregée, & regardée seulement du premier coup d'œil, il n'est gueres possible qu'on puisse former une idée absolument juste de toutes les proprietez de cette Horloge; je me flate, Monsieur, que vous recevrez, comme une marque de mon respect & de ma reconnoissance, les reflexions que j'ai faites en lisant les vôtres; & en attendant que je vous puisse communiquer des (*a*) éclaircissemens plus amples & plus satisfaisans J'en ai deja donné à toutes les autres objections qui m'ont été faites jusqu'à present.

1°. Je reçois comme une grande éloge de mon Invention, que vous la jugiez, Monsieur, avec l'Academie Royale des Sciences, digne qu'on en fasse des experienses sur Mer : J'ose ajoûter que j'ai de plus en plus lieu d'esperer qu'on en tirera des usages pour la détermination des Longitudes.

2°. L'experience de la Berline rapportée par Messieurs les Commissaires de l'Academie, n'est pas la seule qui en a été faite ; je l'avois repetée plusieurs fois auparavant en presence de plusieurs Personnes & de la Cour & de l'Academie, avec, à peu prés, le même succés. J'ai été d'abord extrêmement surpris moi-même d'un Phœnomene si singulier, & qui surpassoit de beaucoup mon attente. J'en ai depuis cherché soigneusement les raisons, & je comprens assés à present que la justesse du mouvement que la Machine conserve au milieu d'une si violente agitation, n'est point l'effet d'une compensation fortuite d'inégalitez, dans le sens que vous l'entendez ; mais le resultat naturel des causes (b) reconnuës qui se rencontrent necessairement pour produire cet effet.

3°. L'experience rapportée ensuite de l'Horloge suspenduë à une corde de 18. pieds, qui semble d'abord appuyer votre soupçon, pourra, Monsieur, au contraire, servir à le dissiper, si vous voulez bien considerer avec attention la (c) cause de l'acceleration de la Machine dans les oscillations susdites : Cette cause, toute apparente qu'elle est, pourra ne se pas d'abord presenter aux esprits mêmes les plus pénétrans ; mais elle leur paroîtra démontrée aussitôt qu'on l'envisagera. La voici : La Force centrifuge, par laquelle toutes les parties de la Machine tendent à s'éloigner du centre du Mouvement par une tangente à l'arc décrit dans l'oscillation, n'affecte sensiblement que le Levier seul, qui reçoit par cette Force centrifuge un nouvel effort, qui est analogue à une addition de poids, ou à une plus grande pesanteur. Si l'on m'objecte que le poids du Balancier est aussi proportionellement augmenté par la même cause ; je réponds, que cela est vrai, mais que l'effet de cette augmentation de poids ou de forces, sont totalement differens dans l'un & dans l'autre ; car tout ce que la Force centrifuge produit sur le Balancier, ce n'est que de le faire appuyer sur les rouleaux avec un effort additionnel à celui de sa pesanteur, ce qui ne fait qu'augmenter le frotement sur les pivots des rouleaux, qui est deja démontré presque nul ; au lieu que cet effort additionel agit sans restriction dans le Levier, & y produit immédiatement l'effet d'un poids qui lui seroit ajoûté : Ce qui acheve de démontrer cette proposition, se trouve dans la Remarque de Messieurs les Commissaires de l'Academie, qui ont observé, que les plus grandes oscillations faisoient plus avancer l'Horloge que ne faisoient les plus petites ; la Force centrifuge étant plus grande dans le premier cas que dans le second.

Tous ces raisonnemens m'ont été confirmez par plusieurs experiences réïterées de diverses manieres ; & nonseulement il faut bien que ce que je viens d'alleguer soit la cause unique de ce Phœnomene ; mais aussi que son effet soit trés-considerable, pour se pouvoir manifester si sensiblement, étant compensé autant comme il l'est par une autre cause qui produit en même tems un effet évidemment contraire. Voici, Monsieur, cette (*d*) cause d'un effet contraire. La situation de l'Horloge pour conserver la plus grande justesse dans son mouvement est, d'être posée ou suspenduë de maniere qu'une ligne tirée de *c*. en *y*. soit perpendiculaire à l'horison ; toute inclinaison de cette ligne à l'horison diminuë la Force de l'action du Levier, qui devient alors analogue à un poids qui descend sur un plan incliné ; & par consequent toute inclinaison, comme telle, diminuant la force du Levier, fait retarder les vibrations. Or dans les plus grands arcs d'oscillation, sur le même rayon, l'inclinaison est aussi la plus grande ; & partant les vibrations sont plus retardées ; mais les vibrations sont de fait plus accelerées en décrivant les plus grands arcs, & elles ne sont accelerées que par la Force centrifuge agissant sur le Levier, l'effet donc de cette Force centrifuge sur le Levier est considerable, puisque nonobstant une cause contraire, qui en diminuë évidemment l'effet, il en resulte que les vibrations se trouvent constamment accelerées, & toûjours plus sensiblement, à proportion que la Force centrifuge est plus grande.

4°· Il s'ensuit qu'il y a moins à craindre des agitations du Vaisseau qu'on ne penseroit d'abord, & que quelque peu de rapport qu'il y ait entre les mouvemens d'une Berline & d'un Vaisseau sur Mer ; il y en a pourtant bien plus qu'entre ceux des oscillations sur une corde de 18. pieds, ou même de 3 pieds seulement : & tous les mouvemens que l'Horloge pourra souffrir dans un Vaisseau, y étant suspenduë, comme (*e*) planche 3°· que je ne donne pas encore comme la suspension la plus convenable, quoique je fois perfuadé qu'elle pourra fuffire. On a auffi apprehendé un effet contraire à celui que vous paroiffez craindre leplus,c'eft celui des inclinaifons dont il vient d'être parlé ; & je conviens, Monfieur, qu'on a eu raifon de craindre l'un & l'autre,puis qu'il y a des caufes exiftantes de tous les deux : mais j'ai à prefent une réponfe aux difficultez des deux côtez,c'eft que connoiffant diftinctement les caufes de ces differents effets, & pouvant fufpendre l'Horloge de maniere que les ofcillations la feront avancer ou retarder à volonté, il s'enfuit qu'il y ait entre ces deux extrêmes oppofez un point de fufpenfion (f) même aifé de trouver, où les deux caufes d'acceleration & du retardement fe trouvent affez éxactement compenfées, pour qu'il ne refte point de variation fenfible dans le mouvement de l'Horloge,provenant de l'une ou l'autre de ces caufes. Ainfi je n'ai plus la moindre inquiétude fur cet article, qui m'en avoit effectivement un peu donné, avant que d'y voir auffi clair que je vois à prefent.

5°. A l'égard de la methode dont je me fuis fervi pour diminuer les frotemens, elle eft ici d'une grande utilité, & quoique je ne l'ai vû en aucun Livre, je n'en reclame que l'application que j'en ai fait & les démonftrations que j'ai donné de fon avantage & de fon utilité. On s'en eft fervi depuis, à mon exemple, trés utilement en plufieurs autres Machines.

6°. Je conviens, Monfieur, que la nature de mes Courbes q, $v1$. q, $v2$. feroit changée par le mouvement de la Lentille n en l'approchant ou l'éloignant du centre c. mais non pas, je penfe, par le mouvement de la Lentille T.

en l'approchant oû l'éloignant du centre *x*. Aussi la Lentille *n*. ne doit pas être muë aprés que l'Horloge est finie (*g*)
& n'y est que pour faire équilibre aux Courbes, & pour
faciliter à l'ouvrier l'operation de les former. Pour la Lentille *T*. son approche ou son éloignement de *x*. n'y peut
faire, ce me semble, autre chose que d'augmenter ou diminuer le poids du Levier *x*. *y*. *z*. sans que cette difference
de poids exige aucun changement dans la forme des Courbes, comme le feroit l'approche ou l'éloignement du même Levier du centre *c*. ou l'application d'un Levier plus ou
moins long, à la même distance de *c*. & d'autres causes
que j'ai touché ailleurs, & dont il n'est point ici question.
Ainsi la forme des Courbes une fois établie dans une même Horloge, & les autres conditions qui en regardent la
forme une fois fixées; il ne sera plus besoin ni d'Horloger
ni de Géometre pour les rectifier; elles doivent toûjours
garder leur premiere forme, & l'Horloge étant une fois bien
reglée il n'y aura que trés peu à toucher à la Lentille *T*.
dont le mouvement d'ailleurs ne change rien, selon moi, à
la forme des Courbes.

7°. Je n'ai point enseigné la maniere de décrire ou former éxactement les Courbes, la reservant pour la Description plus éxacte & plus détaillée, que je promets, &
où je ne prétens encore donner, comme de moi, que des
méthodes mécaniques, qui sont pourtant bonnes & seu-
res. Je n'ai prétendu dans cet Abregé que d'exhiber une
Courbe qui n'a pas été encore connuë, de prouver son
existance, & d'exciter les Géometres à en rechercher la
nature & les proprietez; & j'ai même pensé que cette re-

cherche pourra n'être pas indigne des Géométres du premier ordre. (*h*)

Puiſque vous avez bien voulu faire ce peu de remarques ſur mon Ouvrage en ne le parcourant qu'à la hâte, permettez-moi, Monſieur, d'eſperer que vous en ferez encore d'autres, (*i*) en le conſiderant plus à loiſir. Comme je ne ſouhaite rien avec tant d'ardeur que de profiter des lumieres des Perſonnes auſſi diſtinguées comme vous l'étes dans le monde ſçavant ; je vous ſupplie, Monſieur, de ne me point refuſer celles que vous étes à portée de me donner, & j'en aurai toûjours une parfaite reconnoiſſance. Je me flate, au reſte, que vous me pardonnerez la liberté que j'ai pris de répondre à quelques-unes de vos remarques, & que vous voudrez bien me faire la grace de me relever de quelques erreurs que vous pourrez trouver dans mes raiſonnemens, puiſque je ne cherche uniquement que le vrai & l'utile. Ce ſera avec ces diſpoſitions que je tâcherai de mieux meriter l'eſtime que vous me faites la grace de m'accorder, & dont je me ſens trés - honoré.

Je ſuis avec tout le reſpect poſſible,

MONSIEUR,

Votre trés-humble & trés-obéiſſant
Serviteur, SULLY.

En conſiderant ma Lettre que j'ai écrit auſſi-tôt que j'ai eu lû la votre, j'ai trouvé lieu d'ajoûter les Notes ſuivantes par maniere de Supplément.

NOTES

Pour éclaircir quelques Passages de la Lettre precedente.

(*a*) Je parle dans l'avertissement de ma Description, de plusieurs Lettres qui ont été écrites entre moi & un Sçavant de la Societé Royale d'Angleterre, qui donnent des éclaircissemens sur plusieurs choses; je vous communiquerai, Monsieur, ces Lettres par la premiere occasion favorable.

(*b*) L'article 3. & la note (*d*) expliquent assés ce que j'avance ici, étant les principales causes de ce Phœnomene.

(*c*) Les oscillations sur un rayon de 18. pieds se font 25. à peu prés, par minute, & sur un rayon de 3. pieds 60. à peu prés, par minute, les rayons sont comme 6. à 1.

Les vitesses sont comme 5. à 2.

Les vitesses sur un même rayon, sont entr'elles approchant comme les arcs décrits.

Les forces centrifuges sont entr'elles en raison composées des quarrées, des vitesses directement, & en raison renversée des rayons.

(*d*) L'ingenieux Academicien de Londres s'est appuyé principalement sur les retardemens ausquels la Machine seroit sujette par ses differentes inclinations à l'horison, qu'il croit inévitables, étant suspenduë dans un Vaisseau sur Mer, & il en explique parfaitement bien la théorie, à une petite compensation prés, que je lui ai fait remarquer dans ma réponse à sa Lettre. Vous, Monsieur, d'un autre côté, vous vous êtes appuyé sur un effet contraire qui se manifeste

nifeste dans l'experience , & dont la caufe ne s'eft point d'abord prefentée à vôtre efprit ; & vous avez tous deux raifon , fans que la conftruction de mon Horloge en foit peut-être plus défectueufe.

(e) En confiderant la fufpenfion de la Pendule Mr. Hugens , qui eft reprefentée pag. 20. de fon Livre , que j'ai citée , & qu'elle a fouffert dans cet état les mouvemens du Vaiffeau , fans inconvenient fenfible , pendant qu'elle fe feroit arrêtée tout court , dans la premiere ofcillation qu'on lui auroit faite faire, pareille à celles qu'on a fait faire à mon Horloge à Levier , dans l'experience rapportée , & qu'elle auroit été extrêmement dérangée par la moindre de telles ofcillations ; peut-on hefiter un feul inftant de convenir que mon Horloge fufpenduë feulement de la même maniere que la Pendule fufdite dans un Vaiffeau , n'en fouffre tous les mouvemens poffibles, avec infiniment moins de variation que celle de Mr. Hugens , quelque petite que fût cette variation.

(f) La fufpenfion de mon Horloge *BB. CD.* figure 1. planche 3. eft femblable à celle de la Pendule de Mr. Hugens *CC. FG.* pag. 20. de fon Horol. Ofcil. avec cette difference , que le corps de fa Pendule eft au deffus de la fufpenfion , y étant foûtenu par un contre-poids *L.* au lieu que le corps de mon Horloge eft au deffous de fa fufpenfion , y étant foutenu par fon propre poids. Or il arrivera par les balancemens du Vaiffeau , fuivant cette fufpenfion , de trois chofes une ; ou que la force contrifuge fera plus, pour en accelerer le mouvement , que les inclinaifons feront pour le faire retarder , ou que les in-

Q

clinaiſons le feront plus retarder que la force contrifuge le fera avancer, ou bien que les effets de ces deux cauſes s'y trouveront compenſez.

Je ſçais déja ce que produiſent les oſcillations ſur une corde : l'Horloge avance plus ou moins, ſuivant les differens cas ; je ſçai ce qui arriveroit au contraire ſi la ſuſpenſion étoit plus bas que le corps de mon Horloge, comme à la Pendule de Monſieur Hugens, le mouvement en ſeroit alors retardé par deux cauſes : 1°. Par les inclinaiſons. 2°. Par la force contrifuge, agiſſant ſur le Levier de maniere à en diminuer l'action ; encore ſi la ſuſpenſion étoit vis-à-vis le milieu de l'action du Levier, la force contrifuge y ſeroit nulle ; mais les inclinaiſons dans les balancemens, tendroient à retarder le mouvement de l'Horloge : il y a donc un point de ſuſpenſion à trouver quelque part au deſſus du Levier, où les deux cauſes des effets contraires ſe doivent compenſer.

(g) Dans ma deſcription pag. 5. j'explique le ſeul uſage de la Lentille n. qui y doit être regardée comme immobile, l'équilibre étant une fois établie.

(h) J'ai mis à part dans la feüille ſuivante, les conditions qui entrent dans l'examen géometrique de mes Courbes : Je ſouhaite, Monſieur, qu'elles puiſſent meriter votre attention.

(i) Il y a pluſieurs autres choſes encore à conſiderer, j'en ai mis quelques unes des plus intereſſantes aprés les conditions des Courbes : Je n'ai publié ma Deſcription qu'en vûë, principalement, de donner occaſion aux Sçavans d'y faire des remarques, comme je l'ai dit dans l'Avertiſſement.

*Conditions qui entrent dans l'examen géometrique de la
Courbe que j'employe dans ma nouvelle Horloge, avec
quelques Questions regardans des proprietez Phisiques de
cette Horloge.*

1°. **P**Our examiner géometriquement la Courbe, il
faut la reduire d'abord à sa plus grande simplicité,
qui est (le Balancier étant en équilibre) un poids suspendu à un fil infiniment flexible , perpendiculaire à l'horison,
& tangente successivement à tous les points de la Courbe.

2°. Comme dans cette action, le poids suspendu décrit
aussi une Courbe , où il y a principalement à considerer
la descente du poids ; peut-être seroit-il bon de négliger
d'abord l'acceleration , qui ne laisse pourtant pas d'entrer
pour quelque chose dans l'action du poids descendant, &
de ne considerer le poids à châque point de la descente
que comme dans le premier instant de son action.

3°. On peut examiner ensuite pour combien l'acceleration du poids descendant entre dans son action ; la quantité de cette acceleration, quelque petite qu'elle soit, étant
encore diversifiée , suivant la grandeur des Courbes, les
tems des vibrations restans toûjours de même , ou suivant
les differens tems des vibrations, la grandeur des Courbes restant de même ; & encore suivant que les arcs des
vibrations décrites soient plus ou moins grands , la grandeur des Courbes & la durée des vibrations restans de
même.

4°. Quelles sont les vitesses relatives avec lesquelles
sont parcouruës toutes les parties proportionnelles de l'arc

de vibration indiqué par la même Aiguille ?

6°. Peut-on connoître les vitesses relatives de la descente du poids rapportées à des arcs corespondans de vibration sans premierement connoître les distances du centre c. de tous les poids de la Courbe où le fil est successivement tangente à châque instant de la descente, (ce qui suppose la connoissance préalable de la Courbe) & peut-on connoître ces points, & par consequent la Courbe même, sans avoir auparavant les vitesses relatives de la descente ?

7°. Le Balancier & la Courbe donnez, & faisant sur le même axe un parfait équilibre, quels seront les rapports des poids pour faire décrire les arcs de vibration en 1. 2. 3. 4. ou 5. sec. châcun, en ne comptant pour rien l'acceleration de la descente du poids ; & quels seront les changemens faits dans ces rapports par les differences de l'acceleration, suivant ces differens tems des vibrations ?

8°. La Courbe trouvée suivant ces circonstances, quels seront les changemens qui y seront apportez par l'application d'un Levier au lieu d'un poids suspendu, comme ci-dessus ; le plus grand rayon de la Courbe dans son premier état, étant d'un pouce pris du centre c. à son extremité, la longueur du Levier x. z. de 6. pouces, & la longueur du fil c. y. de même de 6. pouces ?

9°. Quels autres changemens encore seront apportez par l'éloignement du même Levier de 6. pouces, à une distance de c. donnée plus ou moins grande ; ou par un Levier donné plus ou moins grand, posé à la même distance de c. de 6. pouces, comme ci-dessus ; ou pour telle distance de c. ou pour telle grandeur de Levier qu'on veut ?

10°. Quelles font encore les différences de l'accéleration dans la defcente du Levier en châque cas, d'avec celle du poids pour châque tems de vibration qu'on veut ?

11°. Trouver le centre d'ofcillation du Levier.

12°. Trouver la courbure pour châque élevation du même Levier, & à même diftance, au deffus ou au deffous de la direction horifontale.

13°. La vraye Courbe trouvée dans tous les cas, trouver le moyen de l'exprimer numeriquement par une fuite de rayons partans du centre *c.* & répondans à des parties proportionelles du cercle du Balancier, qui a auffi *c.* pour centre.

14°. Déterminer en châque cas, à quelle diftance du centre *c.* paffe le fil tangente prolongée fur châque point de la Courbe ; ou quel eft le rayon du Balancier qui rencontre perpendiculairement à châque inftant la tangente prolongée.

15°. Trouver une conftruction de Levier dont l'action feroit égale à celle du poids ci-deffus, à l'exception feulement de l'angle que fera le fil tangente de côté d'autre de la ligne *c. y. y.* & trouver la Courbe qui lui convient.

Sur d'autres proprietez de cette Horloge, qui meritent l'attention des Sçavans.

16°. Le centre d'ofcillation du Levier, & le cercle d'ofcillation du Balancier étant déterminez : fi l'on ajoûte des poids à ces points, proportionnez aux poids totaux du Balancier & du Levier, toute autre chofe reftant de même ;

cette addition des poids apporrera-t'elle d'autre changement aux durées des vibrations que ce qui vient de la quantité acceleratrice de l'action du Levier , qui changera, suivant les variations de l'action de la cause phisique de la pesanteur ? Quelle sera encore cette quantité , & s'il y entre autre chose ; de quelle nature est-elle , & quelle est sa
quantité ?

17°. Peut il y arriver autre chose par l'inégalité de l'action de la pesanteur en divers endroits de la surface du
Globe Terrestre , que ce qui arrive dans cette experience ?

18°. Outre ce que peuvent faire sur cette Horloge les
mouvemens du Vaisseau , (supposant qu'ils y fassent quelque chose de sensible) quelles sont les causes ou physiques
ou mécaniques qui pourroient alterer la justesse de son
mouvement , & quelles sont les parties de la Machine qui
en seront les plus affectées ?

LETTRE

De l'Auteur à M^r. de Cheſſaille.

De Paris ce 20. Juillet. 1726.

AUtant, Monſieur, que vous me faites l'honneur de m'attribuer de modeſtie & de docilité, autant je me flâte que vous me permettrez de répondre avec liberté aux remarques que vous avez faites ſur mom Ouvrage. J'en trouve de trés-ſolides, où je reconnois beaucoup de juſteſſe d'eſprit, & que j'adopte parfaitement; j'en trouve d'autres auſquelles j'ai lieu de croire que vous adopterez également mes réponſes.

Paſſons vîte les jaloux & les plagiaires caracteres, Monſieur, qui ne regardent certainement ni vous ni moi: allons au fait; & pour répondre à votre Lettre, j'en ferai premierement l'extrait.

1°. Vous me parlez, Monſieur, des vûës que vous avez euës pareilles aux miennes.

2°. Vous remarquez que je n'ai pas donné le détail des mouvemens ou des forces motrices de mon Horloge, & vous m'interogez, comme me ſoupçonnant de vouloir faire miſtere d'une partie de mon Invention.

3°. Enſuite vous repetez mes vûës au juſte, en ſuppofant pourtant que je n'ai pas fait attention aux inegalités des reſſorts, & à l'action plus uniforme d'un poids moteur, & aux frotemens des rouës.

4°. Vous convenez avec moi que ma Pendule peut mieux ſouffrir des mouvemens violens que la Pendule de Monſieur Hugens, & par conſequent ceux du Vaiſſeau.

5°. Vous ſouhaitez qu'on examine s'il n'y a pas plus de raffinement & de ſubtilité dans les effets des rouleaux, que de ſolidité & de neceſſité à les mettre en uſage.

6°. Vous n'eſtimez pas que les Géometres alleguent judicieuſement la dilatation & contraction des méteaux, & l'inégalité de la peſanteur des corps; comme obſtacles invincibles à la perfection des Machines, pour faciliter la connoiſſance des Longitudes; non plus que cette autre objection : Tous les corps s'uſent.

7°. Vous craignez plus les differentes qualitez & temperatures de l'air.

8°. Vous êtes perſuadé qu'en joignant à un pareil Horloge, des operations aſtronomiques, entre autres ſur un Inſtrument que vous avez imaginé, on parviendroit à beaucoup plus de préciſion que par l'Eſtime.

9°. Vous m'interrogez enſuite ſi je n'ai pas penſé à ſupprimer mes rouleaux ſur mon échappement, & les effets des treſſaillemens qu'il cauſe ſur les rouleaux du Levier; & l'effet de trois au lieu de deux ; ſur le moyen de ſe paſſer de la Lentille T. ſur la figure de l'axe du Levier, & la forme de la boule 2. ſur l'action de ce que vous appellez double cycloïde, ſur le Levier & ſur l'Arc t, t. double.

10°. Trois choſes vous ſurprennent dans les experiences

faites

faites par Meſſieurs les Commiſſaires. La premiere , que je n'ai pas mieux reglé mon Horloge avant que d'en faire les experiences. La ſeconde , que j'ai pû penſer qu'il y avoit quelque analogie entre les mouvemens experimentez & ceux d'un Vaiſſeau ſur Mer. Et la troiſiéme , que Meſſieurs les Commiſſaires l'ayent penſé comme moi.

11°. Vous faites un détail judicieux & ſçavant de tous les divers mouvemens des Vaiſſeaux.

12°. Vous finiſſez en me conſeillant d'en eſſayer d'autres avant que d'en faire des experiences ſur Mer , & y ajoûtant ce que vous avez appris , regardant le Teſtament de Monſieur Rouillé de Meſlay.

Je vais répondre à tous ces articles , en vous priant , Monſieur , de me permettre de vous referer , pour éviter des repetitions inutiles , à ce que j'ai déja dit dans les Mémoires que j'ai lû à l'Academie , & dans mes Lettres à Monſieur Graham de la Soc. Royal. de Londres , & au celebre Monſieur Bernoüilli , que je ferai inceſſamment imprimer avec cette Lettre à la ſuite.

1°. Loin, Monſieur, d'avoir de la jalouſie de ce que vous avez eu des vûës pareilles aux miennes, j'en ſuis au contraire glorieux. On ne ſçauroit trop faire de tentatives pour parvenir à une fin ſi importante, & il ſeroit à ſouhaiter, Monſieur, que vous communiquaſſiez vos vûës comme j'ai fait les miennes. Si l'on n'eſt pas coupable en privant la ſocieté des choſes utiles qu'on pourroit lui donner , il eſt du moins certain qu'il eſt beau d'être communicatif , & que les Arts, par cette voye , plûtôt que par toute autre , arrivent à leur perfection.

R

2°. J'appelle † Force ou Puissance motrice, le Poids ou Ressort, & toutes les rouës & les pignons qu'ils font mouvoir, jusqu'à la derniere, d'une Horloge ou d'une Montre ; & j'appelle Puissance reglante le Pendule appliquée à l'Horloge, & le Balancier avec son Ressort spiral appliqué à la Montre. J'ai expliqué * ailleurs les perfections & imperfections relatives des Puissances reglantes de differentes natures jusqu'ici en usage, desquelles depend principalement la justesse de l'Horloge ou de la Montre, & vous trouverez, Monsieur, dans les endroits cottez, que loin d'avoir négligé les Forces motrices, je les ai peut-être considerées plus attentivement que personne ne l'a fait devant moi. L'Ouvrage que je viens de donner au public n'est que la Description abregee d'une nouvelle Puissance reglante, que je prétend être plus parfaite que la Pendule, pour l'usage de la Mer ; & c'est ce que j'offre principalement à l'examen des Sçavans, comme la plus importante, sans pourtant négliger les Forces motrices, comme vous verrez ailleurs. Pour du mistere, il n'y en a point chez moi ; ceux à qui j'ai l'honneur d'être personnellement connu, & les gens de la Profession, me rendront du moins cette justice.

3°. Ce que je viens de dire dans l'article precedent répond aux objections de celui-ci.

4°. Vous faites voir, Monsieur, votre connoissance des loix du Mouvement, & votre justesse d'esprit dans votre explication de l'avantage qu'a mon Horloge au-dessus de la Pendule de Mr. Hugens, par rapport aux mouvemens violens qu'elle peut mieux souffrir, & par consequent ceux du Vaisseau. Les personnes qui, faute de ces connois-

---

† Regle Artificielle du Tems de 1714.   * pag. 58.

fances & de cette jufteffe d'efprit, ont encore quelque doute là-deffus, trouveront dans mes autres Lettres des éclairciffemens fur cet article affez amples ; mais la feule conviction fans replique, eft l'experience fur Mer que je vais faire inceffamment, de la réüffite de laquelle je n'ai pas grand fujet de douter.

5°. L'utilité & l'avantage des Rouleaux eft † démontré.

6°. Je penfe bien comme vous, Monfieur, qu'on allegue fouvent avec peu de jugement la dilatation & contraction des metaux, l'inégalité de la pefanteur, & que tous les corps s'ufent, comme obftacles invincibles à la perfection des Machines, pour faciliter la connoiffance des Longitudes ; mais je penfe bien auffi, que celui qui ne les envifage pas comme de trés-grands obftacles, & de la derniere importance à vaincre, n'y pourra jamais réuffir. Il s'agit ici de quelque difcernement, & de bien diftinguer. Par exemple, 1°. La dilatation & contraction fur un pivot, une dent, une roüe, n'y font rien de fenfible ; mais bien fur la verge d'une Pendule de trois pieds, où l'on reconnoît jufqu'à un dixiéme de ligne de difference dans la longueur, caufé par le plus grand chaud & le plus grand froid de nos climats de l'Europe ; c'eft peu de chofe ; mais qui n'eft pas entierement à négliger. 2°. L'inégalité de la pefanteur des corps, eft de differente nature, & agit differemment fur diverfes parties de l'Horloge. La premiere inégalité de la pefanteur roule fur l'éloignement des corps plus ou moins du centre & de la furface de la terre, je dis du centre & de la furface, car ce font deux chofes : je m'explique. Suppofons la terre par-

† Pag. 56.

faitemeut spherique , & écartons pour le prefent tout ce qu'on a dit pour lui donner une autre forme, & toute autre confideration que celle de la pefanteur primitive : la plus grande pefanteur des corps eft fur la furface de la terre ; au deffous de la furface, la pefanteur des corps diminuë ou décroit, à mefure que le corps s'éloigne de la furface vers le centre. Au deffus, ou en dehors de la furface , la pefanteur des corps diminuë ou décroit auffi , mais dans une autre proportion ; fçavoir , fuivant les quarrées des diftances de fon éloignement ; de forte que fuivant ce premier principe de l'inégalité de la pefanteur, un corps pefe moins dans le fonds d'une mine que fur la furface de la terre ; & il y a une autre diftance au-deffus de la furface , mais bien plus éloignée que la premiere, ou deffous ou en dedans , où la pefanteur d'un corps eft également diminué.

La feconde † inégalité de la pefanteur fe reconnoît d'une autre maniere, & c'eft le Pendule qui a fervi à la découvrir. Les corps pefent plus ou moins fur differens endroits de la furface du globe terreftre : le fait eft certain ; mais les caufes en font difficiles à démêler , & nous importent moins, que de connoître exactement l'effet.

Or ces diverfes inégalités de la pefanteur , de quelque caufe qu'elles proviennent , affectent trés-differemment differentes parties de l'Horloge ; c'eft-à quoi il faut bien prendre garde , autrement l'on fe tromperoit trés-lourdement.

1°. Par rapport au poids moteur de l'Horloge , toutes les inégalités connuës de la pefanteur n'y font abfolument rien de fenfible ; ainfi ce feroit un raifonnement puerile

† Voyez le Supplément à la fuite des Lettres.

& du sçavantas que celui qui suit. Un corps élevé dix lieuës au dessus de la surface de la terre, pese moins que sur la surface, donc le même corps pese moins sur le haut d'une Tour que sur la terre, donc le même corps pese moins au plafond d'une chambre que sur le plancher, donc le poids moteur d'une Horloge étant monté pese moins que lors qu'il étoit au bas, & par conséquent l'Horloge n'aura pas un mouvement égal depuis le commencement jusqu'à la fin de son mouvement. Mais ce seroit parler en bon Phisicien de dire, que les oscillations d'un Pendule de même longueur (Puissance reglante de l'Horloge) employeroient sensiblement plus de tems à décrire ses arcs, étant élevez à dix lieuës de la surface de la terre, qu'elles ne feroient pour décrire les mêmes arcs sur la surface même, & pour que les arcs, dans le premier cas, se décrivent dans le même tems que dans le second cas, il faudroit que le Pendule fût sensiblement racourci ; d'où il s'ensuit que tout changement de la pesanteur des corps, demande differentes longueurs du Pendule, pour pouvoir décrire ses arcs de vibration en tems égaux : en secondes par exemple ; & nous connoissons déja des differences dans la pesanteur, sur diverses parties du Globe, pour exiger un changement de plus de deux lignes dans la longueur du Pendule à secondes ; changement encore que rien ne peut exiger que l'inégalité de la pesanteur, & faute duquel, le Pendule varieroit dans son mouvement, de plusieurs minutes par 24. heures. L'inégalité de la pesanteur n'est pas donc à tous égards un petit obstacle à vaincre, pour parvenir au but qu'on se propose ; pour moi du moins je l'ai regardé comme le plus grand de tous ; & ſoit que le tems que j'ai employé à cette partie de ma découverte , & la peine qu'elle m'a donné me la rende plus chere , ſoit qu'elle a réellement le merite que je lui attribuë , ce que je laiſſe au jugement des Sçavans ; je regarde l'expedient que j'ai trouvé pour obvier cet inconvenient des Pendules , comme la plus belle proprieté de mon Horloge.

Pour l'objection , Que tous les corps s'uſent ; on la peut faire auſſi mal à propos & avec raiſon. Il eſt des parties dans l'Horloge ou la Montre qui s'uſent cent fois plus les unes que les autres : celles qui s'uſent le plus ſont ordinairement où le mouvement eſt le plus rapide & les frotemens les plus réïterez.

Ces frotemens font deux choſes à la fois , ils diminuent l'effet des forces mouvantes , & changent la valeur des viteſſes phiſiques des parties mûës ; deux choſes de differente nature qui ſe combinent pourtant à déranger les mouvemens des parties en mouvement : Celles qui en ſont les plus affectées , ſont toûjours les parties de la Puiſſance reglante , où il importe bien plus d'éviter les inconveniens cauſez par les frotemens , que dans les parties qui ſont plus prés de la ſource du mouvement : c'eſt pour cette raiſon que la moindre inégalité des frotemens ſur les pivots du Balancier d'une Montre cauſent de beaucoup plus grands changemens dans le mouvement de la Montre , que n'en cauſeroient les plus grandes inégalitez des frotemens de l'Arbre du Barillet ou de la Fuſée; c'eſt pourquoi la moindre uſure dans ces parties dévient trés-nuiſible au mouvement des parties , & c'eſt pourquoi auſſi que mes Rouleaux font d'un trés-grand ufage à la Puiffance reglante de mon Horloge. Le défaut de jugement fur ces matieres & d'autres pareilles, paroît trés-clairement aux yeux des connoiffeurs, lors qu'on confond les objets, faifant un grand d'un petit & un petit d'un grand, ne connoiffant point la valeur des chofes.

7°. Vous craignez plus les differentes qualitez ou temperatures de l'air.

Si ces differens changemens de l'air ne font pas les plus à craindre, je reconnois du moins qu'ils ne font pas abfolument à négliger. Mais je vous avoüe, Monfieur, que je regarde tous les effets qui pourront être produits par ces caufes comme trés-peu confiderables en comparaifon de ceux aufquels j'ai donné mes premieres attentions. En voici quelques raifons, que, fçavant comme vous l'étes dans la Phifique, vous adopterez peut-être.

Tout ce qu'on peut apprehender fur cet article fe reduit à deux chofes, ou tout au plus à trois. La premiere, ce que peuvent produire les differentes refiftances de l'air, comme *Milieu*, fuivant les differens poids de l'Atmofphere, reconnus par le Barometre. La feconde, la fechereffe & l'humidité de l'air, reconnus par l'Hygrometre; ou bien le troifiéme, la chaleur & le froid, reconnus par le Thermometre.

Pour la premiere, on fçait deja par plufieurs experiences, que la refiftance caufée aux vibrations par l'air preffé avec le poids total de l'Atmofphere, comparé à la refiftance prefque nulle dans le recipient de la Machine Pnumatique, ne va pas à fix fecondes par jour, & par con-

sequent à pas une seule seconde par jour par toutes les differences possibles des poids ou pressures de l'Atmosphere,
à quoi l'on peut aussi remedier, si l'objet meritoit attention.

L'humidité & la sécheresse pourront affecter les parties
en d'autres manieres, à quoi il y a aussi du remede : pour
ce que la chaleur & le froid y pourroient faire, je crois
avoir deja assés pourvû à des objections qu'on auroit pû
me faire sur cet article, ou avoir suffisamment répondu à
celles qu'on m'a faites.

Si, au reste, on parvient dans l'experience à s'appercevoir des irregularitez provenantes d'autres causes qu'on ne
connoit pas encore, on pourra juger par analogie, qu'on
trouvera peut-être moyen d'y apporter du remede ; & il
ne seroit pas plus surprenant que cette nouvelle Horloge
servisse à reconnoître quelque nouvelle proprieté de l'air,
qu'il n'est, que la Pendule seule, sans que personne y eût
pensé auparavant, ait servi à découvrir une proprieté de
la pesanteur si nouvelle & si inattenduë qu'est celle de son
inégalité sur diverses parties du Globe Terrestre.

8°. Je ne suis pas moins persuadé que vous, Monsieur,
qu'il seroit trés-avantageux d'ajoûter à une pareille Horloge quelque perfection qui eût tout le secours qu'on peut
tirer des operations Astronomiques. Ce que j'ai deja dit
de l'usage des Telescopes plus que perfectionnées, le prouve assez : d'autres Instrumens pourront être encore inventez plus parfaits & plus utiles que tous ceux qui sont deja
en usage ; & tel est, peut-être, celui de votre Invention,
dont vous me faites l'honneur de me parler : Et il n'y a
pas

pas de doute que par de pareils moyens on ne parvienne à connoître la Longitude en Mer avec incomparablement plus de précision que par l'Estime, & qu'on ne parvienne aussi par de pareils moyens, en suivant des bonnes méthodes, à fixer plus éxactement qu'on n'a pû faire jusqu'à present, l'emplacement des Côtes sur les Cartes Marines, ce qui sert de base à la Navigation & à la Géographie Astronomique: Objets dignes, par leur utilité à la Societé, d'occuper l'esprit de tous ceux qui ont du talent pour améliorer les méthodes de perfectionner ces Sciences. Permettez-moi donc, Monsieur, dans le zéle que j'ai pour la perfection des Arts, de vous exciter à communiquer votre découverte ; il ne sçauroit vous en revenir que de la gloire, ou du moins, la satisfaction d'avoir contribué quelque chose, en le faisant à l'utilité publique, qui doit faire, ce semble, le souverain plaisir des Ames bien faites.

9°. Sur tout ce qui est contenu dans le neuviéme article. Je vous réponds, Monsieur, que je ne pense rien moins que de supprimer mes Rouleaux, sur tout au Balancier de mon Horloge. Quant aux Rouleaux du Levier, je les supprime, comme au pivot interieur du Balancier, ne les considerant dans ces endroits que de trés-peu d'utilité, & ne les ayant ainsi executez que dans une seule de mes Maximes, plûtôt pour obvier des objections qu'on a coûtume de faire ; & comme vous avez bien remarqué, avec souvent peu de jugement, que les croyant moi même fort utiles dans ces endroits là. Dans ma Montre Marine au contraire j'employe quatre Rouleaux au pivot superieur du Balancier, & j'en tire un avantage considerable & nouveau, qui sera expliqué ailleurs, avec ce qui regarde un nouvel échappement que j'ai trouvé, & qui a une proprieté trés-singuliere. La Lentille *T*. pourroit être, comme vous le remarquez, supprimée, & la même operation faite par la Lentille *z*. mais non pas avec la même commodité : c'est pourquoi aprés l'avoir faite, comme vous l'indiquez, dans ma premiere Machine que j'ai encore, j'ai ajoûté la Lentille *T*. dans toutes celles que j'ai faites ensuite. A l'égard de tout ce que vous avez remarqué de la figure du Levier & de la Boule *z*. tout y répond, dans l'execution, à ce que vous demandez, & il n'y a d'erreur apparente que dans le dessein, qui ne fait rien au principe, qui est la seule chose à quoi j'ai visé qu'on s'attachât d'abord, reservant à la Description generale que je promets, des desseins plus éxacts & plus détaillez de toutes les parties essentielles de la Machine.

Au reste, la petite inégalité dans l'enveloppement du fil *s. s. s.* sur l'une ou l'autre Courbe, & qui se compense à chaque deux vibrations, n'est de nulle consequence, ne consistant en autre chose qu'en ce que le fil fait un angle tant-soit-peu plus petit, avec la perpendiculaire, qui seroit tirée de *c.* tangente à l'arc *t. t.* lors qu'il appuye sur la Courbe *q*, *v1*. qu'il ne fait de l'autre côté, en appuyant sur la Courbe *q*, *v2*. qu'il envelope par consequent un peu plus qu'il ne fait l'autre ; cependant l'action du fil sur le Levier est, moyenant l'arc circulaire *t. t.* toûjours le même à châque point de l'élevation du Levier, comme si le fil *s. s. s.* étoit pendant toute l'action éxactement perpendiculaire à l'axe du Levier ; ce qui ne seroit pas si l'arc *t. t*, étoit double, ou repeté de l'autre côté ; & ce qui, par consequent, ne vaudroit rien. Au reste ma Courbe n'est point une Cycloïde, je le repete, elle est nouvelle & inconnuë.

J'espere, Monsieur, vous ôter bien-tôt de la surprise où vous ont jetté les trois choses contenuës dans cet article, en vous disant simplement, 1°. Que les circonstances des choses ne permettoient pas que mon Horloge fût mieux reglée auprés du Pendule de l'Observatoire dans la derniere experience, ce qui importe au reste fort peu ; cependant pour ôter l'équivoque, jai mis au bas de l'Extrait des Registres de l'Academie les dates des deux experiences, & je m'en explique davantage dans ma quatriéme Lettre à l'Academicien de Londres. 2°. Je n'ai jamais pensé que les mouvemens qu'on a fait éprouver à mon Horloge eussent la moindre analogie aux mouvemens du Vaisseau ; on pourroit fort bien conjecturer ce que j'en pensois moi-même par mes Remarques sur l'Extrait, où je m'explique assez là-dessus. 3°. Je ne sçache point que Messieurs les Commissaires nommez par l'Academie l'ayent plus pensé que moi ; au contraire, je les sauve également du même soupçon par ces mêmes Remarques.

11°. Tout ce que vous dites, Monsieur, des differens mouvemens des Vaisseaux sur Mer est si juste & même si sçavant, que je n'ai guere trouvé de Marin qui en parle si bien que vous. Il est étonnant, que n'ayant jamais vû la Mer vous en puissiez parler de la sorte. Au reste, je n'y trouve que dequoi me confirmer dans l'opinion où j'ai toûjours été, malgré toutes les objections qu'on m'a faites sur cet article, tant bonnes que mauvaises ; que les mouvemens du Vaisseau ne causeront point d'irregularité sensible au mouvement de mon Horloge.

12°. Je ne sçaurois profiter des conseils que vous me donnez, Monsieur, de repeter d'autres experiences que vous m'indiquez avant que d'en faire sur Mer, étant sur le point de partir pour Bordeaux, afin d'en faire les premieres sous les yeux de Messieurs de l'Academie des Sciences de cette Ville, à qui j'ai l'honneur d'être adressé pour cet effet.

Ce que vous me faites l'honneur de me dire à la fin de vos Remarques de Mr. Rouillé de Meslay le fils, qui est mort depuis peu, exerçant la Charge d'Introducteur des Ambassadeurs, n'est vrai que de feu Monsieur son pere qui fut Conseiller d'Etat, dont le fils avoit voulu casser le Testament, à l'égard de ce legs & d'autres contenus dans ce même Testament. Les Heritiers de Mr. de Meslay le fils ont depuis sa mort réïteré le même tentatif, mais sans succés, ainsi le Testament subsistera dans son entier. Voici comme l'Academie Royale des Sciences s'en explique dans l'imprimé qu'elle distribue tous les ans pour annoncer le sujet du prix qu'elle adjuge en vertu de ce Testament.

„ Feu Monsieur Rouillé de Meslay, ancien Conseiller
„ au Parlement de Paris, ayant conçû le noble dessein
„ de contribuer aux progrés des sciences, & à l'utilité que
„ le Public en doit retirer, a legué à l'Academie Royale
„ des Sciences, un fonds pour deux Prix, qui seront dis-
„ tribuez à ceux qui, au jugement de cette Compagnie, au-
„ ront le mieux réüssi sur deux differentes sortes de sujets
„ qu'il a indiquez dans son Testament, & dont il a don-
„ né des exemples·

„ Les Sujets du premier Prix regardent le sistême géne-

„ ral du Monde, & l'Aſtronomie Phiſique.

Ce prix devroit être de 2000. liv. aux termes du Teſ-
„ tament, & ſe diſtribuer tous les ans ; mais la diminution
„ des rentes a obligé de ne le donner que tous les deux
„ ans, afin de le rendre plus conſiderable, & il ſera de
„ 2500. livres.

„ Les Sujets du ſecond Prix regardent la Navigation &
„ le Commerce : Il ne ſe donnera que tous les deux ans,
„ & ſera de 2000. liv.

L'Academie ſe conformant aux vûës & aux intentions
du Teſtateur, propoſe tous les ans un Prix, regardant alternativement l'un & l'autre de ces ſujets : Il y a eu juſqu'à preſent quatre de ces Prix qui ont été diſtribuez ;
les Mémoires ou Diſcours qui les ont remportez, ſont im-
primez par ordre de l'Academie, & ſe trouvent à Paris,
chez Jombert, Libraire, Ruë Saint Jacques.

J'ai traduit depuis peu en François l'Acte du Parlement
d'Angleterre, regardant la découverte des Longitudes en
Mer : comme c'eſt une piece curieuſe, propre à encourager ceux qui s'attachent à cette découverte avec connoiſſance de cauſe, qui fait d'ailleurs honneur à la Nation
Angloiſe, & qui eſt de bon exemple pour les autres Nations Maritimes. Je l'ai fait publier dans le Mercure pour
le mois de Juin de cette année, Tome 2. avec une Lettre
que j'ai écrite aux Meſſieurs les Auteurs du Mercure, &
dans laquelle j'excite ceux qui ont connoiſſance des parti-
cularitez de ce que la Holande a promis à ce ſujet, de
les leur communiquer pour les rendre publiques.

Voilà, Monſieur, ce que j'avois à répondre à vos

Remarques, j'espere que vous aurez la bonté de recevoir mes réponses avec une candeur égale au plaisir
que j'ai eu en lisant vos observations sur mon Ouvrage, & que vous me ferez la grace d'être persuadé que
je suis avec tout le respect possible.

MONSIEUR,

Votre trés-humble & trés-obéïssant
Serviteur, SULLY.

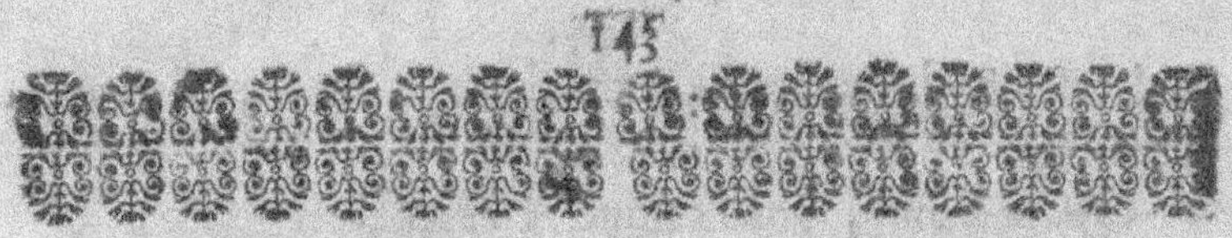

LETTRE

DE MONSIEUR NAVARRE.

De la Campagne prés Bordeaux, le 30. Septembre 1726.

Monsieur,

Votre Machine n'a fait, pour ainsi dire, que passer sous mes yeux ; & vous sçavez que je n'ai pris qu'une lecture trés-imparfaite des Lettres de Messieurs Graham & Bernouilli, ainsi que de vos Réponses : vous me demandez cependant de vous communiquer là-dessus mes Reflexions. Je crains bien qu'elles ne soient trop hâtées ; je vous les envoye pourtant. Quand elles n'auroient d'autre effet que de vous donner occasion d'examiner de nouveau votre Machine, & de développer plus au long votre théorie ; je leur trouverai quelque merite. Je viens au fait, & vais vous proposer mes idées dans l'ordre qu'elle me sont venuës.

PREMIERE REFLEXION.

Je doute, dit Monsieur Graham, dans sa premiere Lettre, si une augmentation proportionelle des poids du

Balancier & du Levier ne peut changer les durées des vibrations.

Quant à moi, voici ce que j'en pense.

De ce que l'experience constante dans votre Machine démontre qu'un poids appliqué au Levier accelere les vibrations, & qu'un poids appliqué au Balancier les retarde, il suit necessairement qu'il y a une proportion quelconque, dans laquelle les poids ajoûtez au Levier & au Balancier, rendent nuls par compensation le retardement & l'acceleration des vibrations; c'est-à-dire, laissent les tems des vibrations dans la même égalité qu'ils étoient avant l'augmentation des poids appliquez au Levier & au Balancier.

Il est évident que cette proportion des poids est relative aux masses respectives du Balancier, y compris la Courbe, & du Levier : mais il n'est pas évident que cette proportion ne soit relative qu'à ces masses respectives, considerées comme ayant un rapport constant; il est au contraire trés-vraisemblable que des impressions exterieures changeant le rapport de ces masses, la proportion des poids qui leur est relative, ne sçauroit être juste si elle est constante; c'est-à-dire si elle ne change pas à raison, & à proportion des changemens survenus à ces masses par les impressions exterieures.

Ces impressions exterieures les plus ordinaires sont le froid & la chaleur, la sécheresse & l'humidité.

La contraction & dilatation qui surviennent au Pendule à secondes par le froid & par la chaleur, n'y produisent de difference que d'un tiers de ligne : Mais une preuve que

cette

cette petite difference a un effet senfible , c'eſt que dans l'uſage ordinaire on ſe trouve obligé de racourcir en Hiver le Pendule , & de l'allonger en Eté , à peu prés , de cette quantité.

Je dis plus : cette difference ainſi déterminée n'eſt pas une difference vraye & conſtante, elle n'eſt que moyenne ; car le froid n'étant pas au même dégré tous les Hivers , non plus que la chaleur les Etés , il ſuit neceſſairement, que cette quantité d'un tiers de ligne eſt variable ſelon les dégrés du froid ou de la chaleur. Elle peut être plus grande , comme elle peut être moindre.

Il eſt vrai que dans votre Pendule on apperçoit du premier coup d'œil une compenſation ; parce que l'alteration cauſée par le froid ou par la chaleur , ſurvient tant au Balancier qu'au Levier : mais pour que la compenſation fût éxacte , il faudroit que cette alteration fût proportionelle aux maſſes du Balancier & du Levier , & il n'eſt pas facile de les conſtruire tels que cette alteration leur ſurvienne dans cette proportion éxacte.

Les difficultez viendront ,

1°. De la difference des matieres qui compoſent le Balancier & le Levier , plus ou moins ſuſceptibles de la contraction ou dilatation par le froid & par la chaleur : Un morceau de bois , par exemple , eſt ſuſceptible d'une impreſſion plus prompte de la chaleur , qu'un bloc de Marbre ; peut-être même que le bloc de Marbre ne reçoit l'impreſſion de la chaleur pendant l'Eté le plus chaud , que juſqu'à une certaine profondeur , pendant que ſes couches les plus interieures n'ont ſouffert aucune dilatation dans

T

leurs parties : Il faut même remarquer, & cela n'est pas indifferent, que les corps plus denses conservent plus long-tems la chaleur acquise que les corps rares, qui l'ont reçuë plus facilement.

2°. De la plus ou moins grande surface relative du Balancier & du Levier : car la chaleur & le froid agiront aussi promptement sur cent mille parties de surface que sur une, d'où il suit que, toutes choses d'ailleurs égales ; l'alteration causée par la chaleur ou le froid sur le Levier & sur le Balancier, sera au moins jusqu'à un certain point proportionnelle à leurs surfaces.

3°. De la plus ou moins grande densité d'un même métail, à raison de la maniere dont il aura été forgé ou battu, car la contraction n'étant de le resserrement des parties, & la dilatation que leur écartement ; il suit que la chaleur & le froid y causeront plus ou moins de contraction ou de dilatation, à proportion de la tissure serrée ou lâche des parties d'un même métail.

La sécheresse & l'humidité fourniront, à peu prés, les mêmes difficultez.

Vous sçavez avec quelle facilité l'humidité s'insinuë dans les pores de tous les corps : les experiences de Monsieur Boyle nous apprennent qu'elle entre où l'Air même ne peut penetrer ; & vous n'ignorez pas combien l'effet qu'elle y produit est sensible, les particules sont des coins qui écartent avec force les parties entre lesquelles elle se glisse. L'Higroscope de Monsieur l'Abbé de Hautefeüille appliqué à sa prétenduë Pendule perpetuelle, faisoit descendre & monter successivement le poids de cette Pendule, par la dilatation

& contraction succeſſives des Fibres d'une planche de Sapin pendant l'humidité de la nuit & la ſéchereſſe du jour ; il en eſt fait mention dans le Journal des Sçavans du mois de Septembre 1678. Un poids de 18. à 20. livres attaché à l'extremité inferieure de ſon Higroſcope, n'y faiſoit aucune reſiſtance ſenſible.

On ne peut diſconvenir que cette humidité ne produiſe de l'effet ſur les Fibres ou parties des métaux plus ou moins ſelon leur differente nature.

D'où il conclut, 1°. Que ſi le Balancier, y compris la Courbe & le Levier, ſont en tout ou en partie de métaux differens, l'alteration cauſée par l'humidité ne ſera pas proportionnelle aux maſſes reſpectives.

2°. Que ſi les ſurfaces du Balancier & du Levier ne ſont pas en même raiſon que leurs maſſes, l'alteration ſurvenuë à l'un & à l'autre ne ſera pas proportionnelle à leurs maſſes reſpectives, quand même les métaux dont ils ſont compoſez ſeroient de même nature : car il eſt raiſonnable de penſer que l'humidité agira plus promptement & plus puiſſamment ſur les couches ſuperficielles que ſur les couches interieures, & que telle humidité penetrera une demie - ligne d'épaiſſeur, qui ne penetrera pas toute la profondeur du Balancier ou du Levier.

3°. Que ſi le métail du Balancier & du Levier, quoique le même, n'eſt pas également forgé ou battu ; la tiſſure plus ou moins ſerrée des pores ne permettra pas à l'humidité d'y produire un effet proportionnel à leurs maſſes reſpectives.

A l'objection qui reſulte de toutes ces reflexions, ſe preſente une premiere réponſe : ces remarques, dira-t'on,

font phifiquement & éxactement vrayes ; mais dans la pratique de l'Horloge, leur effet eſt ſi peu ſenſible, qu'il doit
être regardé comme nul.

Je répons à cela, que je regarderois cet effet comme in-
ſenſible dans une Machine qui demanderoit une préciſion
& une éxactitude moindre que la votre ; mais dans une Horloge où l'erreur de huit à dix ſecondes par jour ſeroit conſiderable , l'effet en queſtion eſt quelque choſe : à moins
que des imperfections plus grandes ne le couvrent, comme
moins important , eu égard à des défauts plus grands.

Cet inconvenient de l'humidité eſt d'autant plus de conſequence pour votre Machine , qu'elle eſt principalement
deſtinée à l'uſage de la Mer , ſur la ſurface de laquelle cette
humidité eſt plus ordinaire & plus conſiderable : cet inconvenient y eſt augmenté par les ſels qui accompagnent juſ-
une certaine hauteur les vapeurs qui s'en élevent , & qui
roüillent & corrodent les métaux.

Si la Machine propoſée par le Sieur Duval dans un
Journal des Sçavans du mois de Mars 1681. pour mettre
les Pendules à l'abri de l'intemperie de l'air , avoit rempli
les eſperances que l'Auteur en donne ; ſon application à votre Pendule n'eût pas été indifferente: mais comme le Jour-
naliſte ne donne ni la deſcription ni l'explication de cette
Machine , je ne puis que vous l'indiquer.

DEUXIE'ME REFLEXION.

L'avantage de votre Courbe conſiſte en ce que tournant
à droit & à gauche , elle donne , de part & d'autre , une

suite égale de Levier-changeant, selon une certaine proportion; de laquelle suit neceſſairement l'Iſochroniſme des vibrations : cette certaine suite de Levier dépend de ce que
la ligne de connexion devient tangente de part & d'autre
aux points correſpondans de l'un & l'autre arc de la Courbe, en ſorte que, dans l'inſtant auquel l'aiguille touche d'un
côté 50. le Levier eſt égal au Levier, dans l'inſtant auquel
l'aiguille touche 50. de l'autre côté.

Cela poſé, il me paroît que l'execution dans votre Machine ne répond pas à la théorie: car à pareille hauteur de la
Courbe de part & d'autre ; par exemple , quand l'aiguille
touche 50. 0. 50. le Levier ne peut être égal au Levier : Je
le prouve. L'aiguille marquant 50. 0. 50. le Levier changeant, qui n'eſt autre ici qu'une certaine portion de la ligne de connexion , ne fait pas les angles égaux de part &
d'autre avec l'axe du mouvement ; l'un de ces angles eſt
manifeſtement plus grand que l'autre.

De ce que ces Angles ne ſont pas égaux, il ſuit que les
points des deux arcs de la Courbe , où la ligne de connexion devient tangente aux deux inſtans où l'aiguille touche de part & d'autre 50. ne ſont pas des points correſpondans les deux arcs: en ſorte que ſi l'on tiroit une ligne droite
du ſommet c. à chacun de ces deux points de contingence,
ces deux lignes ne ſe trouveroient pas égales ; le Levier n'eſt
donc pas alors égal au Levier.

Il eſt clair que l'inégalité de ces deux angles vient de ce
que le Levier conſtant $x. y. z.$ eſt arrêté par ſon point d'appui du côté où l'angle eſt le plus petit ; car ſi au lieu de ce
Levier $x. y. z.$ il y avoit un poids libre à l'extremité interieure

de la ligne de suspension *s s.* cet inconvenient ne subsiste-
roit plus , & les branches de la Courbe étant supposées re-
gulieres & semblables , les deux points de contingence seroient correspondans & également éloignez du sommet *c.*
lorsque l'aiguille touche 50. de part & d'autre.

Mais s'il faut substituer un poids libre à votre Levier *x.*
y. z. toute votre Machine s'évanoüit:il lui est indispensable
& essentiel que son poids n'ait pas la liberté du Pendule ordinaire.

Ne pourroit-on pas y remedier en mettant à une Pendule deux Leviers au lieu d'un ? le point d'appui de l'un
seroit à gauche , & le point d'appui de l'autre seroit à
droit ; les extremités libres de ces deux Leviers seroient
tournées vers l'axe du mouvement ; la ligne de suspension ou connexion seroit commune aux deux Leviers , &
les éleveroit tous deux en même tems.

TROISIE'ME REFLEXION.

J'ai d'abord été frappé de l'imperfection de votre ligne
de connexion : un crin, une soye , un fil , sont sujets à differentes alterations qui les allonge ou les racourcit ; une
chaîne pert sa flexibilité & se roidit. Que mettre donc à la
place de cette chaîne ? Votre derniere ressource sur laquelle vous comptez beaucoup , est de faire travailler une chaîne beaucoup plus flexible que celles que vous avez em-
ployées jusqu'à present ; & vous esperez de trouver à
Londres des Ouvriers d'une habileté suffisante pour y
réüssir.

Quant à moi je suis revenu de ma premiere idée, &
je crois que je m'étois fait un phantôme d'une bagatelle.
Je ne trouve plus d'inconvenient à craindre d'une soye ;
Quelle alteration peuvent lui causer les impressions exterieures ? C'est de l'alonger ou de la racourcir. Quel peut
être l'effet de cet alongement ou de ce racourcissement ?
C'est de rendre les vibrations plus ou moins grandes. Mais
si votre Courbe a l'avantage que vous lui attribuez, la
quantité plus ou moins grande des arcs de vibration n'al-
tere pas l'isochronisme ; votre soye differemment affectée
par les differentes impressions exterieures, ne causera donc
aucun déreglement à votre Pendule.

QUATRIE'ME REFLEXION.

Vous vous êtes apperçû vous même que votre nouvel & ingenieux échappement appliqué à votre Pendule,
non seulement n'avoit pas l'avantage que vous lui aviez
crû, mais que son application y étoit nuisible. J'approu-
verois fort que vous lui substituassiez la Roüe de rencontre, avec les Pallettes à l'ordinaire, sans prejudice de profiter des avantages de ce nouvel échappement dans votre Montre Marine, où vous employez le Balancier avec le
Ressort spiral.

A propos de Ressort spiral, je croi comme vous qu'on
lui a prêté beaucoup plus d'imperfection qu'il n'en a : il
n'en est pourtant pas exempt ; & c'est à quoi vous pretendez remedier par votre échappement.

Monsieur de la Hire dans un Memoire de l'Academie des

Sciences pour 1700. trouve que lorſque le Reſſort ſpiral eſt attaché par l'une de ſes extremitez à l'Arbre qui
porte les Pallettes, le mouvement de ces Pallettes maîtriſe
le Reſſort qui obéït & cede à l'inégalité, à cauſe qu'il eſt
foible & leger, & qu'il ne peut reſiſter au mouvement
du Balancier. C'eſt pour cela qu'il a imaginé d'attacher
cette extremité du Reſſort ſpiral non à l'Arbre qui porte
les Pallettes mais à l'un des rayons du Balancier, à quelque
diſtance du centre.

Et voulant ajoûter une nouvelle perfection à ce Reſſort,
il ne lui donne plus la figure ſpirale, mais une figure on-
doyante dont les ondes ſont fort ſerrées. Par ce moyen on
a un grand Reſſort qui n'occupe que peu de place, en ſorte que les vibrations peuvent être lentes ſans occuper un
grand eſpace.

Vous ne vous êtes ſervi de l'une ni de l'autre de ces
découvertes dans votre Montre Marine; d'où je conclus,
qu'il faut que vous ne les ayez pas approuvées. Il ſemble
même que ce qui doit les faire paroître ſuſpectes indépen-
demment d'aucun examen, c'eſt que les Horlogers n'en
ont point fait d'uſage; ce n'eſt pourtant pas une preuve démonſtrative : car quoique l'application des Rouleaux
aux Horloges pour ſoûtenir l'axe du Balancier ait été connuë depuis aſſez long-tems, cette découverte n'a pas fait
fortune juſqu'à vous qui vous en ſervez trés-heureuſement,

CINQUIE'ME REFLEXION.

Quoique l'invention des Rouleaux pour diminuer les
frote-

frotemens ne ſoit pas nouvelle & qu'on en ait fait avant vous l'application à l'Horloge ; je vous trouve infiniment loüable du diſcernement avec lequel vous avez fait le choix de diverſes perfections deja imaginées , dont vous avez fait l'aſſemblage tel , que ces diverſes perfections ne fuſſent pas incompatibles entr'elles : vous avez ramaſſé le tout enſemble dans un point de vûë unique & vous avez apperçû l'effet qui en devoit reſulter ; c'eſt ce qui paſſe de bien loin la capacité des gens médiocres. Je ne crois pourtant pas que la diminution des frotemens par ces Rouleaux ſoit auſſi conſiderable qu'elle le paroît par comparaiſon , lorſque vous elevez le Cocq,& que par ce moyen, l'axe du Balancier ne porte plus ſur les Rouleaux. Je crois que deux circonſtances particulieres multiplient alors les frotemens : l'une que l'axe du Balancier eſt plus élevée par le côté où il porte ſur le Cocq , & l'autre, qu'élevant le Cocq par un de ſes côtez , l'axe du Balancier eſt détourné vers le côté oppoſé , en ſorte que l'axe ne ſe trouvant plus dans ſa premiere direction, les circonferences de ſes Pivots ne ſe trouvent plus paralelles aux circonferences des trous dans leſquels ils ſont engagez ; ce qui les gêne beaucoup & rend les frotemens trés-conſiderables.

SIXIE'ME REFLEXION.

Ce que vous répondez à Monſieur Bernouilli concernant la cauſe de l'acceleration des vibrations dans votre Machine ſuſpenduë à une corde de 18. pieds & faiſant des oſcillations de 40. à 50. dégrés me paroît trés-bien penſé. La force centrifuge n'affecte alors ſenſiblement que le Levier & y produit l'effet d'un poids ajoûté ; & ſi elle agit

V

sur le Balancier, ce n'est qu'insensiblement, en ce qu'elle n'y produit autre chose que de le faire appuyer un peu plus fort sur les Rouleaux, dont la construction & l'application à votre Machine, rend cette augmentation de poids insensible.

Cette cause de l'acceleration des vibrations est alors si considerable, qu'elle l'emporte sur une autre cause de retardement des vibrations réellement existente, que vous expliquez, & qui consiste, en ce que toute inclinaison de votre Machine diminuë la force de l'action du Levier, qui devient alors analogue à un poids descendant sur un plan incliné, & qui par consequent fait retarder les vibrations; or dans les plus grands arcs d'oscillation sur un même rayon, l'inclinaison est plus grande; donc les vibrations sont alors plus retardées: mais dans ces plus grands arcs d'oscillation, l'experience a fait voir que les vibrations étoient accelerées, il faut donc en conclure que dans ce cas, la cause qui les fait accelerer l'emporte sur la cause qui les fait retarder.

Voilà jusques là qui paroît satisfaisant: mais voici comment vous vous expliquez ailleurs, en parlant des oscillations de votre Machine d'environ dix dégrés de châque côté, dont châcune est supposée d'une demi-seconde de tems; vous les reduisez trés-judicieusement à la situation constante de votre Machine inclinée de 5. dégrés, & dans cet état vous avez trouvé, dites-vous, que pendant mille secondes, l'accéleration n'a été que d'une seconde & qu ayant incliné la Machine de 5. dégrés dans le sens opposé, le retardement pendant le même tems n'a été que d'une seconde; d'où suit une compensation; qui, par une juste consequence, doit être transportée au cas des oscillations de 10. dégrés causées à la Machine par les coups de Mer.

J'oppose ici observation à observation, & raisonne-
ment à raisonnement.

Dans le cas des oscillations de 10. dégrés de châque côté, vous observez une compensation en consequence de laquelle vous pretendez que votre Pendule n'avancera ni ne retardera : cependant dans l'observation qu'ont fait Messieurs de l'Academie des Sciences, on voit que dans les oscillations de 40. à 50. dégrez votre Pendule a avancé considerablement. Si l'observation de Messieurs de l'Academie a été juste, comme vous l'avoüez, il faut que vous vous soyez trompé dans la votre : car de ce que dans votre cas, les oscillations étoient moins grandes que dans le cas observé par Messieurs de l'Academie, on n'en doit inferer autre chose, si ce n'est, que l'accéleration doit être moins grande dans votre observation, que dans celle de ces Messieurs.

D'ailleurs en raisonnant sur votre observation, on voit que vous n'avez pas eû égard à l'effet de la Force centrifuge, qui de quelque côté que la Machine fasse ses oscillations, fera toûjours accelerer les vibrations ; parce qu'elle sera toûjours analogue à un poids ajoûté : ainsi dans les oscillations de dix dégrés comme, celle de 40. les vibrations seront toûjours accelerées, & votre Pendule avancera ; il ne sera question que du plus ou du moins.

Pour que votre Pendule n'avançât ni ne retardât, il faudroit que la cause qui fait retarder les vibrations dans l'inclinaison de votre Pendule, eût un effet précisément égal à celui de la Force centrifuge qui les fait avancer.

Il est vrai que vous dites quelque part dans une réponse à Monsieur Bernouilli, *qu'il y a un point de suspension, même aisé à trouver, ou les deux causes d'acceleration & de retardement se trouveront assés exactement compensées, pour qu'il ne reste point de variation sensible dans le mouvement de l'Horloge, provenante de l'une ou l'autre des causes.* A cela je répons que ce point de suspension démonstrativement trouvé, satisfera parfaitement à mon objection.

SEPTIE'ME REFLEXION.

De tous les cas où votre Machine se trouvera inclinée par le mouvement du Vaisseau, le plus désavantageux est celui où elle sera inclinée sur le devant & sur le derriere, c'est-à-dire par le plan du Cadran & par celui qui lui est opposé ; car dans ces deux sens, le Levier sera analogue au poids qui descend par un plan incliné, & d'ailleurs le Levier souffre de nouveaux frotemens par son point d'appuy : double circonstance qui regarde les vibrations sans aucune compensation ; ce cas arrivera fréquemment.

HUITIE'ME REFLEXION.

Il me paroît que vous regardez la suspension de votre Machine par la partie superieure, plus désavantageuse

que la suspension par la partie inferieure , & en cela je pense comme vous : mais il reste un grand désavantage à cette derniere sorte de suspension ; car dans ce cas, votre Machine porte sur une base mouvante, qui cede en divers sens
au mouvement du Vaisseau. Mais il y a un sens dans lequel la base ne cede point & n'a aucun jeu ; c'est le sens
de l'axe qui assujettit la base mouvante à la base fixe : il
est clair que dans ce sens, la Machine est affectée par tous
les mouvemens du Vaisseau , comme si elle y étoit clouée.

NEUVIE'ME REFLEXION.

Votre Machine sera d'une grande utilité pour les Observations Astronomiques : elle peut être facilement transportée d'un lieu à un autre, sans que ce transport dérange son mouvement. Voilà un grand avantage : en voici un autre dont je fais grand cas. Quand votre Pendule, aprés avoir été arrêtée, est mise en mouvement , 15. à
20. secondes de tems suffisent pour donner à ses vibrations toute la regularité possible : au lieu que dans le Pendule à secondes ordinaire , le mouvement une fois dérangé se rétablit si difficilement, qu'un Astronome ne compte
sur sa regularité, que trois ou quatre heures aprés que le
Pendule a été mis en mouvement.

DIXIE'ME REFLEXION.

Je souhaiterois que vous fissiez deux experiences que
vous n'avez pas encore faites , & que vous pouvez faire
aisément.

La premiere est, de porter votre Pendule dans un Vaisseau, quand vous sçaurez qu'on doit y faire quelque décharge de canon : vous en trouverez l'occasion fréquente dans le port de Bordeaux où vous êtes ; si le mouvement de votre Pendule n'en est arrêté ni troublé, ce sera un grand point.

La seconde, est de suspendre votre Machine par sa partie superieure sur une charrette, & l'arrêter en même tems par ses quatre côtez avec quatre bouts de corde lâches, en telle sorte, qu'elle ait en tous sens ses oscillations libres environ de 15. à 20. dégrés, & non au-delà ; faites ensuite tirer la charrette par des bœufs ou par des chevaux, dans un chemin raboteux & mal pavé ; les secousses que votre Pendule recevra au moyen des bouts de corde lâches qui interrompront brusquement ses oscillations, vous feront juger de l'effet que peuvent produire sur elle les coups de Mer. Je suis même persuadé que dans un Vaisseau pendant la plus forte tempête, votre Pendule n'essuyera jamais une plus rude épreuve.

Voilà, Monsieur, tout ce que je puis vous dire quant à present, j'ai besoin de plus de tems & d'un examen plus particulier de votre Pendule pour déveloper nettement quelques idées que je me reserve de vous communiquer une autre fois. Je suis trés-parfaitement &c.

Je viens de recevoir à la campagne la Lettre que vous m'avez écrit il y a trois ou quatre jours me croyant à Bordeaux. Je suis bien fâché de votre incomodité Si cette fluxion ne vous empêchoit pas de m'écrire le détail des nouvelles experiences que vous venez de faire de votre Pendule, vous me feriez un sensible plaisir.

RÉPONSE

De l'Auteur à Monsieur Navarre.

De Bordeaux ce 22. Septembre 1726.

Vos reflexions, Monsieur, me font d'autant plus de plaisir qu'elles me témoignent à la fois, & les égards que vous avez bien voulu avoir pour la priere que je vous ai faite, votre zéle pour la perfection des Arts, & une délicatesse d'esprit qui ne laisse rien échapper. Si d'ailleurs elles meritent une réponse plus détaillée que mon tems ne me permet de le faire ; j'ai du moins cette satisfaction d'avance, que vous aurez la bonté de me le pardonner ; & que votre discernement suppléra à la brieveté dans laquelle je tâcherai de me renfermer.

1°. Outre que la substance de votre premiere reflexion à l'égard de la Pendule à Levier, reduite au Calcul, se trouveroit presque zero ; on pourroit encore, s'il en valoit la peine, obvier les inconveniens que vous observez, tant à l'égard de la forme, que de la matiere du Balancier & du Levier. Ce que vous remarquez au reste, sur la dilatation & retrecissement des Pendules, est vrai dans le fonds : mais je doute si la quantité d'un tiers † de ligne n'est pas plus hazardé que fondé sur quelque experience, laquelle n'est cer-

† Voyez le Supplément, sur les differentes longueurs du Pendule.

tainement pas aifé à faire. Il eft de confequence de n'admettre ces quantitez , qu'à mefure qu'on en a une connoiffan-
ces trés-certaine.

Il y a auffi du remede , en cas de befoin , aux inconveniens qui pourroient furvenir par cette humidité fi pene-
trante , dont vous repetez les effets. Nulle Machine : les
feules précautions qui garantiffent l'Acier de la roüille , en
le défendant de l'accez libre de l'Air, chargé de ces vapeurs,
fels , ou autres matieres étrangeres , dont vous parlez,
mettront fuffifamment les autres parties de la Machine à
l'abri des accidens que vous paroiffez craindre.

3°. Je penfe toûjours en faveur de la Chaîne pour ligne
de connexion : j'en ai remarqué les inconveniens, qui par-
là même que je les ai remarquez , font plus aifez à obvier.
Il feroit pourtant bon, que cette partie fi effentielle , ne dé-
pendit point tant de l'adreffe de l'Ouvrier ; & pour cette
raifon feule , de s'accoûtumer à fe fervir d'autres matieres ,
d'en chercher foigneufement les plus convenables , & d'en
faire attentivement des experiences.

Au refte l'effet de l'alongement ou retreciffement de ce
fil, ne feroit point tant deproduire de plus grands ou de plus
petits arcs de vibration, lefquelles feroient toûjours Ifochro-
nes , que de produire differentes élevations au Levier , répondantes aux mêmes arcs de vibration ; & ces differentes
élevations feroient analoges à differens poids.

4°. Je ne prétends pas remedier par mon échappement aux
imperfections du Reffort-Spiral : au contraire ces imperfections , qu'elles quelles puiffent être , fe manifefteront
plus diftinctement qu'avec l'échappement ordinaire ; & c'eft

par-là

par-là qu'on connoîtra plus exactement , qu'on n'a pû
faire jufqu'à prefent , quelles font les inégalitez de l'élafticité des Corps, fes Quantitez & fes Loix. La proprieté de
mon échappement qui la diftingue de l'ordinaire , eft d'a-
néantir , pour ainfi-dire , les inégalitez feulement de la
Force motrice ; de maniere que le Balancier n'en étant plus
affecté , & les durées de fes vibrations ne dépendans plus
que de la Force élaftique du Reffort Spiral, il ne peut plus y
avoir de l'inégalité dans la durée des vibrations , que celles
qui viennent de l inegalité de l'élafticité du Reffort Spiral.
Je conclus d'ailleurs , que cette inégalité de l'élafticité eft fi
peu confiderable, qu'une Montre doit aller avec une juftefle
admirable , qui n'auroit d'autre caufe de variation dans fon
mouvement que feulement celle-là.

Vous avez , au refte, trés-bien conjecturé pourquoi je
n'ai pas adopté ce que Monfieur de la Hire avoit imaginé
fur l'application & la figure de ce Reffort : Mais j'adopte
bien la belle reflexion que Monfieur de Fontenelle a faite
là-deffus , † & qui mérite qu'une plus heureufe découverte l'eût faite naître.

„ Ces corrections , dit-il , que l'on fait à des inventions
„ connuës & établies , peuvent , à la verité , frapper moins
„ les efprits que n'ont fait les inventions même, qui avoient
„ l'éclat de la nouveauté, mais quelque fois elles ne font ni
„ moins utiles , ni même moins ingenieufes. Plus une premiere invention approche de la perfection dont elle eft capable , plus le peu qui lui manque nous eft important, &
ce peu eft d'autant plus difficile à découvrir qu'il eft par lui-
même moins vifible, & qu'on s'avife moins de le chercher.

† Hiftoire de l'Academie Royale des Sciences de 1700. pag. 178.

X

Cependant la mémoire de Monsieur de la Hire est trop respectable, pour que je ne donne pas des raisons, pourquoi je ne conviens pas de la construction qu'il propose. *Mem. de l'Ac. 1700. p. 207.*

On ne s'avise pas aisément, de se refuser aux speculations de Monsieur de la Hire sur le Ressort-Spiral.

Je dis plus, on ne le sçauroit, sans le secours des connoissances que la pratique de l'Art peut seul donner ; mais ces seules connoissances suffisent pour faire sentir & l'inutilité & les vices de cette construction. Je tâcherai de vous les expliquer le plus briévement que je pourrai.

Monsieur de la Hire commence par attribuer plusieurs des irregularitez qu'il a reconnuës dans le Montres à la figure du Ressort Spiral, & à la maniere de l'attacher au Balancier ; dont il n'y a cependant pas une seule provenante de ces causes. Une erreur de cette nature a dû en produire plusieurs autres ; aussi tous les raisonnemens qui ont porté Monsieur de la Hire à la recherche de sa nouvelle construction sont mal fondez. J'ai assez dévelopé les causes de la plûpart des irregularitez des Montres, dans mes deux Mémoires lûs à l'Academie, comme provenans de la Force motrice & des vices de l'échappement, pour être dispensé de les repeter ici. Bornons nous donc à examiner les expediens qu'on nous propose.

7°. Ces expediens sont inutiles : Car, 1°. qu'on examine tant qu'on voudra, *le mouvement du Balancier reglé par le mouvement de la Lame-spirale*, on ne s'appercevra point qu'il lui reste de l'inégalité, provenant, ni de la figure de cette Lame, ni de la maniere dont elle est attachée au Balancier. 2°· On ne remedie à rien en appliquant le Reſſort-ſpiral à un plus grand rayon du Balancier, (*a*) & on retombe dans le defaut qu'on blâmoit un inſtant auparavant, ſçavoir, un Reſſort foible; car il eſt démontré qu'un Reſſort plus fort, agiſſant ſur un petit rayon, équipole un Reſſort plus foible, agiſſant ſur un plus grand rayon. 3°· Il n'y a nul avantage dans cette grande longueur du Reſſort, qu'on recherche en le pliant en (*b*) ondes. Une Lame forte plus longue, & une Lame foible plus courte, ſont de même force, & étant attachée par un de ſes bouts, ſoutiendra à l'autre le même poids : donc la Lame en ondes ne ſe ſoutiendra pas mieux, pour être plus forte & en même tems plus longue.

2°· Cette conſtruction ſeroit, de plus, trés-nuiſible à la juſteſſe du mouvement de la Montre, & cela pour trois raiſons. 1°· Un Reſſort de cette figure & de cette longueur, n'auroit point de mouvement vers ſon bout, qui eſt attaché à la Platine, lequel étant d'une force capable de ſoûtenir le Reſſort dans toute ſa longueur, y ſeroit preſque inébranlable, & par conſequent ne ſerviroit pas pour avancer ou pour retarder la Montre. 2°· Ce Reſſort n'étant ſoûtenu que par un de ſes bouts attaché à la Platine de la Montre, & l'autre bout agiſſant ſur le rayon du Balancier par une fourchette, comme l'enſeigne Monſieur de la Hire ; il s'enſuivra qe la force de Reſſort n'agira pas conſtamment ſur le même rayon, & qu'il détruira l'équilibre du Balancier, en y appuyant de la moitié de ſon poids, d'une differente quan-

(*a*) Fig. 1. du Mem. de M. de la Hire.
(*b*) Fig. 2. du même Mémoire.

tité , suivant les differentes situations de la Montre. 3°. Et quand même le bout interieur du Ressort seroit attaché au rayon du Balancier, pour obvier au premier de ces inconveniens , le second subsistera encore dans tout son entier : ce qui , loin de corriger quelque chose de l'irregularité du mouvement d'une Montre, ne serviroit que d'introduire des nouvelles causes d'irregularitez , & des plus considerables.

5°. Je ne sçai , Monsieur , si je merite une loüange aussi délicate & aussi-bien assaisonnée que celle que vous me donnez ici , je n'en ferai , en tout cas , qu'un bon usage : ce sera de recommander à ceux qui se piquent d'être inventeurs , de s'étudier quelque fois à l'être moins ; d'oser examiner pourquoi l'on a rejetté telle chose, & qu'on a adopté telle autre : on s'épargne souvent par cette méthode des peines inutiles , & on trouve quelque fois tout prés ce qu'on n'aura jamais découvert en le cherchant de loin. Ce que vous observez sur la diminution des frotemens , ne regardant pas proprement l'Horloge à Levier , mais le modele seulement, qui ne sert qu'à démontrer les proprietez de cette Horloge. Il seroit inutile de grossir cet article des raisonnemens que je pourrois autrement opposer aux vôtres , & que vous adopteriez certainement sans peine.

6°. J'ai du plaisir à voir que vous approuvez ma réponse à Monsieur Bernoüilli , & je me flatte qu'il l'aura aussi approuvée lui-même. Je viens à votre difficulté.

L'observation de Messieurs de l'Academie est juste , & si vous prenez bien garde , il ne s'ensuivra nullement que mon raisonnement ne le soit aussi : Votre remarque est pourtant si belle, qu'il est presque dommage de la détruire ;

mais il s'agit du vrai, & je me flate que vous conviendrez bien-tôt avec moi, qu'on ne doit pas inferer des deux obfervations comparées enfemble, ce que vous fuppofez ; Sçavoir, une acceleration, proportionnelle aux arcs, ou d'ofcillations, ou d'inclinaifon d'Horloge : Je le prouve.

3°. La compenfation dont je parle, a lieu dans toute l'étenduë d'un arc d'ofcillation, ou d'inclinaifon qui n'excede pas l'arc de l'élevation du Levier : bien entendu que l'inclinaifon foit dans le fens du plan du Balancier & du Levier, & faifant abftraction de la Force centrifuge, qui n'entre que dans les inclinaifons des ofcillations, & point dans les inclinaifons conftantes. Que l'arc de l'élevation du Levier foit par exemple de 10. dégrés, toute inclinaifon, dans le fens du plan vertical du Balancier & du Levier qui n'excede pas 10. dégrés, fe trouve affujettie aux loix de la compenfation laquelle fera plus ou moins parfaite, fuivant differentes circonftances : mais toute inclinaifon, au-delà de 10. dégrés, eft affujettie à d'autres loix : Je m'explique. Une inclinaifon de 15. dégrés en repos, de côté & d'autre, dans le fens du plan vertical, diminuë le poids du Levier, par l'excez de 5. dégrés au-delà de la compenfation en 10. dégrés ; des inclinaifons de 20. de 30. de 40. dégrés, diminuëront davantage le poids du Levier, mais nullement en rapport de ces nombres. Les inclinaifons au contraire, fur le devant, ou fur le derriere, qui coupent à angles droites les premieres, & dont le premier dégré eft (également de côte & d'autre) en pure perte du poids du Levier, puis qu'il n'y a aucune compenfation en ce fens ; ces dernieres inclinaifons dis-je, approchent bien plus de votre suppofition, que ne font les premieres : elles ne fuivent pas cependant les rapports des nombres des dégrés d'inclinaifon, mais les rapports des *Sinus-verfes* des arcs correfpondans à ces nombres. Voilà ce qui en eft; quant aux inclinaifons en repos, mais dans les inclinaifons des ofcillations, tous ces rapports y entrent à la verité, mais ils y déviennent compofez, renverfez & abforbez par l'effet de la Force centrifuge que j'ai deja expliquée : ainfi, Monfieur, la Force de votre objection s'évanoüit entierement.

Il eft vrai, comme vous le remarquez trés-bien, que dans mon raifonnement en réponfe à Monfieur Graham, je n'ai pas eu égard à l'effet de la Force centrifuge ; il n'y étoit queftion que des inclinaifons, dont il m'objecta avec jugement les inconveniens, & il ne me convenoit de lui oppofer que la compenfation qui fe trouvoit dans ces mêmes inclinaifons, fans chercher à me fauver dans la Force centrifuge ; laquelle quoique confiderable dans l'experience de Meffieurs de l'Academie, ne put jamais l'être dans un Vaiffeau fur Mer. Ce que je dis au refte, dans ma réponfe à Monfieur Bernoüilli, fur un point de fufpenfion qui eft aifé à trouver, pour compenfer affez éxactement les effets differens des inclinaifons & de la Force centrifuge, eft trés-clair dans la théorie ; & une belle experience que je viens de faire, l'a fuffifamment prouvée.

7°. Je vous ai deja paffé la premiere partie de votre feptiéme Reflexion, regardant les inclinaifons fur le devant, & fur le derriere, & je viens d'en affigner la valeur : Je vous pafferai volontiers de même la feconde partie, regardant les pivots du Levier, qui n'eſt point compenſée; dont je laiſſe le calcul, à qui ſeroit curieux de ſçavoir la juſte valeur de ce qui approche infiniment de rien.

8°. Je ne peux convenir, Monſieur, du déſavantage dont vous parlez dans cet article. La ſuſpenſion eſt également libre dans ces deux cas, & le point de ſuſpenſion doit ſe trouver quelque part dans la ligne qu'on tireroit de *c*. en *y*. prés de ſon milieu, ou plûtôt plus prés de *c*. que d'*y*.

9°. Je ſuis charmé, Monſieur, que vous ſentiez comme moi l'utilité de cette Horloge, pour les Obſervations Aſtronomiques: c'eſt un point conſiderable, qui lui ſera, je crois, bien des partiſans.

10°. A l'égard des experiences que vous me ſuggerez: je penſe d'abord, que le Canon n'y fera rien; j'aimerois cependant aſſés d'en faire l'experience, & j'en chercherai l'occaſion. Pour l'autre de la charette, j'en penſe comme vous; mais depuis que j'en ai fait ſur l'eau, je regarde cette experience comme totalement inutile.

Je recevrai toûjours, Monſieur, avec un extrême plaiſir tout ce que vous jugerez à propos de me communiquer de plus ſur cette matiere. Je me trouve trés flâté d'avoir produit un Ouvrage que tant de Perſonnes d'un merite diſtingué ont jugé digne d'une ſi ſcrupuleuſe attention; & je n'en puis augurer qu'un heureux ſuccés.

Je ſuis avec tout le reſpect poſſible,

MONSIEUR,

Votre trés-humble & trés-obéïſſant
Serviteur, SULLY.

DISSERTATION

Sur la Montre Marine.

J'Ai parlé dans mon second Memoire d'une Montre portative, à Balancier & à Ressort spiral, que l'on pourroit rendre plus parfaite que toutes celles qui ont été jusqu'ici en usage. Je n'en ai parlé alors que pour faire voir qu'une telle Montre pourroit servir de supplément aux défauts de ma Pendule à Levier, supposant qu'elle se trouvât dérangée par des mouvemens trop violens du Navire, dans un gros tems ou dans un orage; veu que la Montre Marine n'en seroit point affectée, & serviroit par conséquent à connoître les variations de la Pendule à Levier dans ces occasions, & à la remettre juste, sans erreur sensible, à la fin de l'orage.

J'ai promis une Description de cette Montre, suffisante du moins pour expliquer ce qu'elle a de nouveau & de singulier, dans sa construction, ses proprietez & ses usages.

Pour sa construction, elle differe des autres Montres.

1°. Par la (a) grandeur que je lui ai donnée, qui est tel-

(a) *La grandeur.* Elle a trois pouces & demi de diametre, & autant de profondeur, d'une forme cylindrique.

Ie

le que tous les bons Ouvriers pourront travailler ſes parties les plus délicates dans la plus grande perfection poſſible ; & à plus forte raiſon, toutes les autres parties à propor-tion. Je ne me ſuis point gêné ſur cet article, comme on l'eſt dans les Montres de Poche, puiſque pour les uſages qu'on en doit faire, elle n'eſt pas plus embaraſſante dans la groſſeur qu'elle a, que ſi elle eût été plus petite.

2°. Elle differe des autres Montres par ſon (*b*) échappe-

(*b*) *Son échappement.* Il ſeroit commode d'avoir ici une figure, pour repreſenter cette partie de la Montre ; mais comme je n'en fais pas à préſent la deſcription détaillée, telle qu'il la faudroit pour l'inſtruction des Ouvriers, ce que je ferai dans la ſuite ; il ſuffira pour entendre mes raiſonnemens ſur cet article, d'en donner une brieve explication ſans figure. La voici.

1°. Imaginez un Arbre ou Tige de Balancier, longue d'un pouce plus ou moins, épais de deux tiers de ligne, ayant ſes deux Pivots aux deux bouts, & poſé verticalement.

2°. Concevez un Cylindre d'acier, dont le diametre eſt de trois lignes.

3°. Que l'on coupe de ce Cylindre deux tranches, châcune ayant l'épaiſſeur de deux tiers de ligne, & bien polies ſur les côtés.

4°. Que ces tranches ou portions cylindriques, ſoient châcune percées par le milieu avec des trous, pour les adapter ſur l'Arbre ci-deſſus.

5°. Qu'elles ſoient poſées ferme ſur l'Arbre vers ſon milieu, éloignée l'une de l'autre d'un quart de ligne, comme à pouvoir paſſer une carte à joüer entre deux ; de maniere que tournant l'Arbre ſur ſes pivots, ces tranches cylindriques paroiſſent avoir été tournées ſur l'Arbre même ; comme en effet elles doivent l'être. Appellons les à preſent, Pallettes.

6°. Qu'on imagine une Roüe platte, de 15. ou 20. dents, & que cette Roüe ſoit poſée de maniere que ſes dents pointuës rencontrent perpendiculairement les plans des Pallettes, ou ; ce qui eſt la même choſe, que le plan continué de la Roüe, coupe l'Arbre du Balancier par le milieu, dans le ſens de ſa longueur ou de ſon axe.

7°. Que l'ouverture des dents de cette Roüe, ou leur diſtance l'une de l'autre, ſoit d'un peu plus que d'une ligne & demie, c'eſt-à-dire ſuffiſante pour comprendre les deux Pallettes, dans le ſens de leur épaiſſeur, avec l'eſpace qui les ſepare, entre deux dents de la Roüe.

Y

ment , terme d'Horlogerie , qui fignifie la maniere de l'action de la derniere Roüe du Mouvement, ou Roüe de rencontre fur le Balancier. J'ai expliqué devant les Academies de Paris & de Bordeaux les proprietez de cet échappement ; & j'ai fait voir par des experiences mécaniques , que la Force motrice doublée ou diminuée de la moitié , (ce qui fait une difference de quatre à un) ne produit pas

8°· Que la Roüe tourne à prefent dans fon plan vertical , & dans le fens que les dents de côté des Pallettes aillent de haut en bas , ne faifant encore que rafer les bords des Pallettes.

9°· Qu'on approche la Roüe vers l'axe du Balancier d'un quart de ligne ; les deux Pallettes fe trouveront renfermées entre deux dents de la Roüe , de maniere que les Pallettes s'oppofent au paffage des dents de la Roüe, qui s'y trouvera arrêtée : mais la Roüe ne s'oppofe point au mouvement circulaire du Balancier & de fes Pallettes , qui tournent fur le même axe.

10°· Que l'on coupe la Pallette fuperieure (fur laquelle la dent appuye) dans un fens perpendiculaire au plan de cette Pallette ; la dent paffera au travers de cette fente , & tombera fur la Pallette inferieure , fans donner de mouvement circulaire au Balancier. Mais que l'on faffe cette coupe de la Pallette obliquement , fçavoir , incliné de 45. dégrés à fon plan , la Roüe n'y pourroit paffer , fans donner à la Pallette , & par conféquent au Balancier, un mouvement circulaire, de côté.

11°· Si le plan incliné de la coupe , va de la droite à la gauche, la dent de la Roüe en appuyant fur ce plan , & faifant fon chemin verticalement , fera tourner le Balancier de la gauche à la droite , & la dent ayant ainfi traverfé la Pallette fuperieure , s'arrêtera alors fur le plan de la Pallette inferieure.

12°· Que l'on coupe enfuite la Pallete inferieure , pour que la dent y paffe de même au travers , mais que le plan de la coupe foit incliné en fens contraire , fçavoir , de gauche à droit ; & qu'on ramene la pallette pour que la dent commence à appuyer fur le plan incliné , elle fera tourner par ce moyen le Balancier de droit à gauche. C'eft ainfi qu'on peut avoir quelque idée de cet échappement.

N. B. Aprés avoir lû avec attention cet éclairciffement , il feroit bon de relire ce qui regarde l'échappement, dans le premier Mémoire. Pages 58. 59. & 60.

de variation sensible dans les durées des vibrations du Balancier & son Ressort spiral, comme ils se trouvent appliquez à cette Montre ; d'où il est aisé à conclure, que toutes les variations qui peuvent possiblement arriver dans la somme des frotemens du roüage, ne pourront causer que des variations incomparablement plus petites dans le mouvement de cette Montre, que dans celui de toute autre.

3°. Elle diffère encore des autres Montres par un autre endroit, trés-important à la justesse de son mouvement, & à la durée de cette justesse : c'est par la méthode que j'ai deja employée dans ma Pendule à Levier, pour diminuer les frotemens des pivots du Balancier, par l'application des Rouleaux, que je repete dans cette (c) Montre. Je ne m'étendrai plus ici sur les avantages de cette application, les Academies & le Public en ayant deja parû trés satisfaits.

4°. Cette Montre a de plus, deux Ressorts spiraux, dont l'utilité est considerable, & qu'il est necessaire d'expliquer. Un de ces Ressorts est appliqué à la Roüe des (d) Pallettes qui engraine dans le pignon du Balancier, & l'autre au Balancier même. Le principal avantage du premier Ressort consiste en ce qu'il sert d'aide & de guide à l'Ouvrier pour arriver à la perfection qu'il doit chercher dans l'execution

(c) *Cette Montre.* Le Pivot superieur du Balancier, joüé entre quatre Rouleaux, & le point du Pivot porte sur un Rubi, ou autre Pierre dure & polie.

(d) *Roüe des Pallettes.* Lisez pages 65. & 66. du second Mémoire ; & appliquez tout ce que j'ai dit de l'Arbre du Balancier dans la Note (II.) à l'arbre de la Roüe des Pallettes dont je parle ici. L'experience faite sur le Pendule à Levier (C) dans ma quatriéme Lettre à Mr. Graham pag. 103. & la réüssite du Pendule (B) page 106. font voir que j'aurois pû appuyer plus que je ne l'ai fait page 66. sur ce changement.

des parties les plus intereſſantes de ſon ouvrage ; ſçavoir, la plus-parfaite liberté poſſible des vibrations du Balancier, & la plus parfaite égalité poſſible des durées de ces vibra- tions. D'ailleurs, par le moyen de ces deux Reſſorts ainſi appliquez , on parvient à regler cette Montre avec plus de juſteſſe *(e)* & plus de préciſion , qu'il ne ſeroit poſſible de faire avec un ſeul Reſſort ſpiral. Ajoûtez encore *la facilité que cette conſtruction donne, pour découvrir au juſte la natu- re & la quantité des plus petits frotemens , qu'on n'a pû connoître juſqu'à preſent par d'autres voyes.* Voici comme tout cela ſe peut entendre.

Suppoſons pour un moment que toutes les parties de cette Montre ſoient aſſemblées châcune à ſa place, & pour faire châcune ſes fonctions ; à l'exception ſeulement des Reſſorts ſpiraux , qu'on n'aura pas encore appliquez ni au Balancier , ni à la Roüe des Pallettes.

Que l'on remonte le grand Reſſort comme à l'ordinai- re , pour faire aller la Montre ; il arrivera à cette Montre tout le contraire de ce qui en arrive aux autres ; elle ne fe- ra pas dans cet état deux vibrations de ſuite, & elle ne peut faire , tout au plus , qu'une ſeule vibration, dont voici la raiſon. La premiere des dents qui ſe trouve appuyée ſur l'une ou l'autre des Pallettes , appuyera ou ſur la partie *plan droit* de la Pallette qui ſe preſente à ſon action , ou ſur

---

(e) *Plus de juſteſſe & de préciſion.* Un Balancier qui auroit deux Reſ- ſorts Spiraux, de même force, & n'ayant de couliſſe appliquée qu'à un ſeul de ces Reſſorts ; la même quantité de mouvement donnée à la couliſſe, pour avancer ou retarder la Montre , ne produira que la moitié de l'effet de ce qui aura été produit ſur un ſeul Reſſort, dont la force ſeroit égale à la ſomme des deux autres.

la partie qui eſt *plan incliné*. Si c'eſt ſur le *plan droit*, qui coupe perpendiculairement l'axe des Pallettes, la Roüe, qui agit dans une direction parallele à l'axe du Balancier, ou, ce qui eſt la même choſe, à l'axe de la Roüe des Pallettes, la dent tombant ſur le *plan droit*, ne fera tourner le Balancier ni de côté ni d'autre : Si autrement la dent commence à appuyer ſur le *plan incliné* d'une des Pallettes, ou que l'on amene le Balancier au point que la dent vient d'y appuyer, elle fera par ſon action tourner le Balancier ſeulement une fois de côté, où il reſtera, ſans qu'il ſoit conſtamment ramené par une force étrangere, pour preſenter ſucceſſivement les *plans inclinez* de ſes Pallettes à l'action de la Roüe de rencontre.

Mais que l'on applique à préſent un Reſſort ſpiral au Balancier, ce Reſſort ramenera à châque vibration le Balancier, pour qu'il préſente les *plans inclinez* de ſes Pallettes à l'action de la Roüe de rencontre, & en plus ou en moins de tems, reciproquement comme ce Reſſort a plus ou moins de force par rapport au poids du Balancier.

Il en eſt de même ſi l'on applique le Reſſort ſpiral à la Roüe des Pallettes, au lieu du Balancier, avec cette ſeule difference, que pour que le Reſſort appliqué à cette Roüe faſſe faire au Balancier des vibrations de même durée que celles produites par l'application du Reſſort au Balancier, il faut que la force du Reſſort appliqué à la Roüe des Pallettes ait le même rapport à la force de celui que l'on applique au Balancier, qu'a le diametre de la Roüe des Pallettes au diametre du pignon du Balancier qu'elle fait tourner : ou, ce qui eſt la même choſe, ſi le diametre

de la Rouë est 3 . & le diametre du pignon 1 un Ressort spiral , qui appliqué au Balancier lui feroit faire 3 . vibrations
par seconde, le même Ressort en étant appliqué à la Rouë
des Palettes , ne feroit faire au Balancier qu'une seule
vibration par seconde. Et voici l'usage de ce détail.

Quelque précaution que l'on prenne pour diminuer
les frotemens , & quelque adresse qu'on employe pour
executer ses pensées , j'ose dire qu'il est impossible , par
toutes les voyes connuës jusques ici , de parvenir à faire
que la resistance causée par le frotement ou l'appuy des
pivots du Balancier , soit parfaitement égale dans tous les
sens où l'on peut tenir ou poser la Montre , & qui pis
est , on ne peut sçavoir que par des conjectures trés-in-
certaines de combien on est éloigné de cette égalité de
resistance que l'on cherche : mais par cette nouvelle construction on fait fort exactement l'une , & l'on connoît
trés-distinctement l'autre. Je le prouve.

On sçait bien par Théorie que dans les Pivots du Balancier d'une Montre ordinaire , la resistance du frotement sur le côté du pivot cylindrique est plus grande que
celle du frotement fait sur le bout du même pivot ; parce que les espaces parcouruës par les parties frotantes ,
portant le même poids , sont plus grandes dans le premier de ces cas , que dans le second , & non seulement il
est impossible de rendre ces resistances égales , mais il est
aussi impossible de sçavoir au juste quelle est la difference
de l'une à l'autre , puisque l'action de la Force motrice ,
jointe à celle du Ressort spiral , sur le Balancier, est si puissante , qu'elle dérobe entierement à notre perception

tout l'effet fenfible de cette difference.

(I) Il n'en eft pas de même de cette nouvelle Montre : car que l'on mette premierement fon Balancier *fans
les Rouleaux*, tournant fur fes pivots bien polis , &
portans dans les trous comme à l'ordinaire, & que l'on
apporte toute l'attention poffible, que rien ne manque à
l'execution de ces parties, c'eft-à-dire que l'on rende la
refiftance fur les côtez & fur les bouts des pivots , la
plus petite & la plus égale qu'il foit poffible ; & que l'on
applique à la Rouë des Pallettes un Reffort fpiral , qui a
feulement affez de force , pour faire faire au Balancier
une feule vibration par feconde , au lieu de trois vibrations par feconde qu'il doit faire quand la Montre eft finie. Qu'en cet état , l'on pofe la Montre d'abord dans le
fens que l'axe du Balancier foit vertical , & qu'il pofe fur
le bout du pivot : l'arc que le Balancier décrira dans cette pofition fera par exemple , de 140. dégrés. Qu'on la
pofe aprés dans le fens que l'axe du Balancier foit Horifontal , fes pivots portant fur les côtés , l'arc décrit à
châque vibration, fera tout au plus, de 100. dégrés ; *& les
plus petits arcs employeront plus de tems à fe décrire que les
plus grands.*

[II] Que l'on ajoûte enfuite un fecond Reffort fpiral
au Balancier : l'axe étant *vertical* , l'arc de vibration fera
alors de 145. dégrés ; & l'axe étant *horifontal* , l'arc fera
de 140 dégrés ; *les plus petits arcs employant toûjours un
peu plus de tems à fe décrire que les plus grands.*

[III] Que l'on ôte à prefent le fecond Reffort fpiral du
Balancier , lequel on pofera à cette heure *appuyant fur*

ſes Rouleaux ; & le bout du Pivot portant ſur un plan : L'axe du Balancier étant *vertical* , l'arc décrit ſera de 160. dégrés plus ou moins ; & l'axe étant *horiſontal* , *poſant ſur les Rouleaux* , l'arc de vibration ſera le même , ou plus grand ou plus petit , ſuivant que la reſiſtance ſur le bout du pivot , ou ſur les Rouleaux , l'emporte de la moindre choſe l'un ſur l'autre. Et c'eſt par ce moyen , qu'il devient alors trés-facile à l'ouvrier d'égaler ces deux frotemens , *ce qui par rapport à l'execution , eſt la perfection cherchée*

[IV] Suppoſons donc que dans cet état, les arcs décrits par le Balancier, l'axe étant horiſontal , & *appuyant ſur les Rouleaux* , ne ſoient que 150 dégrés , au lieu que l'axe étant vertical , les arcs décrits ſont de 160. dégrés : il ſe trouvera , au contraire de ce qui eſt remarqué dans les articles I. & II. que , *les plus petits arcs employeront moins de tems à ſe décrire que les plus grands.*

[V] Que l'on remette le Reſſort ſpiral au Balancier, comme à l'article [II] l'axe étant *vertical* , l'arc décrit ſera , par exemple , de 180. dégrés , & l'axe étant *horiſontal* , l'arc ſera de 178. dégrés , plus ou moins , & la difference en tems ne ſera preſque point perceptible. Si pourtant il y a encore quelque difference , ce ſera toûjours de même côté , ſçavoir que , *les plus petits arcs employeront moins de tems à ſe décrire que les plus grands.*

Rapprochons les circonſtances & les effets de ces experiences dans un point veuë , pour en pouvoir tirer quelques concluſions , utiles peut-être dans la Phyſique , comme dans la Mécannique. *Des faits auſſi nouveaux & auſſi ſingu-*

singuliers, semblent meriter qu'on les examine avec quelque attention.

Dans l'Article [I] le Balancier frottant sur ses deux Pivots à l'ordinaire, *sans Rouleaux*, & le *Ressort-spiral étant sur la Roüe des Pallettes*, & *produisant un battement par seconde*; l'axe du Balancier étant *vertical*, l'Arc de vibration est de — — — — — degrez 140.

L'axe étant *horisontal*, l'Arc de vibration est de 100.

Dans les Articles [III.] [IV.] *le Ressort de même sur la Roüe des Pallettes & les Rouleaux ajoûtez au Pivot superieur du Balancier*, l'axe du Balancier étant *vertical*, l'Arc de vibration est de — — — — — 160.

L'axe *horisontal*, l'arc est de — — — — — 150.

Sans les Rouleaux, le plus petit Arc. 100. employe plus de tems à se décrire que le plus grand Arc 140.

Avec les rouleaux, le plus petit Arc 150. employe *moins de tems* que le grand Arc 160.

Dans l'Article [II.] le Balancier *sans Rouleaux*, avec les *deux Ressorts Spiraux*, produisant *trois battemens par seconde*, l'axe du Balancier étant *vertical*, l'Arc de vibration est de — — — — — — 145.

L'axe *horisontal*; l'Arc est de — — — — — 140.

Dans l'Article [V.] *avec les Rouleaux, les deux Ressorts-Spiraux* de même, & trois battemens par seconde; l'axe *vertical*, l'Arc est de — — — — 180.

L'axe *horisontal*, l'Arc est de — — — — — 178.

Sans Rouleaux, le plus petit Arc 140. employe plus de tems que le plus grand Arc 145.

Z

Et avec les Rouleaux, le plus petit Arc 178. employe *moins de tems* que le plus grand Arc 180.

1°. Il est à remarquer que les Arcs 140. & 100. *sans Rouleaux*, en [I.] different de *deux septiémes* ; & que les Arcs 160. & 150. *avec des Rouleaux*, en [III.] & [IV.] ne different que d'*un seiziéme*, tous deux n'ayant de Ressort-Spiral que sur la Roüe des Pallettes, produisante *un battement par seconde*. Cette observation fait voir trois choses à la fois. 1°. Combien les côtés des Pivots cylindriques ont de frottemens plus que les bouts des mêmes Pivots. 2°. Combien les Rouleaux diminuent le plus grand frottement & l'égale au plus petit. Et 3°. jusqu'à quel point l'un & l'autre frottement est diminué, & combien la liberté des vibrations est augmentée.

2°. En ajoûtant un autre Ressort-Spiral au Balancier, on remarque que les Arcs sont augmentez en [II.] quoique *sans Rouleaux*, jusqu'à 145. & 140. dont la difference n'est que d'une *vingt-neuviéme* : au lieu qu'en [I.] où il n'y avoit qu'un Spiral sur la Roüe des Pallettes, les Arcs n'étoient que de 140. & 100. aussi *sans Rouleaux* ; & la difference des Arcs de *deux septiémes*. Ce qui prouve combien une plus grande force du Ressort-Spiral, (faisant faire trois battemens, par seconde, au lieu d'un,) sert à vaincre la resistance das frottemens des Pivots du Balancier, & à les approcher d'une plus grande égalité, comme de *deux septiémes* à un *vingt-neuviéme*, qui est une quantité 8. *fois moindre.*

3°. Les Arcs 140. & 100. en [I.] comparez aux Arcs

180.& 178.en [V.] montrentà la fois, ce qu'ils produifent enfemble, *les Rouleaux* & les *deux Refforts-Spiraux*, pour la liberté des vibrations, & pour l'égalité des frottemens, déja tant diminuez fur les Pivots du Balancier : la difference d'inégalité étant de *deux feptiémes*, à *une quatre-vingt-dixiéme*, c'eft-à-dire, 25. *fois moindre* dans la derniere experience que dans la premiere.

4° Il refte à examiner pourquoi, fans Rouleaux, les plus petits Arcs 100. avec un feul Reffort en [I.] & 140. avec deux Refforts en [II] employent plus de tems que les plus grands Arcs 140. en [I.] & 145. en [II.] & qu'au contraire, avec les Rouleaux, les plus petits Arcs 150. avec un feul Reffort en [III.] & [IV.] & les plus petits Arcs 178. avec Refforts en [V.] employent moins de tems que les plus deux grands Arcs 160. en [II.] & [IV.] & 180. en [V.]

5°. Il ne faut pas oublier que par l'Article [III.] toute inégalité de frottement fur les Pivots du Balancier, eft entierement (*f*) ôtée dans cette Montre : les Arcs de vibration font par confequent, plus approchans de même grandeur, & conferveront bien plus long-tems leur liberté, prefque entierement phifique. Je ne me fuis engagé dans cette difcuffion que pour déveloper les propritez de cette conftruction; on en fentira mieux les avantages par ce qui refte à examiner, en la comparant avec celle des Montres ordinaires.

(*f*) *Entierement ôtée*. Tout ce que l'ouvrier a à faire pour cet effet, c'eft feulement de rendre le bout du Pivot du Balancier qui porte fur le Rubi, plus ou moins pointu : operation trés-aifée, & par laquelle l'on parvient à une précifion prefque geometrique, dans un point, qui a été jufqu'à prefent, le plus fatal écüeil de toutes les Machines en géneral, & de la juftefle des Montres en particulier.

L'experience nous apprend qu'une Montre ordinaire des mieux faites, peut varier, au bout d'un certain tems, (si l'on n'a pas soin de la bien (g) regler) d'une demie heure plus ou moins, en 24. heures ; soit par l'inégalité de l'action de la Force motrice, laquelle diminuë à mesure que la somme des frottemens des rouës augmente, soit par d'autres causes qui s'y trouvent toûjours jointes. Les Arcs de vibration du Balancier, vont constamment en diminuant; ce qui, pour l'ordinaire, fait avancer la Montre.

Dans la Montre Marine, il n'y a plus les mêmes causes, pour que les Arcs de vibration diminuent tant, & tout ce qui pourra arriver de cette diminution des Arcs, ne produira nullement les irregularitez en tems, comme dans les Montres ordinaires : ce qu'il faut prouver.

La diminution des arcs de vibration du Balancier dans toutes les Montres, procede toûjours de deux causes: l'une, est l'augmentation du frottement des deux pivots du Balancier ; l'autre, l'affoiblissement de l'action de la derniere rouë, provenante de l'augmentation des frottemens de toutes les rouës du *Mouvement*, & ces deux causes tendent par elles mêmes, à faire retarder les tems des vibrations. La premiere, en diminuant la vitesse (h) phisique du mouvement du Balancier ; La seconde, en ce que l'effort de la derniere rouë étant diminué, elle pousse le Balancier de côté & d'autre, dans les Montres ordinaires, avec moins de

____

(g) *La bien regler.* C'est-à-dire, la faire avancer ou retarder selon le besoin, par le ressort spiral.

(h) *Vitesse Phisique.* J'appelle ainsi ; la vitesse d'un Corps en mouvement, qui n'est point interrompu ou diminué par quelque obstacle accessoire, ou mécanique, ou phisique.

force, avec moins de viteſſe ; ce qui feroit conſtamment retarder toutes ces Montres, d'une beaucoup plus grande quantité, s'il ne ſe rencontroit avec ces deux cauſes, une troi-ſiéme de leur avancement, laquelle augmente à meſure que que les arcs de vibration diminuent en grandeur.

Cette cauſe eſt la maniere dont les dents de la Rouë, de rencontre frappe les Pallettes du Balancier : ce qui ſe fait avec plus ou moins d'avantage, ſuivant que le Balancier décrit de plus petits ou de plus grands arcs ; & cette diffe-rence eſt ſi conſiderable par ſes effets, que le Balancier eſt, *par les deux premieres cauſes*, reduit à ne décrire que ſes plus petits arcs, ſuffiſans ſeulement pour laiſſer échapper de ſes Pallettes les dents de la Rouë de rencontre à châ-que vibration. L'acceleration cauſée par la rencontre des Pallettes ſur un plus grand Levier (*qui eſt cette troiſiéme cauſe*) ſera quelquefois plus que le double du retarde-ment cauſé par les deux premieres cauſes : auſſi remarque-t'on bien que les Montres en cet état avancent ordinaire-ment beaucoup ; ce que preſque tous les plus habiles Ar-tiſtes, & tous les les Phyſiciens, ſans exception, *à qui j'en ai entendu parler*, attribuent à d'autres *cauſes* ; *en quoi je ſuis plus que* perſuadé qu'ils errent, comme je le demontre-rai *en ſon* (i) *lieu.*

Mais dans la Montre Marine, la premiere des cauſes du retardement eſt extrêmement (k) diminuée ; ſçavoir, les

(i) *En ſon lieu.* Je veux dire dans la ſeconde édition de ma *Regle ar-tificielle du tems*, que j'ai deſſein de donner inceſſamment au Public, avec tous les éclairciſſemens neceſſaires ſur ces matieres.

(k) *Extrêmement diminuée.* Voyez le premier Mémoire pages 56. & 57.

frotemens des pivots du Balancier ; & la seconde, sçavoir ,
l'inégalité de la Force motrice, est entierement (*l*) ôté par
l'échappement : tellement, qu'il n'y reste, tout au plus,
qu'une trés-petite cause de retardement, dont l'effet doit
être presque insensible, laquelle se trouve compensée par
une autre trés-petite cause d'avancement, sçavoir, les plus
petits arcs décrits en moins de tems ; & si cette compensation n'est pas absolument parfaite, la difference doit être
extrêmement petite & peu sensible. Il importe d'éclaircir
cette matiere autant qu'on peut.

J'ai prouvé (*m*) ailleurs que le frotement du pivot du
Balancier en retarde la vitesse phisique, en même tems
qu'il diminuë les arcs de ses vibrations ; & il est trés-aisé à
comprendre que, *moins* la Force motrice est grande :

(*l*) *Entierement ôté*. J'ai montré devant les Academies des Sciences &
de Paris & de Bordeaux, un modéle de Montre, par lequel je fais voir que
cet échappement étant appliqué à un Balancier avec son Ressort Spiral ,
les durées des vibrations du Balancier ne sont pas sensiblement alterées
par les inégalités de la force motrice ; lors même que les Pallettes sont
appliquées immédiatement à l'arbre du Balancier : à plus forte raison ne le
seront-elles point lorsque les Pallettes sont sur l'arbre de la Rouë de ce
nom, qui engraine dans le Pignon du Balancier. *Voyez* pag. 66.

(*m*) *J'ai prouvé ailleurs*. Dans un modéle de ma Pendule à Levier ,
que j'ai fait pour démontrer mécaniquement ses propriétés, j'ai adapté un
Cocq mobile, au pivot du Balancier, du côté de la Courbe. Si je laisse
le Cocq à sa place, le pivot n'y porte pas ; il appuye sur les Rouleaux :
si je leve le Cocq, le pivot y porte, & n'appuye plus sur les Rouleaux. Il
est prouvé par d'autres experiences sur le même modéle, que les vibrations,
de quelque grandeur qu'en soient les arcs, sont parfaitement Isochrones :
Mais voici ce qui arrive, & qui prouve tout ce que j'avance dans cet
article.

Je prends deux Poids moteurs, qui sont l'un à l'autre comme 4. à 1. &
par le mouvement du Cocq, je puis faire à volonté, que le pivot du Balancier, ou *porte sur les Rouleaux*, ou *frote dans le trou du Cocq*.

comme les Rouës d'une Montre pouſſées par leReſ_
ſort; ou la Force auxiliaire ; comme celle du Reſſort
ſpiral ; ou bien la viteſſe du Balancier provenante d'une
cauſe quelconque ; *moins*, dis-je, ces forces, ou cette viteſſe
ſont grandes , *plus* le frotement ſe doit faire ſentir comme
obſtacle & à la grandeur des arcs de vibration & à la viteſſe du Balancier. Voilà pourquoi les arcs 100. en [I.] &
140. en[II.] ſont plus petits & employent plus de tems que
les arcs 140. en [I.] & 145. en [II.]

Mais il n'eſt pas ſi aiſé de rendre raiſon de l'effet contraire en [III.][IV.]& en [V.] où les plus petits arcs 150.
& 178. employent moins de tems que les plus grands
arcs 160. & 180. Il faut pourtant qu'il y en ait une : lefait
eſt certain

J'OBSERVE.

1°. Avec le poids moteur.   4.
Le pivot ou l'arbre ſur les Rouleaux , l'arc de vibration - - 68. 0 68.
Le pivot frotant dans le trou du Cocq l'arc - - - - - - - - 50. 0 50.
La difference du plus grand au plus petit arc. - - - - - - - - - - 18.
Le plus petit Arc retarde en tems d'une ſeconde en - - - - - - - 50.
        Avec le poids moteur. - 1.
Les pivots ſur les Rouleaux , l'arc de vibration de - - - - - 55. 0 55.
Le Pivot frotant dans le trou du Cocq, l'arc, - - - - - - - - 30. 0 30.
La difference du plus grand au plus petit arc. - - - - - - - - - - 25.
Le plus petit arc retarde en tems d'une ſeconde en - - - - - - - 38.

Dans cette experience, l'arbre qui appuye ſur les Roleaux , a une ligne
& demie de diametre , & le Pivot qui frote dans le trou du Cocq a trois
quarts de ligne de diametre.

J'ai laiſſé le pivot de la groſſeur de trois quarts de ligne ; afin de rendre l'effet de cette experience plus ſenſible. En diminuant le pivot , on
diminuë l'inégalité des arcs & des tems; mais on ne les peut égaler que par
la méthode que je donne dans l'article [III.] de cette Diſſertation. C'eſt
de cette experience que parle *Monſieur Navarre*, dans la ſeptiéme reflexion
de ſa Lettre.

& j'en ai fait les experiences avec tout le foin & toute l'exactitude poffible. Tâchons de découvrir la caufe de ces effets contraires.

Dans le cas [III.][IV.][V.] les frotemens pourront être confiderez comme prefque nuls, & on ne peut aucunement leur attribuer les retardemens de la viteffe phyfique du Balancier ; d'autant plus que ce retardement des plus petits arcs, devient fenfible feulement lors que l'arc de vibration eft plus grand, & il n'eft plus grand que parceque le frotement du pivot eft alors plus petit. Il en faut donc chercher d'autres caufes : il s'en prefente deux, ou qui produifent enfemble cet effet, ou dont il faut opter. L'un eft la refiftance du *milieu*, qui eft plus grand au plus grand arc, l'autre eft la fuppofition, que les plus gradns arcs des vibrations d'un Reffort demandent plus de tems pour fe décrire phyfiquement. La premiere eft certaine : l'autre douteufe. La Machine Pneumatique en pourroit bien décider ; & des experiences de cette forte, repetées dans cette veuë avec adreffe, en déceleront parfaitement le miftere. Quoi qu'il en foit, l'excellence de cette conftruction n'eft pas moins prouvée, elle eft fort fuperieure à toute autre jufqu'ici en ufage ; ce qui répond fuffifamment au but principal que je me fuis propofé. Au refte, ces Phœnomenes m'ont parus nouveaux, curieux, & inftructifs.

Il ne faut pourtant pas s'imaginer que cette Montre ou aucune autre à Balancier & Reffort-fpiral, foit capable de mefurer le tems dans tous les climats, avec la même juftesse que la Pendule à Levier, quelque peu d'inégalité qu'il y ait dans la force élaftique du Reffort-fpiral, & quelque

parfai-

parfait que soit l'Isochronisme des vibrations des Ressorts dans des arcs de differentes grandeurs. Car , la force élastique du Ressort spiral , & toutes autres choses restant de même , la diminution de la pesanteur , qui est analogue à un Balancier plus leger , la fera avancer ; & la pesanteur augmentant la fera retarder. Si la force élastique varie , elle est diminuée par la chaleur , & augmentée par le froid ; & comme la chaleur augmente en general , à mesure qu'on approche de l'Equateur , il arrivera que l'elasticité diminuë plus ou moins , en même tems avec la pesanteur : il y aura donc quelque sorte de compensation , quoi qu'imparfaite, qui diminuera les inégalités causées par la variation de la pesanteur: Ainsi cette variation ne peut affecter la Montre qu'à la longue , & en comparant son mouvement dans des païs fort éloignez les uns des autres ; & par consequent , elle n'empêchera point que son mouvement ne soit trésjuste pour plusieurs jours de suite , en quelque endroit qu'on se trouve.

Elle sera donc trés-utile , principalement , pour servir de *supplément* à la Pendule à Levier , comme je l'ai expliqué dans le second (*n*) Memoire. Elle sera aussi d'un grand usage dans les observations Astronomiques , & dans toutes les operations , où il est question d'une grande précision, en remarquant les plus petites parties dans la mesure du tems ; du moins faudra-t'il pour bien faire dans ces occasions, une Montre portative à secondes , des plus justes qu'il soit possible , qu'on peut arrêter ou laisser aller dans un instant quand on veut.

(*n*) pag. 73.

A a

DISSERTATION

Sur une Pendule Astronomique.

J'Appelle ainsi toute Pendule faite à l'usage des Observations Astronomiques. Je sçais que toute Pendule à secondes sert à cet usage, mais je sçai aussi que toutes celles que j'ai vû, y sont bien moins propres qu'il n'y auroit moyens de les rendre. Les principaux de ces moyens feront le sujet de ce petit Discours.

Monsieur de la Hire a, plus que personne, épluché les imperfections qui restent encore aux Pendules, ayant égard principalement aux usages de l'Astronomie, qui seule exige la derniere justesse dans les Horloges; & à quelques erreurs prés, ausquelles les plus grands hommes sont sujets, il a fait de belles & de judicieuses remarques.

Cependant l'éclat de la belle découverte de Monsieur Hugens, de la fameuse Cycloïde, avoit fait trop d'effet ; les Géometres furent frappez de la beauté de ses démonstrations, & charmez d'une application qui paroissoit si heureuse ; on s'en étoit trop promis, & personne ne s'avisoit de revenir de son erreur.

Monsieur de la Hire qui a remarqué, avec tant de saga-

cité la plûpart des imperfections des Pendules, a bien pris
garde aux inconveniens qui se trouvent dans la suspension du
Pendule entre deux arcs de Cycloïde ; mais il étoit si éloigné de soupçonner l'inutilité de cette application, qu'il s'est
donné la peine de chercher une maniere differente de celle
de Monsieur Hugens, pour produire le même effet avec
moins d'inconveniens.

A mon arrivée à Paris, l'année 1714. j'ai trouvé tout le
monde dans la même prévention; j'y étois bonnement comme les autres: on en trouve la preuve dans mon Livre, Regle
Artificielle du Tems. Mais les occasions frequentes que j'eus
de m'entrenir souvent sur cette matiere, avec des personnes
trop prevenuës en faveur de la Cycloide, me le firent éxa-
miner de plus prés que je n'avois fait ; & je ne fus pas long-
tems à m'appercevoir qu'on sembloit avoir oublié à ce sujet
que ce qui prouve trop ne prouve rien. Je fus convaincu en
même tems & de la verité de la demonstration de Mr. Hugens, quant au Pendule suspendu entre deux arcs de Cycloïde , independamment de l'Horloge , & de l'inutilité abso-
luë de la Cycloïde , joint au Pendule appliqué à l'Horloge.

L'année 1725. me fournit une occasion de soûtenir ma
nouvelle opinion , que je n'avois adopté moi-même qu'a-
vec une certaine repugnance & que je ne proposois d'abord
qu'en tremblant : puisqu'elle alloit renverser entierement
celle d'un aussi grand homme que Monsieur Hugens, laquelle avoit faite fortune depuis si long tems ; & qui re-
gnoit encore avec un empire si absolu sur les esprits des Sçavans.

C'étoit dans une conversation fortuite, où se trouverent

Monsieur le Chevalier de Louville, Messieurs Saurin, l'Abbé Terrasson & Nicole, le premier Astronome & les trois autres Géometres de l'Academie Royale des Sciences, que je soûtins pour la premiere fois l'inutilité de la Cycloïde par rapport au Pendule appliqué à l'Horloge ; j'avançois même que cette application, loin d'être utile, étoit au contraire nuisible : on fut d'abord peu disposé à goûter mes raisons ; je n'en fus pas moins persuadé ; & de retour chez moi, l'esprit encore rempli de mon sujet, je le couchai par écrit, & je le communiquai quelques jours aprés à plusieurs desMessieurs de l'Academie. Monsieur de Fontenelle eut la bonté, à ma priere, de lire cet écrit, & de mon consentement, il le communiqua à feu Messieurs de la Hire pere & fils, qui l'éxaminerent & qui firent là-dessus des remarques que j'ai encore : la justesse du raisonnement y avoit moins de part qu'une certaine aigreur, qu'ils croyoient que méritoit l'Auteur d'une si hardie innovation. M^r. Saurin plus équitable, & dont la justesse d'esprit est bien connuë, revint le premier de ce préjugé, & démontra ensuite à l'Academie la verité de cette proposition, dans un Mémoire (a) où il traite trés-sçavamment de l'application du Pendule à l'Horloge.

Je ne parlerai donc ici, & qu'en peu de mots, de ce qu'on peut encore ajoûter aux Pendules à secondes pour les rendre plus propres à l'usage des Astronomes ; me proposant d'en parler ailleurs d'une maniere plus étenduë. Je me bornerai même aux Pendules qu'on peut rendre plus propres pour les observations qu'on doit faire dans les voyages, que celles dont on se sert ordinairement.

(a) Memoire de l'Academie 1720.

Un Pendule pour cet effet doit être des plus justes, le plus portatif qu'on peut le rendre, & facile à poser & à regler. Et puisque l'inégalité de la pesanteur, qui exige differentes longueurs du Pendule en differentes parties de la terre, est devenu un objet considerable de la Phisique, qui affecte infiniment l'Astronomie, la Géographie, & la Navigation : il importe d'en avoir une connoissance plus éxacte, par un grand nombre d'observations continuellement reïterées;& pour bien remplir ces vûës,il faudroit un Pendule construit avec des attentions qu'on n'a point eu jusqu'à present.

Pour être plus portatif, il doit être à ressort avec une Fusée ; laquelle étant bien faite, rendroit les efforts du ressort aussi égal *à cet effet* que ceux d'un poids : ou quand même il pourroit rester à la rigueur quelque petite difference, son effet deviendroit insensible par la maniere dont le Pendule seroit appliqué à l'Horloge. Il suffiroit qu'elle allât 30. heures seulement, étant construite pour ne point s'arrêter pendant qu'on le remonte : moyennant quoi, il peut avoir une forme à pouvoir être renfermé dans une boëte, dont la capacité ne seroit que de 8. pouces de longueur, sur 4. de largeur,& quatre de profondeur, separé de sa verge. Et la verge encore brisée, ne demanderoit qu'une boëte de 18. pouces de long, sur 4. de largeur, & deux de profondeur.

La connoissance plus éxacte & plus précise des differentes longueurs du Pendule, qui resultent de la variation de la pesanteur, suivant divers endroits du Globe terrestre, exige d'autres attention dans la construction de cet

Pendule ; mais ces attentions ne s'étendent pas plus loin qu'à la construction de la Verge & la Lentille du Pendule : chose trés-petite considerée en elle même, mais dont les conséquences sont importantes. Et je suis même persuadé que c'est principalement faute de pareilles attentions qu'il s'est trouvé tant de bizarerie & si peu d'accord, dans les observations déja faites sur les differentes longueurs du Pendule. Et c'est faute de (*b*) Pendules assez justes, & plus portatifs ; qu'on a fait jusqu'à present, un si petit nombre de ces observations, qu'il n'est point possible d'en tirer des justes conséquences, pour la longueur éxacte du Pendule en diverses parties de la Terre. Je donnerai ailleurs les enseignemens pour cette construction, par laquelle je me flate de pouvoir distinguer la longueur du Pendule ; ou la distance de son centre d'oscillation du point de suspension, jusqu'à la 100ᵉ partie d'une ligne.

Je ferai voir en même tems les excellens usages qu'on peut faire du Pendule à Levier, construit d'une maniere particuliere : pour battre les secondes, demie-secondes, ou quarts des secondes à volonté, soit dans les observations Astronomiques, soit dans les experiences de Phisique, ou pour plusieurs autres usages. Les bornes que je me dois prescrire dans cet Ouvrage, ni mon tems, ne me permettent pas ici de m'étendre davantage là dessus.

(*b*) *Faute de Pendules.* On ne peut s'imaginer jusqu'où va ce manquement de bonnes Pendules, propres aux observations Astronomiques. Voyez l'Article de la longueur du Pendule.

DESCRIPTION

D'un Meridien Portatif Universel.

D'UNE NOUVELLE INVENTION.

ON se sert ordinairement des Cadrans Solaires pour connoître l'heure du jour. Il en est de toutes façons, plus ou moins imparfaits les uns que les autres. Les meilleurs & les plus mauvais ont cela de commun, qu'il faut se servir de l'un comme de l'autre à l'heure de midy, pour connoître, du plus prés qu'on peut, le tems vray. Et il n'y a pas un seul de ceux qui sont communément en usage, qui donne ce tems avec la précision requise, pour bien regler une Pendule, du moins d'un jour à l'autre.

Cet inconvenient de tous les Cadrans Solaires en général, & sur tout des Cadrans portatifs, m'a porté à la recherche de quelque instrument, par lequel on pourroit connoître le vray midi avec plus de justesse & de précision que par tout autre instrument, du moins que je connois, qui soit jusqu'ici en usage ; à l'exception seulement de ceux dont on se sert dans les Observations Astronomiques.

En méditant sur la construction que je devois donner à mon instrument, pour mieux remplir mes premieres vûës, je les ai portées insensiblement plus loin que je n'ai pensé d'abord : J'ai tâché enſuite d'en étendre l'utilité ſans en détruire la ſimplicité, & ſans que l'uſage en fût plus difficile ou plus embaraſſant.

La grandeur de cet Inſtrument ſe meſure ſur ſa baſe, puiſque ſes autres parties y doivent être proportionnelles. Pour qu'il ſoit ſuffiſamment juſte pour les operations, & en même tems portatif : je penſe qu'il ne doit pas avoir moins de ſix pouces de long ſur trois de large, ni plus de douze ſur ſix. Le premier qui m'a été fait n'ayant pas ſes parties des mieux proportionnées, ni même toutes celles qu'il doit avoir : je ne m'attacherai pas aux proportions & aux parties qui y ſont, mais à celles qu'on y devroit mettre.

Ce Méridien portatif univerſel, pourroit être compoſé d'une plaque de Laiton de 8. pouces de long, ſur 4. de large. Sur cette Plaque, au milieu de ſa largeur, s'éleve perpendiculairement un quart de cercle de 4. pouces de rayon, ſolidement fixé ſur la plaque qui lui ſert de baſe, diviſé en 90. degrés, & chaque degré en minutes, par une nouvelle méthode.

Contre le quart de cercle eſt appliqué une Regle ou Alidade, dont la ligne de Foi marquée ſur le quart de cercle, le degré de l'élevation qu'on lui donne, depuis o. juſqu'à 90. ou depuis la direction horiſontale juſqu'au vertical. Cette Alidade peut être d'une ſeule piéce ou briſée, ſelon le beſoin.

Au-deſſous du quart de cercle eſt une Aiguille aimantée de 3. pouces, dans une boëte pratiquée dans la Platine, faiſant le tour de la bouſſole avec les dégrés. Le niveau à Plomb qui ſe dreſſe & ſe baiſſe à Reſſort, repreſente dans

la

la figure , ne sert que pour donner l'idée d'un niveau , qui sera fait suivant une nouvelle méthode , des plus justes.

Sur le milieu du devant de la Platine & au deux coins du derriere , sont trois vis , qui servent pour la mettre au niveau.

L'Alidade ou regle cy-dessus, est chargée de trois pieces, dont voici l'usage.

La premiere , celle qui est au bout reçoit par une ouverture circulaire l'Image du Soleil, qui est transmise par un verre convexe jusqu'au centre du mouvement de l'Alidade, qui est son foyer.

La seconde , est un Pont de Laiton, appliqué à la regle, d'un pouce plus ou moins éloigné du centre , ayant une fente suivant la direction verticale, ou dans le sens d'un Meridien , de façon que le milieu de cette fente , par rapport à sa largeur , & le centre de l'ouverture circulaire cy-dessus, se trouve dans le plan du Meridien.

La troisiéme , au centre , est un plan sur lequel tombent les rayons du Soleil , lors qu'ils traversent la fente du Pont cy-dessus.

Les principaux usages de cet Instrument dans l'état où il est à present , sont

1°. Pour trouver le Midy vray.

2°. Pour tirer une ligne Meridienne.

3°. Pour trouver la déclinaison de l'Aiguille aimantée.

4°. Pour trouver la hauteur du Pole du lieu où l'on est.

Pour trouver le Midy vray.

Il faut pour cet effet que le plan du quart de cercle , se

trouve dans le plan du Meridien. Il suffit pour l'usage ordinaire, qu'ayant posé l'Instrument sur un plan Horisontal,
ou à peu prés , & connoissant la déclinaison de l'Aiguille
aimantée pour le lieu où l'on est, qu'on le met de niveau par
ses vis , & l'Aiguille sur le dégré de sa déclinaison ; qu'on
éleve alors l'Alidade jusqu'à ce que sa tête , qui porte l'ob-
jectif, fasse ombre sur le Pont : à l'approche du midy, l'Image
du Soleil entrera sur le pont, & approchera peu à peu de la
fente. Aussi-tôt que le bord de l'Image touche à la fente, on
verra subitement paroitre un point lumineux sur le plan central au bas du Pont, & ce point, ou plûtôt segment lumineux , s'alongera peu à peu jusqu'à ce que l'Image sur le
Pont soit partagée en deux portions égales , ce qu'on voit
trés-distinctement à 2. ou 3. secondes prés ; & c'est alors
que le centre du Soleil étant dans le Meridien , marque le
vray midy. Dés-lors la ligne lumineuse sur le plan s'accour-
cit peu à peu , & redevient un segment ou point lumineux,
qui disparoit aussi subitement qu'il avoit paru d'abord.

On peut distinguer à une seconde ou deux prés, l'instant
que le point lumineux commence à paroître sur le plan central, de même que l'instant qu'il disparoit , & par ce moyen
on connoît certainement l'instant de midy, à une seconde ou
deux prés.

Le point ou ligne lumineuse durera sur le plan central,
tout le tems que le Disque du Soleil employe à passer par
le Meridien ; plus, le tems qu'il employe à parcourir la largeur de la fente. De sorte que lorsque le Soleil est 2. m.
15. sec. à passer par le Meridien , & que la largeur de la
fente est de la neuviéme partie du diametre de l'image du

Soleil , la lumiere durera sur le plan 2. m. 30. sec. c'est-à-
dire, commencera 1. m. 15. sec. avant midi, & finira 1. m.
15. sec. aprés midi ; ainsi en prennant le milieu , on a le
point de midi avec toute la précision qu'on peut souhaiter.

Pour tirer une Ligne Meridienne.

Toutes les fois qu'on ne connoit pas la déclinaison de
l'aiguille aimantée pour le lieu où l'on se trouve , ou la
connoissant, qu'on voudroit une facilité pour poser l'Instrument promptement , & toûjours exactement dans la
même situation, châque fois qu'on veut s'en servir pour
connoître au juste le midy vray ; on a necessairement besoin d'une Ligne Meridienne, pour la dresser suivant le
Meridien du lieu. L'instrument même sert à cet usage , de
la maniere suivante.

Il faut commencer par dresser une planche , ou table
unie , de niveau ; puis, enfoncer dedans le point du pied
de la vis sur le devant, que j'appellerai N. & ce point
doit servir de centre du mouvement , pendant que les deux
autres vis sur le derriere, servent pour dresser l'instrument
de niveau sur la table qu'on suppose déja l'être. Vers les
neuf heures , plus ou moins , du matin , diriger l'Instrument au Soleil , & conduisez-le , en le faisant tourner
sur le pied N. & en élevant en même tems l'Aliade jusqu'à ce que le bord inferieur de l'image du Soleil touche à la Ligne Horisontale, qui est tracée sur le pont, cou-
pant à angles droits la fente , & tombant perpendiculairement sur la Ligne de Foy de l'Alidade , & que le bord

oriental de l'image touche presque à la fente : l'instant aprés que le point lumineux commence à paroître sur le plan central ; frappez ou poussez en bas avec le doit, le bouton du pointeau H. & arrêtez l'Alidade par une vis placée pour cet effet contre le quart de cercle. Vers les trois heures aprés midy, dirigez l'Instrument encore vers le Soleil, en le faisant tourner sur le point N. jusqu'à ce que le bord inferieur de l'image du Soleil, touche de nouveau la Ligne Horisontale, & que son bord occidental quitte la fente de l'autre côté, & l'instant que la lumiere disparoit de dessus le plan central, frappez de nouveau le bouton H. Ce fait, ôtez l'instrument de la table, vous y trouverez les points marquez par les pieds N. & les deux coups donnez sur le bouton H. l'un devant & l'autre aprés midy. Décrivez du centre N. l'arc H. H. coupez cet arc en deux portions égales appellant ce point d'intersection *r.* tirez la Ligne N. *r.* c'est la Ligne Meridienne.

Pour trouver la déclinaison de l'Aiguille aimantée.

La Ligne Meridienne étant décrite, remettez l'Instrument sur la même table, le pied N. à sa place, & le point H. en *r.* ou dressez un des côtés de la platine, paralelle à la ligne N. *r.* l'aiguille s'arrêtera au dégré de sa déclinaison, pour le lieu de l'observation.

Pour trouver la hauteur du Pole.

Dressez l'Instrument au Meridien comme ci-dessus, &

à l'inftant de midy dirigez l'Aliade de maniere que la Ligne Horifontale coupe tranfverfalement l'image du Soleil
en deux portions égales, & puis marquez le dégré que l'A-
lidade indique fur le quart de cercle pour la hauteur verticale. Prennez la déclinaifon du Soleil pour le jour : fi elle
eft auftrale, ajoutez-la au dégré marqué, & ôtez-la, fi
elle eft boreale ; la fomme de l'addition, & le reftant de
la fouftraction fera la hauteur de l'Equateur, dont le com-
plement eft la hauteur du Pole pour le lieu de l'obfervation, à la refraction prés.

Il y a lieu d'étendre confiderablement les ufages de cet
Inftrument ; je ferai mon poffible pour y réüffir, parce
qu'outre les utilitez réelles de l'Inftrument, il en refulte-
roit une autre pour les fciences mêmes : c'eft que plufieurs
perfonnes qui ont naturellement du goût pour ces fortes
d'obfervations, ne s'avifent point d'en faire à caufe de l'appareil d'Inftrumens qu'on a coûtume d'y employer, également éfrayans par les idées d'embarras & de dépenfe qu'ils
prefentent d'abord à l'efprit. Ces perfonnes, dis-je, pourront être tentées par la feule commodité de cet Inftrument, de fe mettre fur les voyes de faire des obfervations
trés-utiles, & dont on a befoin d'un plus grand nombre
pour perfectionner davantage la Phifique, l'Aftronomie,
la Geographie & la Navigation.

DE LA LUNETTE

de Reflexion.

L'Invention de cet excellent Instrument est du fameux Chevalier Nevvton ; il en a donné la théorie dans ses Optics . Ouvrage connu & admiré de tous les Géometres de l'Europe depuis prés de 30. ans. Ce n'est que depuis peu qu'on est parvenu à executer cette Telescope avec succés : On a presenté au Roy cette année la premiere qui en a été veuë en France.

Je n'en ferai pas ici la description : je ne parlerai que de ses usages, & en quoi elle surpasse les Telescopes ordinaires.

1°. Un Telescope de reflexion de deux pieds, grossit autant l'objet qu'on regarde, qu'une autre de 12. pieds, & le transmet à l'œil plus distinctement & avec bien plus de netteté.

2°. On la manie & on la dresse vers l'objet avec beaucoup plus de facilité.

3°. Elle est sans comparaison plus portative, & par consequent, infiniment plus commode pour les observations qu'on pourroit faire dans les voyages, ou de Terre ou de Mer.

Cette Telefcope d'ailleurs fatigue moins la veuë que les communes ; & j'expliquerai ailleurs une maniere de la monter, pour lui faire fuivre le mouvement diurne, dans une direction toûjours parallele à l'Equateur : moyenant quoi, l'ayant une fois dirigée vers l'Aftre qu'on veut obferver, il ne fera plus befoin d'y toucher de la main, & l'Obfervateur n'aura qu'à regarder fon objet, fans interruption ni embarras, tant que l'obfervation dure.

DISSERTATION

sur les moyens de perfectionner les Cartes Marines.

LA perfection de la Navigation étant une chose souhaî-tée de tout le monde , & qui interesse plus particulie-rement tous les Peuples Maritimes : on doit esperer que les personnes qui s'y trouvent les plus interessées voudront bien favoriser les vûës qu'on a pour y parvenir.

Celle dont je veux parler ici , se reduit au moyen d'a-voir dans peu d'années , des observations suffisantes pour pouvoir dresser des Cartes Marines ou Hydrographiques de tous les païs connus du Globe terrestre , beaucoup plus éxactes que les meilleures de toutes celles qu'on a pû avoir jusqu'à present.

Pour cet effet, il s'agit de faire voir , 1°. Comment cette exactitude des Cartes Hydrographiques , contri-buë tant à perfectionner la Navigation. 2°. Que les meil-leures de ces Cartes sont extrêmement défectueuses. Et 3°. le moyen qui paroît le plus praticable, pour les pouvoir dresser dans peu d'années , avec toute l'exactitude qu'on y peut souhaiter.

Pour le premier de ces articles, il est certain, que le premier

mier principe d'une Navigation seure, est de connoître la vraye distance du lieu du départ, à celui de l'arrivée : car sans cette connoissance, non seulement l'Estime par les méthodes usitées, du chemin & de la route du Vaisseau, qui seroit en lui-même la plus juste, ne se rencontreroit point avec le lieu de l'arrivée : mais quand même on auroit découvert quelque méthode pour la connoissance exacte des Longitudes en Mer, on ne laisseroit pas de se tromper à l'égard de l'arrivée, de tout autant que l'emplacement de ces deux lieux, se trouvent dans les Cartes éloignez de leur vraye situation ; & plus la méthode supposée pour la connoissance des Longitudes en Mer seroit exacte & certaine, plus cette erreur des Cartes deviendroit dangereuse & fatale aux Navigateurs.

Pour le second Article, que les meilleures Cartes Hydrographiques sont extrêmement défectueuses ; c'est une proposition à laquelle les plus habiles Géographes souscriront d'abord : eux-mêmes, ne pouvant placer les côtes des Païs ni les Villes Maritimes dans leur vray lieu, qu'à mesure qu'on leur fournit des observations Astronomiques, qui servent à fixer les Latitudes & Longitudes desdits lieux, faites avec science & avec soin sur les lieux même. Or il est trés-certain que ce grand Ouvrage est jusqu'ici trés-imparfait, n'y ayant qu'un petit nombre de ces lieux Maritimes, où l'on a fait les observations necessaires, pour en déterminer principalement les Longitudes : car ce n'est que depuis qu'on a dressé des Tables éxactes, des revolutions periodiques des Satellites de Jupiter, qu'on a été en état de faire ces observations avec quelque sorte de facilité & d'éxactitude.

Pour le troifiéme Article ; un moyen de pouvoir dreffer les Cartes Marines dans peu d'années, avec toute l'éxactitude qu'on peut fouhaiter : Je tâcherai de faire voir qu'il eft trés-praticable.

Pour remplir cette vûë , il n'eft queftion que de rendre l'art de faire ces obfervations plus général , c'eft-à-dire,plus aifé ; & pour y réüffir , il faut d'abord deux chofes, les inftrumens neceffaires & l'art de s'en fervir ; fans oublier une troifiéme auffi importante que les deux autres : *c'eft de travailler à fe défaire d'un préjugé, qui tirannife la plûpart des efprits , en les faifant envifager les chofes de cette nature comme des Sciences infiniment au-deffus de leur portée , & aufquelles, par confequent il leur feroit inutile de s'appliquer.*

Les principaux inftrumens neceffaires , font, un quart de cercle , un Meridien portatif univerfel , une Lunette de reflexion , une Pendule aftronomique & une Montre à fecondes.Il faudroit pour bien faire que ces inftrumens fuffent faits fur des modéles déterminez,& fuivant des inftructions qu'on donneroit à ce fujet, pour mieux conferver l'uniformité dansles obfervations.

Il n'y auroit pas de difficulté à fe procurer les inftrumens, fur tout, lors qu'on auroit donné les éclairciffemens neceffaires , regardant certaines parties qui doivent entrer dans leur conftruction , pour les rendre plus utiles aux fins qu'on fe propofe , & que l'on auroit fourni des inftructions fuffifantes pour les faire bien executer, partout où il y a d'habiles Ouvriers.

La partie la plus confiderable dans cette entreprife, confifte dans la maniere d'inftruire les perfonnes qui auroient

de la difposition & du goût pour ces fortes d'operations,
auffi amufantes de leur nature, qu'utiles dans leur fin Mais
cette partie même feroit moins difficile qu'on ne le
croiroit d'abord , & fe pourroit fort bien executer par un
petit traité qu'on feroit à ce fujet , & qu'on publieroit en
même tems en plufieurs Langues.

Je ne prétends ici, que de donner une legere idée de ce
que l'on peut faire dans cet objet , au-delà de tout ce qu'on
a fait jufqu'à prefent ; & je me propofe de traiter de cette
matiere ailleurs, me flatant qu'un Ouvrage de cette nature fera d'une grande utilité.

LETTRE

Ecrite à Monfieur Sarrau, Secretaire de l'Academie de Bordeaux,
par Monfieur l'Abbé Bignon,
Confeiller d'Etat, Bibliothecaire
du Roy, & Préfident de l'Academie Royale des Sciences.

De Paris le 12. Juillet 1726.

QUoique j'ai peine à me flater, Monfieur, d'avoir
l'honneur d'être connu de vous, je prens la liberté de
vous écrire, & je me perfuade que vous ne m'en fçaurez pas
mauvais gré, puis qu'il s'agit de l'avancement des Sciences
dans un point des plus importans.

Vous fçavez, Monfieur, de quelle confequence il feroit
d'avoir quelque Pendule ou quelque Montre d'une extrême juftefse fur Mer, puifque ce feroit un des plus feurs
moyens d'arriver à la connoifsance éxacte des Longitudes.

Monfieur Sully, Anglois, a travaillé long-tems ici fous les

yeux de notre Academie des Sciences, dans la vûë de trouver ce secret , & il croit y avoir assez réüssi.

Mais comme il lui est essentiel de faire des experiences
sur les Vaisseaux , pour voir si les divers mouvemens ne
pourront pas déranger sa nouvelle Pendule, il a pris le parti d'aller à Bordeaux , où il compte trouver plusieurs occasions de faire ces épreuves. S'il a votre approbation & celle
de votre Academie , ce sera de quoi assurer le succez de son
entreprise , & il a donc souhaité que je l'adressasse à vous ,
pour vous supplier de donner , à tout ce qu'il pourra faire,
l'attention que demande un objet si considérable.

Je suis trés-aise d'avoir cette occasion de vous assurer
de l'estime avec laquelle je suis ,

MONSIEUR,

Votre trés-humble & trés-
obéïssant Serviteur ,
L'Abbé B I G N O N.

DISCOURS

Prononcé devant Messieurs de l'Academie Royale des Sciences de Bordeaux,

Le 18. Aoust 1726.

L'Ouvrage, Messieurs, que j'ai l'honneur de vous présenter, est une tentative pour une juste mesure du tems en Mer : Tentative difficile, & dont l'objet est trop important pour se promettre legerement un plein succés. Cet Ouvrage, quel qu'en puisse être le sort, n'a reçû de forme qu'aprés de profondes méditations, & une application assiduë, qu'aprés des experiences reïterées & des dépenses considérables. Il a été exposé au grand jour, pour la premiere fois, à l'Academie Royale des Sciences de Paris ; & quoique moins parfait qu'à présent, cette illustre Compagnie l'a honoré de quelque approbation.

J'ai préferé cette Ville, Messieurs, à tous les Ports du Royaume, pour faire mes premieres experiences sur Mer. Je sçavois que j'y trouverois une Academie des Sçiences, composée des personnes aussi illustres par leur rang & par leurs qualités personnelles, que par leur zéle pour la perfection des

Arts , utile à la Societé ; & j'ai ofé me flater que vous m'accorderiez la grace d'être les témoins des épreuves , peut-être des fuccés , de mon Invention. Ces confiderations , Meffieurs, m'ont amené à Bordeaux , & me procurent l'honneur de paroître aujourd'hui dans cette fçavante affemblée. Heureux, fi par les foins que je me fuis donné, je puis mériter votre approbation : elle me feroit un fur garând de celle du public.

Quelque fujet que je croye avoir d'efperer un heureux fuccés , je ne m'aveugle point. Je fçai que la foibleffe de l'efprit humain & fon infuffifance , foit pour penetrer les premiers principes des chofes naturelles , foit pour exactement démêler les caufes compliquées des effets Phifiques , établiffent la neceffité des experiences : mais fi des raifonnemens juftes & folides , ne precedent , n'accompagnent & ne fuivent les experiences , on ne peut en tirer des confequences vrayes & legitimes. Permettez-moi donc , Meffieurs, de vous fupplier de m'honorer de votre attention & de m'aider de vos lumieres.

EXTRAIT

DU JOURNAL DES EXPERIENCES

faites par Monsieur Sully, de ses Horloges de Mer, dans le Port de Bordeaux, attesté verbalement par Messieurs les Commissaires de l'Academie Royale des Sciences de cette Ville, & dont Monsieur l'Intendant de Bordeaux a envoyé Copie à Monseigneur le Comte de Maurepas, Ministre & Secretaire d'Etat & des Commandemens de Sa Majesté, & du Département de la Marine de France, ce 21. Septembre. 1726.

J'Arrivai ici le 13. du mois passé. Monsieur l'Abbé Bignon me fit l'honneur de me charger d'une Lettre pour Messieurs de l'Academie Royale des Sciences de Bordeaux, les priant de me favoriser dans mes experiences & de vouloir bien y prêter leurs attentions, puis qu'*il s'agissoit de l'avancement des Sciences dans un point des plus importans, & que le témoignage de cette Academie seroit suffisant pour assurer le Public du succés de mon entreprise.*

J'eus l'honneur de parroître à l'Academie le 18. & d'y expliquer les proprietez de mes Horloges. La Compagnie eut la bonté de me prêter toute son attention, & Monsieur le Président de Montesquieu, Directeur pour

lors.

lors de l'Academie, nomma Monsieur de Caupos Conseiller au Parlement,& le Pere Faux de la Mercy,pour examiner les experiences que je devois faire de mes Horloges
sur un Vaisseau. Monsieur le Président de Montesquieu , &
Monsieur Sarrau , Secretaire de l'Academie, se sont offerts
volontairement d'assister à cet examen , pour en rendre compte à la Compagnie. Ces Messieurs ont bien
voulu donner beaucoup de leur tems dans les jours suivans
pour s'éclaircir avec moi des faits & matieres , regardant la
construction de ces Horloges & les arrangemens qu'il falloit prendre pour les experiences à faire.

Dés le jour que j'eus été à l'Academie, je fis travailler à
une Machine de suspension pour mon Horloge à Levier, je
la fis faire de bois & de fer , de même nature que celle de
la Montre Marine, Planche 3. Fig. 2. de ma Description, à
l'exception que celle de l'Horloge est quarrée, pour se conformer à la Figure de sa Boëte , soûtenuë pareillement de
trois pieds, de 18. pouces de haut.

Le 7. Septembre , je fis transporter mes Horloges sur la
Garonne jusqu'à Clayrac, Maison de Campagne de Monsieur Sarrau , à cinq quarts de lieuë au - dessous de Bordeaux , où elles resterent deux jours, pour comparer leurs
mouvemens avec celui d'une Pendule à secondes.

Le 9. à 10. heures du matin, on s'embarqua dans un
petit Bâteau de 3. à 4. Tonneaux, l'Horloge à Levier dans
sa suspension, la Montre Marine de même, laissant la Pendule à secondes dans la Maison en mouvement , Monsieur
de Caupos & Monsieur Sarrau présens avec moi. On prit
aussi dans le Bâteau une petite Pendule de 5. à 6. pouces ,

D d

vent de Nord Oüeſt , vent qu'on ſent toûjours le plus fort
pour mieux faire la comparaiſon. Il y eut d'abord un peu
de mouvement , & la petite Pendule s'arrêta au bout de 3.
minutes. Nous deſcendîmes à la Rame & avec la Marée
juſqu'à Blaye , où nous prîmes ſur notre bord Monſieur le
Roy , Commiſſaire de la Marine, & nous allâmes moüiller
à Beſchevel à une petite lieuë de Blaye & à 7. à 8. lieuës de
Bordeaux. A une heure aprés midi nous remontâmes avec
la Marée & peu ou point de vent , & la Riviere ſi calme ,
qu'ayant mis la petite Pendule en mouvement, elle alla pendant une demie heure avant que de s'arrêter , & nous arrivâmes à Clairac à 5. heures du ſoir. Nous remîmes les
Horloges à côté de la Pendule à ſecondes , & nous obſer-
vâmes que le mouvement de l'Horloge à Levier , dans le
Bâteau , ne differoit pas d'*une demie ſeconde par heure* ,
comparé à ſon mouvement à Terre, à côté de la Pendule à
ſecondes. Nonobſtant le peu de mouvement que ſouffrit
le Bâteau dans cette experience, les Arcs de Vibration indiquez par l'Aiguille q o Planche premiere, alloient quelques-
fois juſqu'à 70. degrés de côté & d'autre ; d'où l'on peut
conclure , & encore mieux par la ſeconde experience dont
je vais rendre compte , de quelle importance eſt la Courbe de compenſation pour l'Iſochroniſme des Vibrations.

Le 11. avant midi , nous allâmes à Pichon , autre Mai-
ſon de Campagne de Monſieur Sarrau , à un demi quart
de lieuë de la premiere , prenant avec nous la Montre Marine , le Meridien portatif univerſel , & une Bouſſole de 4.
pouces montée dans un cadre de bois ; & nous fîmes des
experiences ſur la maniere de trouver le midi vrai , le tems

du Paſſage du Diſque du Soleil par le Meridien, & la hauteur
du Pôle , le tout ſur le Meridien portatif univerſel , & ces
experiences ſervirent à faire voir une partie des utilitez de
ce nouvel inſtrument : j'en donne ailleurs la deſcription. Le
même jour à 5. heures aprés midi nous nous embarquâmes
avec toutes nos Machines à Clayrac , & nous arrivâmes
par un grand calme à 6. heures à Bordeaux.

Dés les premiers jours que je fus à Bordeaux , Meſſieurs
de l'Académie Royale des Scienees me firent l'honneur de
me preſenter à Monſieur l'Intendant, qui eut la bonté de me
recevoir trés-gracieuſement. Attentif à tout ce qui regarde
le ſervice du Roy & l'utilité du Public , il nous offrit ſon
Brigantin pour repeter notre experience. Monſieur le Mar-
quis de Harville ſon gendre , Monſieur de Caupos , de l'A-
cadémie des Sciences , Monſieur le Chevalier de la Ro-
chette , Chevalier de Malthe, & Monſieur Roberic, Grand-
Prévôt de la Guyenne , s'offrirent d'être du voyage.

Le 16. je mis mes Horloges juſtes avec la Pendule à Secondes , afin d'obſerver leurs mouvemens en repos juſqu'à
l'embarquement.

Le 17. Monſieur de Caupos , comme Commiſſaire de
l'Academie , & le ſeul qui , à cauſe des Vendanges , étoit
libre de ſe trouver à cette experience , ſe rendit chez moi
avec les Meſſieurs ci-deſſus nommez , & nota en leur pré-
ſence l'état de mes Horloges en repos : Enſuite nous les mî-
mes ſur notre bord , & nous nous embarquâmes à la Porte
d'Eſpaux dans le Brigantin de Monſieur l'Intendant , qui
eſt de 10. à 12. tonneaux, & à dix-huit rames †. Il faiſoit un

† Le Brigantin étoit à dix-huit Rames , mais il n'y avoit que 16. Rameurs, en tout 26. perſonnes.

dans ces quartiers, & qui cause sur la Garonne les plus grosses tourmentes ; aussi la Riviere en fut - elle extrêmement agitée. On remarqua au milieu de ces mouvemens violens le bon effet de la suspension, & que l'Horloge y conservoit trés - bien sa direction perpendiculaire à l'Horison : pendant que le Vaisseau s'inclinoit par intervalles jusqu'à de 25. à 30. dégrés, & les arcs de vibration alloient quelquefois en diminuant, quelques fois en augmentant depuis 30. jusqu'à 80 dégrés de côté & d'autre.

Nous n'avions fait encore que deux lieuës, que le vent souffloit avec tant de violence, & les lames rouloient si haut, que ce fut pour nous une veritable tempête. On ne pouvoit aller plus loin sans danger, rien ne tenoit plus ; & l'Horloge avec sa suspension, faute de l'avoir amarrée, se r nversa deux fois dans la chambre, sans pourtant s'arrêter, & sans avoir souffert le moindre dommage. Nous fûmes donc obligez de gagner le bord à Montferrant, où nous mimes pied à terre, laissant les Horloges dans le Vaisseau à l'ancre, où il souffrit un roulis considerable pendant plus de trois heures que nous restâmes à terre. Nous nous rembarquâmes vers les cinq heures ; nous remontâmes à la voile contre la marée, & nous arrivâmes à Bordeaux à 6. heures & demie.

Tous ces Messieurs se rendirent ensemble chez moi, pour comparer l'Horloge à Levier à la Pendule à Secondes, qui étoit restée dans ma chambre ; & nous remarquâmes que l'Horloge à Levier, agité dans le Vaisseau, n'avoit differé de son mouvement, étant posé à côté de la même Pendule à Secondes, que d'une demie Seconde tout au plus par heure.

Encore il seroit facile de faire voir , comme je le fera:
dans la suite , que même cette trés-petite variation ne vient
pas du mouvement du Vaisseau. Ce qui en est une preuve
suffisante pour le present ; c'est que la variation dans la derniere experience n'ait point paru plus grande que dans la
premiere , quoi qu'il n'y ait point de comparaison des mouvemens du Vaisseau dans l'une & dans l'autre.

Ces seules experiences font voir avec la derniere évidence qu'il n'est point à craindre que les mouvemens ordinaires
d'un Vaisseau sur mer puissent sensiblement déranger le
mouvement de cette nouvelle Horloge : ce qui seul restoit
à sçavoir , pour ne plus douter de son utilité dans la Navigation.

LETTRE

De Monsieur Le Roy, Commissaire de la Marine.

De Blaye, le premier Octobre 1726.

J'Ai reçû, Monsieur, la lettre que vous m'avez fait l'honneur de m'écrire. Je puis vous assurer que Mr. Hocquart a presentement la relation que vous m'avez adressée pour lui, parce que je profitai d'une occasion qui se presenta à la reception de cette piece, & je n'eus que le tems de la lire.

Je suis ravi, Monsieur, du succez de votre seconde experience, & vous pourrez juger du cas que je fais de votre Ouvrage, quand vous sçaurez ce que j'en ai écrit à Monsieur Hocquart.

Je lui ai marqué, comme je le pense, que supposé le moyen de faire pratiquer dans les Vaisseaux, par des Telescopes maniables, les observations des Satellites de Jupiter, pour, aprés des tempêtes terribles qui dérangent tout, se redresser; que votre Horloge avec ce secours, étoit équivalent à la découverte d'un Astre qui iroit du Nord au Sud. J'ai été 10. ans de suite à la Mer, & je connois les dérangemens que produifent les tempêtes & les tems nébuleux ; ainfi je crois que fi vous pouviez , comme vous m'avez fait l'honneur de me le dire , rendre facile aux Pilotes l'obfervation des Satellites de Jupiter ; vous pourriez vous vanter d'avoir facilité la Navigation autant qu'il eft poffible aux hommes de l'efperer , puis qu'il n'y a point à fe flater que l'on puiffe trouver dans le Ciel un point qui mefure l'éloignement de l'Eft à l'Oüeft. L'embarras de mes vendanges eft caufe, Monfieur , que je ne vous ai pas informé plûtôt de ce que j'avois écrit à Monfieur Hocquart.

J'ai l'honneur d'être trés-fincerement,

MONSIEUR,

Votre trés-humble & trés-obéïffant
ferviteur, LE ROY.

REPONSE

A la Lettre de Monsieur Le Roy.

De Bordeaux ce 15. Octobre 1726.

MOnsieur Hocquart m'avoit déja mandé, Monsieur, de Rochefort, que vous lui aviez écrit de mon Horloge & de notre premiere experience, d'une maniere digne de votre pénétration & de vos lumieres. Vous jugerez bien, Monsieur, du cas que je fais du suffrage d'une personne qui a les connoissances & les experiences que vous avez dans la Marine. Ce que vous remarquez sur la maniere de faire pratiquer dans les Vaisseaux l'observation des Satellites de Jupiter, m'engage à m'expliquer là-dessus plus clairement que je ne l'ai fait jusqu'à present. Je sens bien la consequence de pouvoir faire pratiquer ces observations sur Mer ; j'en connois les difficultez, qui sont trés-grandes : mais je ne désespere nullement de les surmonter.

Voici, Monsieur, ce que j'ai déja medité sur cette matiere : Bornons-nous au premier Satellite. Je conviens que les Immersions ou Emersions sont les plus justes époques d'observation. Il y en a de deux sortes par rapport à nous : l'une regarde l'ombre & l'autre le corps de Jupiter. Dans les

les tems qu'on obſerve les Immerſions ; à châque Immerſion dans l'ombre , ſuit bien-tôt aprés une Emerſion de
l'ombre qui ne nous eſt pas viſible , & puis une autre du
corps, qui nous eſt viſible. Dans les tems qu'on obſerve les
Emerſions; châque Emerſion de l'ombre eſt précedée d'u-
ne Immerſion du corps qui eſt viſible, & d'une autre dans
l'ombre qui ne l'eſt pas.

La durée totale de ces Eclipſes, compoſées de la demeure du Satellite derriere le corps de Jupiter & dans
ſon ombre, variée en pluſieurs manieres , & ſuivant que
Jupiter eſt plus ou moins proche de ſon oppoſition ou
de ſa conjonction avec le Soleil, & ſuivant qu'il eſt plus
ou moins proche de de ſon Perihelie ou de ſon Aphelie,
& encore pour d'autres cauſes : mais comme les élemens
de ces variations ſont aſſés connus , il ne ſera pas trop
difficile de les reduire par le calcul à des regles qui ſeront à
la portée de tout le monde. Sur les mêmes principes on
pourra connoître combien on eſt éloigné du vrai tems
d'une Immerſion ou d'une Emerſion , ſoit de l'ombre ſoit
du corps , en obſervant la diſtance apparente du Satellite,
de côté ou d'autre du corps de Jupiter , ſoit prés des
oppoſitions , ou prés des conjonctions du Satellite à l'é-
gard de Jupiter ; principalement lorſque les éloignemens
apparens du Satellite n'exede pas un diametre du corps
de la Planette. Je tiens tout ceci pour trés-praticable ;
ce qui ſeroit d'un grand avantage , ſur tout dans les obſervations ſur Mer , ſi l'on y peut parvenir, comme je l'eſpere. Je conviens d'un côté, qu'il y aura un peu moins d'exactitude dans tous les autres points d'obſervation que je pro-

E e

poſe, que dans les ſeuls momens d'Immerſion ou d'E-
merſion de l'ombre, que cette méthode n'exclut pas ;
mais qu'elle facilite au contraire de beaucoup. De l'autre
côté, l'avantage en eſt prodigieux : car on a ſix époques
pour une, à châque revolution du Satellite, & plus de douze heures du tems d'obſervation pendant les 42. heures &
demie du tems periodique, & tout cela à la place d'un
ſimple inſtant ; lequel, comme je viens de le dire, n'en ſera
que mieux obſervé, lors qu'il y a lieu de le faire, ou dont
on peut ſe paſſer par ce moyen, lorſqu'on ne peut pas l'obſerver. Ceci eſt clair : puis qu'un ſeul de ces points bien
pris, donne préciſément la même choſe qu'une Immerſion ou une Emerſion, & il y aura toûjours moyen d'en
prendre pluſieurs, ſans regarder long-tems à la fois, &
pour connoitre à quelques minures prés, d'avance, le tems
de l'Immerſion ou l'Emerſion, ſoit de l'ombre ou du
corps.

Il eſt vrai que la ſcience de ce qui regarde ces ſortes
d'obſervations, demandera une étude particuliere, & l'a-
dreſſe de les faire, exige des inſtructions détaillées & une
grande habitude ; mais la choſe n'eſt pas pour cela moins
poſſible, ni même moins praticable. Car, en ſe familia-
riſant des méthodes qui ont paruës d'abord incomprehen-
ſibles, & en s'exerçant dans des pratiques qu'on a regardé
au premier coup d'œil, comme infiniment difficiles, on parvient enfin par l'habitude, à tout ſurmonter & à n'en faire
qu'un jeu.

Comme je n'ai rien qui m'inquiéte plus ſur mes Horloges, étant en état d'enſeigner les Ouvriers à en faire qui au-

ront toute la justesse requise, j'ai dessein de m'appliquer
serieusement aux moyens de faciliter les observations des
Satellites. Plus mes Horloges seront justes, mieux on
pourra ce passer de ces observations ; mais plus on se trouve en état de les mettre en pratique, moins il reste raà
souhaiter pour la connoissance des Longitudes sur Mer.

Je suis trés-parfaitement, & avec beaucoup de respect,

MONSIEUR,

Votre trés-humble & trés-obéissant
Serviteur, SULLY.

Ee ij

LETTRE

De Monſieur Radoüay.

A Radoüay le 9. Novembre 1726.

J'Ai enfin reçû, Monſieur, la Lettre que vous avez pris la peine de m'écrire; j'étois aux Eaux Mineralles de Lannion, quand elle eſt partie de Bordeaux ; on me l'a enſuite envoyée à Paris, & elle eſt venuë ici. Je ſuis trés-aiſe, Monſieur, que vous ayez une approbation de Meſſieurs de l'Academie de Bordeaux auſſi complette que vous me le marquez ; mais cela n'emporte point mon conſentement, il faut pour cela une épreuve en forme à la Mer ; & il me ſemble que vous avez manqué une belle occaſion de la faire commodement, car vous auriez pû vous embarquer l'année paſſé ſur le (a) Jazon, Vaiſſeau de 50. Canons que je commandois, qui arma au Havre. Je ne vous conſeille pas de tenter cette épreuve ſur un plus petit Bâtiment, car la Pendule à Levier pourroit fort bien conſerver l'égalité de ſon mouvement dans un Vaiſſeau de 50. à 60. Canons, dont les tems des Roulis & des Tangages, fait qu'ils peuvent être tellement adoucis par une double ſuſpenſion de cercles, que

______
(a) Ou peut-être, Jaſon.

la Pendule n'en recevroit qu'une trés-legere inclinaison, au lieu que dans un Bâtiment de 200. à 300 Tonneaux ou environ, qui sont les plus communs parmi les Négocians, les Roulis, Tangages, & Mouvemens composez des deux, y sont si prompts, que je doute encore que votre Pendule y réüsisse; c'est qui m'a déterminé à croire que votre Montre Marine sera plus utile au commerce Je la cite dans mes Remarques comme trés-propre à nous fournir le moyen de perfectionner la Navigation. Ces remarques sur la Navigation & les moyens d'en perfectionner la pratique, seront finis d'imprimer à la fin de ce mois. J'en avois fait surseoir l'impression à mon départ, pour le grand Banc en 1725. voulant les retoucher & faire de nouvelles experiences, & cet Ouvrage est considerablement augmenté & changé. Vous y êtes cité en termes qui ne peuvent vous nuire; presque tout mon dernier Chapitre, qui fait un tiers du Livre, ne parle que d'observations de Longitudes, & des moyens de n'y pas tant errer dans l'Estime.

Je pris à Paris la description de votre nouvelle Pendule; je n'en ai pas perdu un mot : mais si je n'avois pas vû la Piece en original, j'aurois eu peine à bien concevoir sa Description. Je laisse mon Livre à débiter au sieur Fourrier Libraire-Imprimeur à Paris ruë Saint Jacques, à condition de le laisser à 3. livres en blanc. Il sera de 18. feüilles in quarto avec 5. à 6. planches.

Monsieur l'Abbé Bignon que j'ai été voir à Meulan, m'ayant dit que l'Académie de Bordeaux vous avoit donné beaucoup d'approbation; il me semble qu'il croit aussi qu'une épreuve en Mer est le moyen le plus certain pour s'assurer de la réüssite de la Pendule ; & le renversement ou la culbute qu'elle a essuïée dans le Brigantin, me previent fort en sa faveur.

Je suis avec beaucoup de consideration.

MONSIEUR,

Votre trés-humble & trés-
obéïssant Serviteur,
DE RADOUAY.

RÉPONSE

A la Lettre de Mr. de Radoüay.

De Bordeaux le 17. Novembre 1726.

JE vous suis trés-obligé, Monsieur, de la part que vous prenez au succés de mes experiences ; Je n'éxige nullement que vous vous y rendiez sans reserve: je ne les regarde moi-même que comme preparatoires à de plus considerables, & comme vous l'exprimez, à *des preuves en forme à la mer.* Je ne puis vous expliquer ici les raisons qui m'empêcherent de profiter de l'occasion dont vous me parlez : il y en avoit d'invincibles. Si je n'avois, Monsieur, à satisfaire que des personnes aussi entenduës sur ces matieres comme vous, je me serois épargné bien des peines ; mais ne voyez-vous pas que, si pour la raison que vous alleguez, j'avois fait mon experience sur le Vaisseau que vous commandiez, on n'auroit pas manqué de m'objecter que je craignois de la faire sur un plus petit ? Je l'ai faite pourtant sur un Vaisseau de 10 Tonneaux, vous voyez avec quel succés ; & suivant votre propre raisonnement, qui est trés juste par rapport aux mouvemens que souffrent des Vaisseaux de differentes grandeurs, qu'aurois je à craindre d'un Vaisseau de 2. à 300. Tonneaux? Vous me faites bien de l'hon-

neur, Monſieur, de m'avoir cité dans vos remarques, &
je ſuis charmé d'apprendre que vous les donnez enfin au Public. Il n'eſt pas difficile d'augurer de la maniere dont elles
en ſeront reçûës, aprés le jugement que l'Academie Royale des Sciences en a déja porté.

Il n'y a point de doute que Monſieur l'Abbé Bignon ne
penſe, comme vous me le dites, & vous verrez par mes autres Lettres que je penſe bien la même choſe : mais cela
n'empêche pas que les experiences que je viens de faire, ne
ſoient auſſi importantes qu'aucune que je pourrois faire à
l'avenir, & bien plus à propos qu'auroit été un voyage à
l'Amerique. Cette experience nous a appris ce qu'il nous
importoit le plus de ſçavoir, & beaucoup mieux que n'auroit fait un voyage de long cours. Voyez là-deſſus les Lettres de Monſieur Graham, & mon Mémoire à Monſeigneur
le Comte de Maurepas de 1724. En effet le principal fruit
que je tire des experiences faites à Bordeaux, c'eſt d'être
parfaitement aſſuré moi-même, & de pouvoir convaincre
les connoiſſeurs, que les mouvemens du Vaiſſeau ne ſont
pas à craindre ; que c'eſt bien la peine de s'appliquer à donner la derniere perfection à cette Horloge, & qu'on peut à
préſent hardiment ſe préparer à en faire des experiences de
conſequence & d'éclat.

Je ſuis avec tout le reſpect poſſible,

MONSIEUR,

Votre trés-humble & trés-obéïſſant
Serviteur, S U L L Y.

L'EXTRAIT.

EXTRAIT

Des Registres de l'Academie Royale des Belles Lettres, Sciences & Arts, du 15. Decembre 1726.

Messieurs de Caupos & Sarrau Commissaires de l'Academie pour assister aux épreuves que Monsieur Sully devoit faire sur la Garonne, de sa Pendule à Levier & de sa Montre Marine, ont fait le rapport suivant.

Premiere Experience du 7. Septembre 1726.

LE 7. Septembre dernier, Monsieur Sully fit transporter à Clayrac, sur les bords de la Garonne, à cinq quarts de lieuë au dessous de Bordeaux, une Pendule à Secondes avec sa Pendule à Levier. Il les regla & les mit sur le même point, pour pouvoir dans la suite mieux comparer leur marche.

Le 9. Septembre les Commissaires se rendirent à Clayrac avec Monsieur Sully. On ajusta à 10. heures du soir les deux Pendules & la Montre Marine que Monsieur Sully avoit portée.

Le lendemain 10. Septembre, on observa à 6. heures du matin, c'est-à-dire 8. heures aprés, la marche de ces trois Horloges.

F f

PREMIERE OBSERVATION.

Pendule à Secondes.			Pendule à Levier.			Montre Marine.		
Heur.	Min.	Sec.	Heur.	Min.	Sec.	Heur.	Min.	Sec.
6.	0.	0.	5.	59.	15.	6.	0.	1.
				Retarde.			*Avance.*	
				45.			1.	

On s'embarqua à 7. heures un quart dans un Bâteau, du Port d'environ 4. Tonneaux, dans lequel on avoit porté la Pendule à Levier & la Montre Marine, l'une & l'autre dans leur Machine de suspension. On y joignit une Pendule commune, pour voir son effet dans le mouvement du Bâteau.

La Riviere étoit presque calme, le Bâteau ne recevoit gueres d'autres secousses que celles des quatre rameurs qui le tiroient.

On s'apperçût bien-tôt que la Pendule commune étoit arrêtée. On lui rendit plusieurs fois le mouvement, & elle le perdit toûjours aprés quelques Minutes.

On remarqua aussi, malgré le peu d'agitation du Bâteau, que les Arcs de vibration indiquez par l'Aiguille du Balancier de la Pendule à Levier, alloient jusqu'à 70. dégrez de côté & d'autre, & quelques fois au-delà.

On arriva à Blaye, environ à 6. lieués au-dessous de Clayrac, où aprés avoir resté demie heure, on descendit encore trois quarts de lieuë plus bas, vis-à-vis Beschevelle. On y moüilla l'Ancre au large pour attendre le flot. Le calme augmenta pendant la suspension du courant qui pre-

cede toûjours les marées. Les Matelots de la Garonne disent alors que la mer est en silence. A midi 25 minutes le
flot se fit sentir en faisant seulement tourner la Poupe du
Bâteau, sans autre agitation sensible; ce qui est singulier
aux approches de l'Equinoxe, tems des gros mascarets &
des plus grands marecages.

On leva l'Ancre pour retourner à Clayrac, on y arriva
à cinq heures du soir. La Pendule à Levier, & la Montre
Marine étant portées auprés de la Pendule à Secondes, laissée dans la maison, on remarqua,

SECONDE OBSERVATION.

Pendule à Secondes.			Pendule à Levier.			Montre Marine		
Heu.	Min.	Sec.	Heu.	Min.	Sec.	Heu.	Min.	Sec.
5.	0.	0.	9.	58.	24.	4.	59.	33.
			Retarde.				Retarde.	
			0.	51.				26.

En huit heures la Pendule à Levier sur la terre avoit retardé 45. Sec. ce qui fait par heure 5. sec. 38. tiers 30.
quarts. Sur l'eau en 11. heures ou environ elle retardoit de
51. sec. ce qui fait par heure 4. sec. 38. tiers 10. quarts $\frac{10.}{11.}$

Dans les mêmes 8 heures la Montre Marine sur terre
avançoit d'une seconde Sur l'eau, en onze heures de tems,
elle retarda de 28. sec. ce qui fait par heure 2. sec. 32.
tiers 43. quarts $\frac{7.}{11.}$

Le 11. Septembre la Garonne étoit aussi calme que le
jour précedent; on erût qu'il seroit alors inutile de repeter
l'experience, & les Commissaires se déterminerent à reve-

nir à Bordeaux, après avoir observé de nouveau la marche des Pendules sur terre.

TROISIE'ME OBSERVATION.

Pendule à Secondes.				*Pendule à Levier.*		
Heur.	Min.	Sec.		Heur.	Min.	Sec.
5.	0.	0.		5.	56.	30.
				Retarde.		
				1.	54.	

Ce qui fait pendant 24. heures un retardement de 4. secondes 45. tierces par heure. (*a*)

(*a*) On n'a point d'égard ici à l'accord de la Pendule à Levier avec la Pendule à Secondes ; ainsi une difference de 5. secondes par heure, ou de 5. secondes par 24. heures, revient au même, quand on n'a égard qu'à la regularité du mouvement : on ne regarde pas même de fort prés dans cette experience la regularité du mouvement de cette Pendule à Levier, pour des raisons qu'on donnera cy-aprés. Il n'est donc question ici que d'une comparaison du mouvement de la Pendule à Levier, étant posée à terre, avec son mouvement étant suspenduë dans un Vaisseau sur l'eau, suivant ce que j'ai proposé touchant la maniere de faire cette experience, pag. 47. & 48.

J'ai dit dans mon Journal, pag. 210. & 212 que *le mouvement de l'Horloge à Levier dans le Batteau, ne differoit de son mouvement à terre que d'une demie seconde.* Comme cette difference, quoique trés-petite, paroit d'abord n'être pas exactement conforme à l'observation de Messieurs de l'Academie, on me permettra de m'expliquer sur la maniere dont j'ai fait mon petit calcul, dont voici le Tableau.

Le mouvement de la Pendule à Secondes est supposé juste.

La Pendule à Levier, à terre dans la premiere observation, S. T. Q. retarde par heure de - - - - - - - - - - - - - - - 5. 37. 30.

Elle retarde dans le Batteau par heure - - - - - 4. 38. 10.

La difference est - - - - - - - - - - - - - - - 0. 59. 20.

On néglige cette fois cy de parler de la Montre Marine , parce qu'elle fut portée dans la journée à une Maison voiſine , & que n'ayant pas reſté avec les deux Pendules en répos , ſon mouvement dans ce dernier eſpace de tems , n'a pû être comparé avec exactitude.

Seconde Experience du 17. Septembre.

Monſieur de Caupos ayant trouvé l'occaſion de repeter la même experience ſur le Brigantin de M. l'Intendant , du port d'environ 12. Tonneaux , ſe rendit le 17. Septembre chez Monſieur Sully ; Il y apprit que la veille à 11. heures du ſoir , les Pendules & la Montre Marine étoient ſur les points ſuivans.

Pendule à Secondes.			Pendule à Levier.			Montre Marine.		
Heur.	Min.	Sec.	Heur.	Min.	Sec.	Heur.	Min.	Sec.
11.	0.	0.	11.	0.	1.	10.	59.	20.

C'eſt-à-dire d'une ſeconde , moins une quatre-vingt-dix-neuviéme de ſeconde.

                         S. T. Q.

Elle retarde à terre dans la ſeconde Obſervation , par heure 4. 45.00.

Ce qui ne differe de l'experience ſur l'eau que de - - 0. 6. 50.

C'eſt-à-dire d'une neuviéme de ſeconde.

La difference de la premiere & ſeconde experience , l'une de l'autre eſt - - - - - - - - - - - - - - - - - 0. 52. 30.

C'eſt-à-dire les ſept huitiémes d'une ſeconde.

Je prends la moitié de cette difference , - - - - 0. 26. 25.

Je l'ajoûte à la plus petite variation à terre dans la ſeconde experience - - - - - - - - - - - - - - - - 4. 45. 0.

Ce qui me donne pour ſvariation moyenne des deux experience à terre. - - - - - - - - - - - - - - - 5. 11. 15.

Auquel je compare l'experience du Batteau. - - - - 4. 38. 10.

La difference eſt - - - - - - - - - - - - - - 0. 33. 5.

C'eſt-à-dire une demie ſeconde , & un peu plus d'une vingtiéme de ſeconde , que la Pendule à Levier retardoit moins dans le Batteau qu'à terre , dans cette premiere experience.

Il nota enſuite les points où elles étoient alors, c’eſt-
à-dire 12. heures aprés.

PREMIERE OBSERVATION.

Pendule à Secondes.			Pendule à Levier.			Montre Marine		
Heur.	Min.	Sec.	Heur.	Min.	Sec.	Heur.	Min.	Sec.
11.	0.	0.	10.	59.	42.	10.	58.	34.
				Retarde.			Retarde.	
				23.				46.

Les Pendules furent miſes enſuite ſur le même point de
11. heures : on alla s’embarquer avec la Pendule à Levier
& la Montre Marine, l’une & l’autre dans leur machine de
ſuſpenſion.

Le vent étoit Nord-Oüeſt, trés-fort & contraire, ou
debout, pour parler le langage des Matelots ; cependant
l’agitation ne fut pas conſiderable dans le port, où l’on eſt
à l’abri des vents de Mer : Mais quand on eût doublé la
pointe de Lormont, le Brigantin, quoiqu’armé de ſeize
rameurs, fut horriblement tourmenté par l’impetuoſité du
vent oppoſé à la marée, & qui venoit par grains. La figure du Bâtiment contribuoit auſſi à cette violente agitation ;
il porte une chambre de pouppe, élevée & ſpacieuſe, entour-
rée d’une Galerie, qui donne beaucoup de priſe aux efforts
du vent.

Avec cette tourmente on avançoit peu, on n’alla qu’à
deux lieuës de Bordeaux ; comme la Garonne s’élargit dans
cet endroit, & que la côte oppoſée eſt découverte, le vent
renforçoit à chaque inſtant. On fut obligé de relâcher à la

côte de Monferrand , & d'y moüiller l'Ancre. Cette ma-
nœuvre fit essuyer de nouvelles agitations plus fortes qu'auparavant ; Elles furent si violentes que rien ne tenoit plus
dans le Brigantin. Les hommes même ne pouvoient pas s'y
tenir débout , & la machine dans laquelle la Pendule à Levier étoit suspenduë, se renversa deux fois avec un grand
fracas , parce que n'ayant pas prévû un si grand roulis , on
avoit négligé de l'amarer. Tout le monde descendit à terre,
laissant les Horloges dans le Bâtiment , qui fut presque aussi
tourmenté en roulant sur son cable , qu'il l'avoit été auparavant.

Aprés avoir laissé le Brigantin en cette état pendant trois
heures , même vent , même marée , on mit la voile , & on
revint à Bordeaux assez vîte , en refoulant le courant.

Etant arrivez chez Monsieur Sully , on trouva les Pendules sur ces points.

SECONDE OBSERVATION.

Pendule à Secondes.			Pendule à Levier.			Montre Marine		
Heur.	Min.	Sec.	Heur.	Min.	Sec.	Heur.	Min.	Sec.
6.	36.	0.	6.	35.	42.	6.	35.	40.

Ainsi la Pendule à Levier comparée à la Pendule à Secondes laissée dans la maison, avoit retardé dans l'espace de
7. heures $\frac{1}{2}$ (on neglige les 6. min. de plus pour la facilité
du calcul) de 18. secondes , ce qui revient à deux secondes & 24. tierces par heure.

Et la Montre Marine , dans le même tems , avoit retardé de 20. secondes ; ce qui revient à 2. secondes & 40. tierces par heure.

Comparant ce retardement arrivé sur la Garonne pendant la tourmente, avec celui qu'on avoit observé sur la terre immediatement auparavant, on trouve pour la difference 29. tierces, ou un peu moins de demie seconde par heure à la Pendule à Levier, & à la Montre Marine 1. seconde & 10. tierces par heure. (b)

Pendant cette experience qui dura plus de 7. heures & demie, on remarqua que les arcs de vibration avoient été souvent depuis 30. jusqu'à 80. degrez de côté & d'autre.

Certifié à Bordeaux le dix-sept Decembre 1726.

SARRAU, Secretaire de l'Academie Royale des belles Lettres, Sciences & Arts.

(a) Cette comparaison est plus aisée à faire que la precedente. S. T. Q.

	S.	T.	Q.
La Pendule à Levier retarde, à terre en douze heures	23.	0.	0.
Ce qui fait par heure	1.	55.	0.
Elle retarde dans le Bateau par heure	2.	24.	0.
La difference est	0.	29.	0.

C'est-à-dire une demie seconde moins une soixantiéme de seconde, que la Pendule à Levier retardoit plus dans le Brigantin qu'à terre.

Il est peu necessaire d'ajoûter des raisonnemens à des experiences si bien circonstanciées & si exactement détaillées : chacun est en état d'en faire par lui-même.

REMAR-

REMARQUES

Sur l'Extrait de l'Academie de Bordeaux, du 23. Decembre 1726.

IL y a tant d'éxactitude & de netteté dans le rapport de Messieurs les Commissaires de l'Academie de Bordeaux, qu'on ne peut rien y ajoûter pour le rendre plus clair & sans équivoque. Ils ont bien voulu assister à mes experiences, & me servir de témoins de la maniere dont elles ont réüssi : ce témoignage ne peut que produire l'effet que j'en dois souhaiter.

Je me felicite du bonheur que j'ai eu de faire ces premieres experiences d'une maniere si conforme au plan que j'en ai marqué deux années auparavant (pages 47. & 48.) & bien plus encore de ce qu'elles ont si parfaitement confirmé tous mes raisonnemens précedens sur les mouvemens du Vaisseau, & sur le peu d'effet que j'ai toûjours compté qu'ils devoient produire sur le mouvement de mon Horloge. La plus grande force de toutes les objections qui m'ont été faites, rouloient sur cet article ; & il me falloit un témoignage aussi éclatant que celui que j'ai remporté pour convaincre le Public de l'utilité de ma découverte, & pour interesser toutes les Nations Maritimes dans ma reüssite.

G g

REMARQUES

Sur les proprietez Physiques & Mécaniques de la Pendule à Levier, & autres matieres, qui peuvent servir de supplément aux réponses déja faites par l'Auteur aux Lettres Critiques des Sçavans.

Sur le poids de l'Atmosphere, distingué de la cause Phisique de la pesanteur.

PLusieurs personnes ne distinguent pas bien entre la cause phisique de la pesanteur, & la pesanteur de l'air. Il leur semble d'abord que la pesanteur des corps augmente avec le poids de l'Atmosphere. Mais l'air n'a rien à faire avec la pesanteur des corps : ôtez-le entierement, les corps pesans ne descendent qu'avec plus de liberté, avec plus de vîtesse. Au contraire, le poids de l'Atmosphere n'est qu'un obstacle à la descente des corps pesans, & à tous les mouvemens des corps en l'air , & cet obstacle augmente ou diminuë avec le poids de l'Atmosphere. Car comme une pierre ne tombe pas si vîte dans l'eau comme dans l'air , parce que l'eau resiste davantage à son mouvement ; par la même raison elle tombe moins vîte dans l'air qu'elle ne tomberoit dans le vuide , ou dans un lieu où il ne resteroit plus d'air pour resister à son mouvement.

La resistance de l'air restant la même , se manifeste plus ou moins en ralentissant la chùte des corps tombans , & tous autres mouvemens qu'on leur donne , suivant que ces corps ont plus ou moins de surface par rapport à leur masse ; & c'est pour cette raison , que si l'on laisse tomber ensemble de quelque hauteur , une bale de plomb , une autre de liege de même grosseur & une plume , le premier de ces corps tombera avec bien plus de vîtesse que le second , & le second que le troisiéme : mais laissez les tomber tous trois ensemble dans un recipient de la Machine Pneumatique , dont on auroit pompé l'air , ils tomberont tous trois avec la même vîtesse. Et c'est aussi pour la même raison , qu'un homme ne sçaura jetter une bale de liege ou de bois aussi loin de lui , qu'il pourra jetter une pierre de même grosseur ; & qu'il jettera toûjours le plus loin le corps qui tombera avec le plus de vitesse.

Encore ; comme l'eau dans le fond d'un vase est plus ou moins pressée , suivant que le vase est plus ou moins empli d'eau , de même , l'air est plus ou moins pressé sur la surface de la terre , suivant que l'Atmosphere est plus ou moins comblé d'air ; ce qui arrive par differentes causes , & plus ou moins en differents climats.

Plus l'air se trouve pressé , plus il devient obstacle aux mouvemens des corps ; & plus un corps a de surface, par rapport à sa masse , plus cette difference de la pression de l'air se fera remarquer , comme obstacle plus sensible au mouvement de ce corps. Voilà jusqu'où l'air & ses differences de pression ou de poids entrent pour quelque chose dans les mouvemens des corps , toûjours comme Obstacle & nullement comme Cause.

La cause donc de la pesanteur des corps est quelque chose qui est absolument distinct de l'air , & qui en est si éloigné que pour s'en former une idée nette , il faut faire une abstraction totale de toute idée de l'air , & de tous ses effets.

On sçait par observation & par experience , que la cause, quelle qu'elle soit , de la pesanteur , agit également sur chaque partie de la matiere des corps sensibles , independamment de la forme ou texture de ces parties , qui constituent ce que nous appellons differens corps ; en consequence de quoi nous convenons que , lors que deux corps sont de même poids, quoique l'un soit deux fois, 10. fois 100. fois plus gros , ou qu'il ait plus de dimension que l'autre , chacun de ces corps contient une quantité de matiere égale à l'autre; qu'il y a , par exemple, la même quantité de matiere dans une once de Liege & dans une d'Or. C'est pour cette raison que les termes de *poids* ou de *masse* ont été toûjours regardez par les Physiciens comme synonîmes; & ils doivent l'être , tant que l'action de la pesanteur sur chaque particule dont la masse est composée , soit aussi constamment la même, que l'existance de chacune de ces particules. Mais si le corps ou masse existe toûjours avec le même nombre de particules, ou la même quantité de matiere, & qu'il arrivât que la cause de la pesanteur n'agiroit pas en tout tems & tous lieux avec une égale force sur ce corps ou sur cette masse, alors on ne pouroit plus se servir indifferamment des termes de masse ou de poids : Il ne seroit plus universellement vray que la quantité de mouvement dans un corps est sa *Masse* multipliée par sa vitesse ; il ne seroit pas plus juste & plus vrai de dire que la quantité de mouvement dans un corps, est le *Poids* de ce corps multiplié par sa vitesse.

Nous ne sçavons pas si la pesanteur des corps change dans les mêmes lieux en differens tems ; & quand même on le pourroit soupçonner, nous n'avons jusqu'à present aucune méthode ou moyen pour en faire la découverte, & pour le prouver : mais le dernier siécle nous en a fourni une pour prouver clairement que la pesanteur des mêmes corps n'est pas la même en tous lieux dans le même temps, ou ce qui est la même chose, que la cause physique de la pesanteur n'agit pas avec la même force sur les mêmes corps dans tous les endroits de la surface du Globe Terrestre. C'est par le Pendule qu'on a fait cette belle découverte, qui est devenuë à present une importante partie de la physique.

J'explique suffisamment ailleurs de quelle importance est cette connoissance dans la recherche d'une juste mesure du tems sur mer, & en differens climats ; je n'ajoûterai ici que ce qui est necessaire pour faire envisager plus clairement les inévitables effets de cette variation dans la cause physique de la pesanteur.

Qu'on se figure un fleau de balance suspendu par le milieu de sa longueur comme à l'ordinaire, & qu'on attache deux corps A. & B. de masses égales à ses deux extremitez ; ces deux corps seront aussi d'égal poids, & seront équilibre. Mais qu'on suppose maintenant ce fleau allongé comme de Paris jusqu'à l'Equateur, suspendu toûjours par le milieu de cette longueur, les deux corps A. & B ne seront plus en équilibre. Si c'est le corps A. qui soit au-dessus de Paris, & le corps B. sur l'Equateur, A. pesera plus que B. & que l'on retourne le fleau de maniere que B. soit au-dessus de Paris & A. sur l'Equateur, B. alors pesera plus qu'A : par consequent, dans les endroits où la pesanteur est plus grande, les corps tombent avec un plus grand effort, avec plus de vitesse ; où la pesanteur est moindre, les mêmes corps tombent avec moins d'effort, avec moins de vitesse.

Dans les lieux où les corps tombent avec plus d'effort, plus de vitesse, le Pendule de même longueur employe moins de tems à décrire des Arcs égaux d'oscillation, & dans les lieux où les corps tombent avec moins d'effort, avec moins de vitesse, le même Pendule employe plus de tems à décrire les mêmes Arcs d'oscillation.

C'est le contraire dans les Montres portatives, dont la puissance reglante est composée d'un Balancier & d'un Ressort-Spiral : car supposant la force élastique du Ressort-Spiral toûjours la même, & toute autre chose égale ; où la pesanteur est plus grande, le mouvement de la Montre sera retardé, & où la pesanteur est moindre, le mouvement de la Montre sera avancé.

Toutes les Pendules & toutes les Montres qui ont été faites jusqu'à present, sont assujetties aux irregularitez provenantes de cette cause, & ces irregularitez sont trés-considerables. Ce ne pourroit être qu'en ignorant cette cause qu'on s'est flatté de pouvoir trouver la longitude sur Mer, par les Pendules & Montres jusqu'ici connuës; & encore bien moins doit-on s'imaginer d'y réüssir par les Sabliers ou Clepsidres, quelque Art qu'on y employe : On ne pourra jamais y parvenir que par une construction d'Horloge, où entres autres choses également necessaires, les effets de l'inégalité de l'action de la pesanteur se trouvent éxactement compensez.

Sur les differentes longueurs du Pendule en differens climats; sur la dilatation & retrecissement des métaux, & sur la resistance du milieu.

L'inégalité de la pesanteur des corps est, comme je viens de le dire, bien prouvée : car il est impossible de rendre raison des differentes longueurs du Pendule à Secondes dans differens endroits du Globe Terrestre, que sur ce principe. Et c'est en effet l'inconvenient de toutes les Horloges en général le plus difficile à surmonter, pour parvenir à une juste mesure du tems sur Mer & en differens climats.

Si la pesanteur étoit par tout la même, un Pendule de même longueur décriroit dans ses oscillations des arcs égaux en tems égaux, dans tous les endroits de la terre.

Lors donc qu'un même Pendule (consideré indépendamment de l'Horloge.) décrit les mêmes arcs en tems inégaux ; cet effet ne peut provenir que de deux causes, ou de quelques changemens dans la Longueur du Pendule , ou de quelque variation dans l'action de la cause phisique de la pesanteur des corps. Il est aisé de démêler ces deux causes de la variation du Pendule , & de prouver que celle de l'inégalité de la pesanteur , est incomparablement plus grande que toutes les autres causes quelconques jointes ensemble.

Je n'insisterai ici que sur les preuves du fait de cette inégalité de la pesanteur , & sur ce qu'on peut conclure de ses qualitez & de ses effets. Ceux qui sont curieux de sçavoir ce qu'on a pensé sur sa cause , pourront trouver dans les Mémoires de l'Academie Royale des Sciences dequoi contenter cette curiosité ; particulierement dans un Mémoire de M^r. de la Hire de 1703. & dans un autre de M^r. de Mairan , de 1720. & parmi les Philosophes Anglois, dans les Oeuvres de M^r. le Chevalier Nevvton, & de plusieurs autres Auteurs de la même nation , qui ont adheré aux opinions de ce grand homme.

Je ne sçai en quelle année M^r. Richer fit la fameuse (a) découverte que le Pendule étoit plus court à l'Equateur qu'à Paris, ou même s'il fut le premier qu'il l'ait faite. Je me souviens seulement d'avoir lû dans les transactions de la Societé Royale , comprises dans les années depuis 1680. jusqu'à 1684. que M^r. Halley avoit fait une observation de cette nature, à quoi il ne s'attendoit pas. Etant à l'Isle de Ste. Helene , où il eut à faire quelques observations Astronomiques, il se trouva obligé de racourcir considera-

---

(a) Histoire de l'Academie Royale des Sciences 1700. pag. 145.

fiderablement le Pendule pour regler l'Horloge fur le tems
moyen, & que n'étant pas prevenu fur ce changement,
il négligea d'en obferver la quantité. Il l'attribua d'abord
à la grande élevation des Montagnes de cette Ifle où il
s'étoit trouvé, ce qui en pouvoit être en partie la caufe;
& je ne me fouviens point qu'il ait fait pour lors d'autres reflexions fur ce nouveau Phœnomene. On en a fait dépuis
plufieurs experiences importantes dont je remarquerai ici
quelques unes, tirées des Mémoires de l'Academie Royale des Sciences.

La Longueur du Pendule qui bat les fecondes, pris
du point de fufpenfion jufqu'au centre d'Ofcillation, eft
à Paris de 3. pieds 8. lignes & demie, ou trois cinquié-
mes. La difference n'eft que d'une dixiéme de ligne. Il
n'eft pas aifé de le mefurer de plus prés.

	Lat.	D.	M.	S.	P.	P.	L.
(b) La longueur du Pendule à Paris	—	—	—	—	3.	0.	8.½
(c) Mr. Richer le trouve à la Cayenne	L. S.	4.	0.	0.	3.	0.	7.¼
(d) Mr. Couplet le fils le trouve à Paraibe Ville de Brefil.	L. M.	6.	38.	18.	3.	0.	5.?
(e) Mr. des Hayes le trouve à la Cayenne,	L. S.	4.	55.	22.	}		
à la Grenade,	L. S.	12.	6.	0.	} 3.	0.	6.½
& jufqu'à la Martinique,	L. S.	14.	44.	0.	}		
à l'Ifle Saint Chriftophe,	L. S.	17.	19.	22.	— 3.	0.	6.¾

(b) Hiftoire de l'Academie 1700. p. 145.
(c) Ibid.
(d) Mém. de l'Acad. 1700. p. 222.
(e) Hiftoire de l'Academie 1701. p. 139.

à St. Domingue , depuis   L. S. 18. 19. 0. ⎱
jufqu'à   -   -   -   -   L. S. 19. 48. 0. ⎰ 3. 0. 7.

(f) Mrs. Varin , des Hayes &
du Glos , l'ont trouvé   L. S. 14. 0. 0. ⎱ 3. 0. 6. $\frac{1}{2}$
dans l'Ifle de Gorée   -

Et Mrs. de la Hire & Pi-
card l'ont trouvé enfem-
bles , par des obfervations
que Mr. de la Hire affure
avoir été trés exactement
faites , à Bayonne ,   -   L. S. 43. 30. 0. ⎱
Et à Uranibourg en Dan-   3. 0. 8. $\frac{1}{2}$
nemarck ,   -   -   =   •   L. S. 55. 15. 0. ⎰
De même qu'à Paris ,   L. S. 48. 50. 10. ⎰

(g) Cependant Mr. Couplet
l'avoit trouvé à Lisbonne, ⎰ L. S. 38. 45. 45. ⎰ 3. 0. 6.

Sur quoi il eft à remarquer , qu'il y a une bizarrerie dans
cette variation dont il n'eft pas aifé de rendre raifon. Et
quoiqu'on peut prefumer que toutes (†) ces obfervations
n'ont pas été faites avec la derniere précifion , l'on ne peut

(f) Hift. de l'Acad. 1700. p. 159. & 344. des Mém.
(g) Mém. de l'Acad. 1700. p. 222. 8°. Impreffion d'Hollande.

(†) *Toutes ces obfervations.* J'ai dit pag. 190. qu'on eft mal pourvû des
Pendules propres à ces fortes d'obfervations. J'ai eu de la peine à trouver
une Pendule à Secondes portative, dans la Ville de Bordeaux; celle dont
je me fuis fervi eft à Cycloïde , comme l'appellent les Horlogers , qui
mettent pour Cycloïde deux morceaux de Laiton courbez au hazard ; la
Lentille eft creufe , à moitié remplie de dragée ; l'échappement à Roüe
de rencontre à couronne , & les Arcs de vibration de 40. dégrez. Qu'on
juge de fa juftefse , fur tout étant tranfportée d'un lieu à un autre !

cependant revoquer en doute la substance des faits, ni que la variation n'augmente en général, à mesure qu'on approche à l'Equateur.

En ne prenant pas ces observations à la rigueur, on peut naturellement conclure que le racourcissement du Pendule vers l'Equateur, n'est pas moins que de deux lignes. Le

Le R. P. Feuillée Minime, dans son excellent Livre des *Observations Physiques, Mathématiques & Botaniques*, imprimé à Paris en 1714. décrit au commencement de son Livre les instrumens dont il s'est servi dans les observations Astronomiques, & entre autres ses Pendules. Dans la suite du Livre il fait quelques observations sur la longueur du Pendule dans quelques endroits de l'Amerique Meridionale. On ne sçauroit pourtant rien conclure de précis de ces observations, pour déterminer les differentes longueurs du Pendule aux lieux où les observations ont été faites, & on a perdu par là les connoissances que nous auroit procuré ce sçavant, exact & diligent Observateur, s'il avoit été pourvû des Pendules plus propres aux observations sur les longueurs du Pendule en differens climats.

On concevra peut-être de ce que je viens de dire, que les Pendules propres à ces sortes d'observations sont trés-rares, même qu'il n'y en a point encore qui y soit si propre que celle que j'indique : Mais on ne comprendra pas aisément que dans un Port de France, fameux par les établissemens que le feu Roy y a fait pour perfectionner la Navigation & y enseigner publiquement les principes de cet Art, qui releve tant de l'Astronomie : comprendra-t'on, dis-je, que dans une telle Ville, il n'y a pas une seule Pendule à Secondes, ni bonne ni mauvaise ? C'est pourtant ce que m'a écrit de Rochefort une personne d'un merite reconnu & digne de foi. C'est Monsieur Hocquart Commissaire & Controlleur de la Marine à Rochefort. Je rapporterai des Extraits des deux Lettres qu'il m'a fait l'honneur de m'écrire à Bordeaux, qui ont rapport à mon sujet. La premiere est du 28. Août 1726.

J'ai reçû, Monsieur, avec grand plaisir la description de votre Horloge, &c.

Quoique la construction des Pendules ne me soit pas autrement familiere, je n'ai pas laissé que de sentir tout le prix de cette invention, dont les consequences ne peuvent que tourner au bien du service du Roy & du Commerce, si les experiences que vous en devez faire réüssissent, comme il y a lieu de le croire, & si on juge par celles qui ont déja été faites. Je

Hh ij

Pendule retarderoit faute de ce racourciffement, ou par la pefanteur moindre à l'Equateur, de plus de 3. minutes en 24. heures.

Mais ne peut-on pas foupçonner que la chaleur des climats de la Zone torride, ayant caufé une dilatation dans les métaux, l'on a peut-être pris le change, & qu'on a attribué à l'irregularité de la pefanteur un effet provenant d'une autre caufe; caufe dont les effets font d'ailleurs fi bien connûs? Oüi on le peut foupçonner, mais ce foupçon fe

ferai ravi qu'une occafion favorable vous amene en ce Port, où vous trouverez des gens qui font cas du vrai merite, & qui feront charmez de s'entretenir avec vous; mettez moi du nombre à coup fûr. Monfieur de Beauharnois Intendant de la Marine, à qui j'ai fait part de votre imprimé, aime les découvertes utiles, & vous en recevrez toutes les marques de confideration que vous pouvez attendre. Feu mon pere qui étoit Intendant à Toulon ne vous les auroit pas refufé; Au furplus, je vous ferai obligé de me faire part du fuccés de vos experiences, & de me croire avec une parfaite eftime, &c.

Sur cette obligeante invitation, & l'offre que Monfieur l'Intendant de Bordeaux eut la bonté de me faire, de me donner une Lettre de fa part pour Monfieur l'intendant de la Marine de Rochefort, je formai le deffein d'y aller pour faire quelques experiences. Je voulois pour cet effet y aller par Mer. Je fis part à Monfieur Hocquart de mon deffein, j'en eus la réponfe fuivante de Rochefort le 26. Septembre.

Je n'ai pû, Monfieur, répondre plûtôt à votre Lettre, &c.

Monfieur le Roy qui a été témoin des experiences que vous avez commencé à faire de votre Horloge de Mer, m'en a envoyé un refultat qui eft digne de fa penetration & de fes lumieres. Il auroit été à fouhaiter que le voyage de Meffieurs de l'Academie de Bordeaux eut été moins tranquille pour pouvoir mieux juger fi votre Machine eft fufceptible de dérangement, eu égard au mouvement de la mer; j'aurois auffi fouhaité qu'il y eut eu une occafion par mer pour le tranfport de vos Machines de Bordeaux à Rochefort. Je fuis &c.

P. S. Je vous préviens que nous n'avons point dans ce païs-cy de Pendule à Secondes, avec laquelle on pût faire la comparaifon de votre Horloge; Je ne fçai comment vous pourez faire pour y fuppléer.

trouvera bien-tôt réduit à peu de chose, pour peu que l'on considere attentivement quelle est la quantité de la dilatation qui peut être produite par la difference des chaleurs de la Ligne , comparée à celles de nos climats.

La quantité de la dilatation & du retrecissement des métaux , par tous les dégrez possibles de chaleur & du froid, est une des choses des mieux connuës dans la Physique experimentale. Je n'en rapporterai qu'un exemple qui est des plus propres pour éclaircir cette matiere. Monsieur de la Hire a observé dans une (h) experience faite avec grand soin, qu'une barre de fer de 3. pieds , exposée alternativement à la chaleur du Soleil en Eté , & à la grande gelée en Hiver n'a changé de longueur que d'un tiers de ligne. Il faut bien qu'il n'y ait une si grande difference de la chaleur & du froid des climats de Zone Torride aux nôtres : mais sans en rien rabbattre, la dilatation du Pendule, suivant cette proposition, ne seroit à l'Equateur que d'un tiers de ligne : cependant le racourcissement du Pendule est de deux lignes à l'Equateur , il faut donc necessairement attribuer à la diminution de la pesanteur , ce qui n'est compensé que par un raccourcissement d'une ligne & deux tiers ; & cette diminution de la pesanteur cause un retardement de deux minutes & 40. secondes par 24. heures , & réponde à une diminution de la 530e. partie de la pesanteur totale des corps. M^r. le Chevalier Newton la fait bien plus considerable, l'estimant la 289e. partie de la pesanteur totale , ce qui causeroit un retardement du Pendule de 4. minutes 58. secondes par 24. heures, & semble justifier les observations de M^r. Couplet.

(h) Mem. de l'Ac. 1703. p. 344. Voyez Mr. Navarre p. 144. & réponse p. 159.

On ne sçauroit trop apporter d'attention quand on veut bien demêler ces sortes de choses, pour s'en former des idées nettes & distinctes. Monsieur de Fontenelle dit quelque part : Tous les hommes sont sujets à se tromper ; les grands hommes reconnoissent qu'ils se sont trompez. Il se trouve quelquefois dans les plus excellens Livres des passages ou des remarques qui ne semblent gueres favoriser le dessein qu'on a de s'instruire à fond des matieres dont ils traitent : en voici une qui me paroît de cette nature.

Monsieur de Plantade écrit (i) de Montpellier des effets des chaleurs excessives de l'année 1705. & dit entre autres choses que, Messieurs les Astronomes de Montpellier remar-
,, querent que pendant cet Eté si ardent, les Pendules avan-
,, cerent beaucoup. Si malheureusement les Pendules avoient beaucoup retardées par ces chaleurs, on en auroit facilement rendu raison, & peut-être en auroit-on tiré de belles consequences sur la dilatation des métaux par la seule chaleur de l'air ; on auroit pû y faire entrer de plus, la penétration des éxalaisons & des vapeurs que ces chaleurs auroient excitées : mais puisque les Pendules avancerent, il auroit été fort à souhaiter que Messieurs les Astronomes de Montpellier ou d'autres Savans eussent entrepris d'en rendre raison.

Il ne reste que d'examiner un autre objet qui est sujet d'intriguer beaucoup ceux qui, pour avoir entendu parler de la resistance de l'air, en craignent extrêmement les consequences. L'observation suivante semble avoir été faite exprés pour les soulager.

Monsieur de la Hire, trés-sçavant homme & trés-curieux observateur des causes des petites variations ausquelles les

(i) Hist. de l'Ac. 1705. p. 49. Je cite par tout l'impression d'Hollande.

Pendules font encore fujettes , a fait une experience fur le retardement du Pendule dans l'eau , pour mieux connoître les inégalitez de la refiftance du milieu ou de l'air : mais il en tire une conclufion trés erronée , pour avoir négligé par inadvertance le plus important élement de fon calcul ; fçavoir , le rapport du poids de l'eau à celui de l'air.

Monfieur de la Hire dit, (*l*) " Puifqu'un Pendule à Se-" condes perd dans l'eau 3. fecondes par minute, il perdroit " en un jour 4320. fecondes. Mais fi nous fuppofons que " cette diminution du mouvement des Pendules vient de la " denfité du milieu, & fi l'air eft denfe ou épais par le poids " dont il eft chargé, il s'enfuivra que fi la pefanteur de l'air " change feulement d'une 28ᵉ comme on le remarque affez " fouvent dans le Barometre, la 28ᵉ. partie de 4320. fecon-" des de retardement du Pendule dans l'eau pour un jour, " laquelle eft 154. fecondes , fera la diminution , ou bien " le retardement de l'Horloge dans l'efpace d'un jour , par " rapport à ces differens états de l'air. Mais on n'a jamais " remarqué dans les Horloges à Pendules une auffi grande " difference que celle-là ; on ne peut donc pas dire que les " differens poids dont l'air peut être chargé, puiffent caufer " ces differentes denfitez , ou bien il faut avoüer que ces " differentes denfitez ne font pas fur le mouvement du Pen-" dule le même effet que la denfité de l'eau , &c. "

Il eft furprenant qu'un fi habile homme que Monfieur de la Hire ait pû tomber dans une erreur fi groffiere , fur tout , dans un examen de cette nature , qui demandoit toute fon attention , & il eft plus furprenant encore que perfonne ne l'en ait relevé. Comment pouvoit-on oublier

(*l*) Mem. de l'Ac. 1703. p. 344.

le rapport du poids de l'eau à celui de l'air , qu'on connoît
si bien pour être comme 800. à 1. & donnant ainsi à gauche , manquer par là de tirer d'une trés belle experience ,
une consequence des plus naturelles & des plus instructives ?

Il falloit dire : Si la difference de l'eau à l'air, pour tarder
le mouvement du Pendule , est de 4320. secondes par 24.
heures , le retardement causé par le poids total de l'Atmosphere , comparé au poids zero de l'Atmosphere , ne sera
que de la 800ᵉ· partie de cette quantité ; Sçavoir , de 5.
secondes & 3. huitiémes par 24. heures ; & par consequent,
une augmentation ou diminution d'une vingt-huitiéme
partie du poids de l'Atmosphere, ne pourroit causer qu'une
variation de 11. à 12. tierces dans le mouvement du Pendule par 24. heures , ce qui est bien éloigné de 154. secondes ,
& qui éclaircit parfaitement , ce qui faisoit l'objet de
l'examen de Monsieur de la Hire.

Il n'est pas besoin que j'ajoûte ici, ce qu'on peut dire à la
rigueur des autres causes des variations des Pendules. Monsieur de la Hire en parle trés bien dans le Mémoire cy-dessus cité , & Monsieur Saurin dans un autre de 1720. On
sera convaincu par la lecture de ces Mémoires & parce que
je viens de dire que, l'inégalité de la pesanteur est une cause
de l'irregularité dans le mouvement des Pendules en differens climats , bien plus puissante & plus irremediable que
toutes les autres causes de l'irregularité des Pendules jointes
ensemble. C'est ce que j'ai entrepris de prouver , tant pour
donner l'éclaircissement necessaire à un point de Physique si
important & si peu connu , que pour mieux faire sentir cette proprieté de mon Horloge à Levier , par laquelle cette
inégalité de la pesanteur est si parfaitement compensée.

Sur

Sur l'effet que peut produire, dans la Pendule à Levier, des differences d'acceleration des corps tombans, suivant les differences dans l'action de la pesanteur, sur diverses parties de la surface du Globe Terrestre.

AYant toûjours consideré la compensation de l'action inégale de la pesanteur, comme la plus importante proprieté de mon Horloge, j'ai examiné avec attention ce qu'on pourroit m'objecter là-dessus. Je ne trouve qu'une chose, j'en parle dans ma seconde Lettre à Monsieur Graham, & je vais l'expliquer ici, pour qu'il ne reste rien d'obscur sur un point qui merite tant d'être bien éclairci. Voici comme je m'explique dans cette Lettre, en me proposant cette objection. Comme l'acceleration des corps tombans, entre pour quelque chose dans l'action du Levier. (quoique peut-être pas pour sa 500me partie,) ne se peut-il que l'augmentation & diminution de la pesanteur, causeront tant soit peu de changement dans la partie accelerante, quelque petite qu'elle soit, de l'action du Levier, pendant que le Balancier n'en sera nullement affecté ? Je réponds plus bas, qu'à la rigueur il peut bien y avoir quelque chose, mais qu'on le peut fort bien negliger comme de peu d'importance. Examinons à present la valeur de cette objection dans toute son étenduë.

Un corps qu'on laisse tomber librement dans l'air, fait une chûte de 16. pieds dans une seconde, & son mouvement est acceleré à chaque instant de la chute.

La Boule Z. du Levier ne tombe pas d'un pouce à chaque seconde & sa chûte de cet pouce n'est pas libre, comme seroit celle d'un corps qui ne tomberoit de cette hauteur qu'en vertu d'une 192me· partie de la pesanteur, ce qui seroit à la pesanteur totale dans le même rapport qu'est un pouce à 16. pieds. Lors donc que la Boule Z. ne tombe qu'un pouce par seconde, quand même sa chûte seroit libre, l'acceleration qui entre dans son action ne peut être tout au plus que la 192me· partie de celle qui entre dans l'action du corps qui tombe 16. pieds par seconde.

Mais la Boule Z. est interrompuë à chaque instant de sa chûte, & ne peut suivre que le mouvement qui lui permet celui qu'il imprime par sa pesanteur au Balancier, ce qui prouveroit assez que l'acceleration n'entre pas pour autant à beaucoup prés dans l'action du Levier, qu'elle entreroit dans la chûte d'un corps, qui par une 192me· partie de la pesanteur totale tomberoit librement d'un pouce par seconde. Ce qui le prouve encore plus clairement, c'est que la vitesse du Levier dans la totale de sa descente, n'est pas une vitesse accelerée, elle n'est pas même une vitesse uniforme, c'est une vitesse qui diminuë dans la chûte du corps; par consequent, s'il reste encore quelque chose qui tient d'acceleration dans son action, elle doit être extrêmement petite, & elle ne suit nullement les loix d'acceleration des corps qui tombent librement.

Lors donc que j'ai dit que l'acceleration n'entroit peut-être pas pour la 500me· partie dans l'action du Levier; je ne crains point de m'être trompé, & peut-être même n'entre-t'elle pas pour la 5000me· partie, ce que je suis plus porté à croire.

Cependant pour ne rien donner aux conjectures, & pour ne se pas prévaloir de ce que je viens de démontrer, admettons que l'acceleration entre pour une 192^{m} partie dans l'action du Levier, tout comme si elle y étoit pour la même chose qu'elle seroit dans la chûte d'un corps, qui par une 192me partie de la pesanteur tomberoit librement d'une pouce par seconde. Dans cette supposition l'Horloge allant juste, avec l'acceleration jointe à la pesanteur du Levier, si l'on pouvoit d'abord ôter tout l'effet de l'acceleration, on diminueroit par ce moyen la 192me partie de l'action du Levier, ce qui retarderoit le mouvement de l'Horloge de 7. minutes 30. secondes en 24. heures, dont 7. minutes 30. secondes est la 192me partie.

Mais il n'est pas question d'ôter l'acceleration d'où elle est, cela est impossible ; il est question seulement de la variation de l'acceleration, & de l'effet qu'elle peut produire sur l'action du Levier ; cet effet devant avoir du moins quelque proportion avec celui de la variation de la pesanteur.

Prenons donc la variation de la pesanteur dans sa plus grande étendue, suivant laquelle Mr. le Chevalier Nevvton suppose qu'elle diminuë à l'Equateur de la 289me partie de la pesanteur totale ; si l'acceleration diminuë en même rapport, elle sera aussi d'une 289me partie moindre à l'Equateur qu'ici.

Lorsque dans l'article précedent nous l'avons, par supposition, totalement ôté de l'action de la pesanteur, l'Horloge en devroit retarder de 7. minutes 30. secondes : mais en n'en ôtant que la 289me partie, comme la proportion le demande, l'Horloge ne feroit retardé par cette diminution que de la 289ᵐᵉ· partie de 7. minutes 30. fecondes, qui eſt d'une feconde 33. tierces en 24. heures ; choſe de peu de conſequence, quand même ce feroit là la veritable por-portion, n'étant pas la 100ᵐᵉ· partie de 2. minutes 40. fe-condes, la moindre variation de la Pendule.

Mais ſi pour approcher plus de la verité, l'on n'adme-troit l'acceleration que pour une 500ᵐᵉ· partie de l'action du Levier au plus, comme je l'ai fuppoſé ; & qu'on aime-roit mieux ſuivre l'induction qu'on peut tirer des obſerva-tions de l'Academie, qui ne donne qu'une diminution de la 540ᵐᵉ· partie de la peſanteur à l'Equateur, & qu'on faſſe le calcul ſur ces quantitez, ſuivant le formule cy-deſſus, on n'auroit que 19. tierces de retardement dans l'Horloge par 24. heures, provenant de cette cauſe. Et que feroit-ce en-core ſi la variation de l'acceleration ne va pas, même à la 10ᵐᵉ· partie de cette petite quantité, comme en effet il y a lieu de le croire. (†)

(†) Les Géometres ont démontré que les viteſſes des chûtes des corps ne ſont pas entr'elles comme les peſanteurs, mais comme les racines quarrées des peſanteurs. Dans ce calcul j'ai ſuppoſé les viteſſes entr'elles comme les peſanteurs, pour rendre la choſe que je veux faire remarquer plus ſenſible & plus à la portée de tout le monde, & en effet dans le cas dont il s'agit, l'un & l'autre revient à peu prés au même : car il y a peu de difference entre les nombres 289. & 288. qui ſont les rapports des plus grandes differences de la peſanteur que nous connoiſſons ſur la ſurface de la terre, & les racines quarrées de ces nombres. Ainſi ſi je fais une ſup-poſition erronée, en ſuppoſant les viteſſes des chûtes 192. & 1. comme les peſanteurs déſignées par ces nombres, au lieu qu'elles ne ſont en effet que comme leurs racines quarrées, qui ſont (approchantes) comme 16. à 1. La conſequence que je tire ne ſe trouve pas moins juſte qu'elle le ſe-roit ſi les viteſſes de chûtes étoient entr'elles comme des peſanteurs,

Je finis cet Article en remarquant que parmi de trés-sça-vans hommes , il s'en est trouvé qui dans la conversation m'ont contesté d'abord sur d'autres principes que celui que je viens de détailler , la proprieté de compensation de l'iné-galité de la pesanteur , que je mets dans l'action reciproque du Balancier & du Levier , l'un sur l'autre. Sans pourtant ne m'avoir rien dit de convainquant. D'autres ont paru avoir eu seulement quelques doûtes là-dessus, sansvouloir s'y arrêter ; où ne la regardant pas de même œil comme moi, ont passez legerement dessus , ne l'estimant qu'un petit objet en comparaison de ce que presque tous ont le plus apprehendé ; Sçavoir , les effets du mouvement du Vaisseau. Quoiqu'il en soit , personne jusqu'à present ne ma fait d'objection là-dessus par écrit ; ce qui m'auroit fait grand plaisir , & me feroit encore, si l'on trouve sur quoi la fonder.

puisqu'il ne s'agit point en effet des pesanteurs 192. & 1. dont les racines s'éloignent tant que de 16. à 1. mais des pesanteurs 289. & 288. dont les racines ne s'éloignent gueres plus en proportion que les nombres mêmes ; la premiere étant 17. & la seconde 16. & 16. dix-septiéme , mes à trés peu de chose prés.

Au reste le but de tous ces raisonnemens n'est que pour démontrer la proprieté compensatrice de l'action reciproque du Balancier & du Levier l'un sur l'autre , dans le cas de differentes pesanteurs , & le peu de validité de la seule objection dont cette proposition est susceptible.

Si je n'avois à faire qu'aux Physiciens du premier ordre, il auroit suffit de dire simplement que, *lors qu'un corps ne descend qu'en faisant ceder un autre corps qui lui fait obstacle , avec une force presque égale à l'effet du corps décendant , le premier presse le second avec une force toûjours égale , & n'est plus sujet aux loix d'acceleration.*

ECLAIRCISSEMENS

Sur ce qui regarde l'Invention de cette Pendule à Levier & les jugemens qu'on en a porté.

LEs hommes ne créent rien : ils amassent des idées par l'usage des sens & de leur esprit ; il n'y a d'eux dans leurs Ouvrages que l'arrangement qu'ils sçavent y mettre, & cet arrangement, lors qu'il est particulier & distingué de tout autre, s'appelle invention.

L'invention consiste à sçavoir également choisir, rejetter, combiner, separer, édifier & détruire ; elle n'a de mérite que par rapport à l'utilité de son objet, ou par rapport à la sagacité ou l'adresse que l'invention demande, & que l'inventeur fait paroître.

Une certaine aptitude qui sert de base à tous les talens, est constamment un present de la nature ; il n'y entre de la part de celui qui les possede, tout au plus, que la maniere d'employer ces talens, de les cultiver, de les faire valoir : peut-être encore de cette maniere il n'y a que trés-peu du nôtre ; l'amour propre sçait grossir l'objet. Mais s'il en reste assez pour exciter les hommes à bien faire, il en reste assez peu pour leur inspirer de l'humilité.

Sur ces principes, il n'y a rien dont les hommes puissent legitimement titer de la vanité : il s'ensuit, qu'on devroit être affez indifferent fur la proprieté de ces biens qu'on appelle d'invention ; biens trés-fujets à l'ufurpation , qu'on ne poffede jamais fans exciter l'envie,& qu'on ne peut gue-res conferver fans de bons titres.

Cependant on voit peu de cette indifference Phylofophi-que , lorfqu'il eft queftion de difputer fes titres à ceux qui les ont ravis ; ou à les défendre contre tout ce qui tend à en dépoüiller le legitime poffeffeur. Quelquefois l'interêt qu'on a d'être reconnû pour l'inventeur des chofes utiles , fe trouve joint à l'honneur de l'être ; cette circonftance fait changer la chofe de nature : c'eft alors un trefor qu'on trouve en foüillant fur fes terres . & il eft permis de repouf-fer ceux qui viennent vous l'enlever.

Tous les honnêtes gens conviennent que le caractere de Plagiaire , même des morts , eft trés-méprifable ; & que de vouloir s'emparer des fruits , du genie & des veilles de fes contemporains , eft infolent & odieux. On s'adoucit pour-tant fur certains paffe-droits de peu de confequence , & on aime mieux fouffrir quelquefois de petits larcins, que de fe broüiller avec fes amis.

Comme je fuis ennemi de ces indignes pratiques , & que je ferois trés-mortifié d'en être feulement foupçonné , je prens la liberté de déclarer que je ne veux prendre le bien de perfonne , ni me parer des plumes d'autrui ; que je con-ferverai de mon mieux ce qui refte du mien, & ce qui pour-ra m'écheoir à l'avenir ; & que je réprendrai ce qui m'ap-partient , par tout où je le trouverai.

Ce n'eft pas que je fois fi avide du nom d'inventeur, je n'en fais nul cas, que d'autant que la chofe inventée ait quelque utilité; & pour ne m'y point tromper j'expose mes idées aux sçavans pour qu'ils en jugent, qu'ils les critiquent, qu'ils les condamnent: je ne les défends qu'autant que je sens que j'ai la verité de mon côté; & je me releve le premier de mes erreurs, à mesure que je m'en apperçois.

Suivant ce procedé je ne pourrois m'approprier ce qui ne m'appartient pas: c'est trop avertir ceux qui sont en droit de reprendre le leur, pour que je puisse réüssir à les en priver. Si je veux conserver ce qui me reste du mien: c'est que je crois que ce qui est proprement de moi, me sied tout autant qu'à quelqu'autre qui jugeroit à propos de s'en parer. Et s'il m'arrive de vouloir reprendre quelque chose de cette espece qu'on m'auroit déja enlevé, je produirai de si bons titres, & je m'y prendrai assez honnêtement pour que les personnes que j'obligerai à restitution, ne trouvent rien à redire à ma maniere d'agir.

Il se présente d'abord l'occasion d'un petit examen: je ne dois pas le négliger, parce qu'il roule sur quelques passages des Lettres qu'on vient de lire. Comme je fais imprimer ces Lettres de mon propre mouvement, on pourroit interpreter ces passages à mon désavantage, si je les laissois sans éclaircissement.

Monsieur Graham dit pag. 76. „ Votre moyen de di-
„ minuer les frottemens sur les Axes est fort bon. Je n'ai
„ rien vû de semblable dans notre Art qu'une seule fois,
„ il y a plus de vingt-ans: c'étoit le Pivot superieur du Ba-
„ lancier d'une vieille Horloge à Balancier, qui étoit con-
„ tenu & qui tournoit entre trois rouës posées pour
„ cet effet.

Je

Je lui répons (page 86.) que j'ignorois qu'on l'eût employé dans l'exercice de notre Art : mais qu'ayant vû une grande Roüe qui servoit à tourner une Meule, suspenduë à peu prés de la même façon, je sentois le bon usage que l'on en pourroit faire dans l'Horlogerie. Que si au deffaut de cette Roüe, appliquée à une Meule, j'avois connu la vieille Horloge à Balancier dont il me parloit, je m'imagine qu'elle m'auroit fourni les mêmes idées, lesqu'elles je n'aurois peut-être point eu sans quelque rencontre semblable.

Cette réponse me paroît assez naïve & suffisante par persuader que je n'avois point vû la singularité dont me parle Monsieur Graham. Un Plagiaire auroit volontiers supprimé la circonstance de la Roüe de Meule, & auroit tâché d'inspirer une plus haute idée de la fecondité de son genie. Aussi je n'ai pas lieu de douter que Monsieur Graham n'ait été trés-satisfait de ma réponse.

Monsieur Bernoüilli, qui ne sçavoit rien de ce qui s'étoit passé entre Monsieur Graham & moi, me dit dans la Lettre qu'il m'a fait l'honneur de m'écrire : (page 111.) "La voye dont vous vous servez pour diminuer les variations "causées par les frottemens, est en effet simple & inge-"nieuse; mais elle n'est pas nouvelle, me souvenant de l'a-"voir lû dans Perrault : il est cependant vrai que l'applica-"tion aux Horloges est nouvelle. "

Je répons simplement à cet article, page 117. que je n'avois vû cette maniere de diminuer les frottemens en aucun Livre ; que je n'en reclamois que l'application que j'en ai fait , & les démonstrations que j'ai

K r

donné de son avantage & de son utilité. (page 56.)
Ne me souvenant de rien de semblable dans Perrault, quoi-que je l'aye feüilleté plusieurs fois; & me contentant de l'ap-plication que l'Academie & Monsieur Bernoüilli m'accor-dent : lorsque je n'y pensois plus, on me fit remarquer dans Perrault le Rouleau dont Monsieur Bernoüilli parle. Mon-sieur Perrault l'appelle le Rouleau qu'Aristote préfere à tous les autres instrumens de Mécanique. L'application que Monsieur Perrault en fait pour lever les fardeaux (au lieu qu'il ne servoit auparavant que pour les mouvoir horison-talement) est si belle , & le rend si different de l'ancien Rouleau, que je n'y vois rien de commun que le nom ; & tout le merite de l'invention de Monsieur Perrault ne con-siste que dans l'application qu'il en a fait. (†) Le Rouleau dont je me sers , est aussi different à tous égards de celui de Monsieur Perrault , que le sien l'est du Rouleau ordi-naire.

Monsieur Navarre avoit vû ces passages des Lettres que je viens de rapporter , & mes réponses ; & fondé sur la re-marque de Monsieur Graham, il dit, (page 152) " Quoi-
,, que l'application des Rouleaux aux Horloges pour soû-
,, tenir l'axe du Balancier , ait été connuë depuis assez
,, long-tems, cette découverte n'a pas fait fortune jus-
,, qu'à vous, qui vous en servez trés-utilement. Et ensuite :
,, Quoique l'invention des Rouleaux pour diminuer les
,, frottemens ne soit pas nouvelle , & qu'on en ait fait avant
,, vous l'application à l'Horloge , &c.

(†) Vitruve de Perrault de l'an 1684. Liv. X. Ch. V. p. 304. & dans le Journal des Sçavans de Decembre 1674.

Si Monſieur Navarre n'avoit pas dit au commencement de ſa Lettre, qu'il avoit vû celle de Meſſieurs Graham & Bernoüilli, on pourroit croire que l'uſage des Rouleaux appliquez aux Horloges, étoit une choſe aſſez commune, & ce ſeroit trés-mal conclure ; auſſi n'eſt-ce nullement le ſens de Monſieur Navarre, qui ne s'explique ainſi que pour loüer la maniere dont je m'y ſuis pris dans l'aſſemblage des choſes qui convenoient au but que je me ſuis propoſé. (†) Cependant comme il y a des gens qui ne manquent jamais de ſaiſir tout ce qui eſt ſuſceptible d'un mauvais ſens, je prendrai la liberté de faire voir que l'application des Rouleaux à l'Horlogerie m'appartient de plein droit, & qu'elle fait une partie trés-importante de l'invention de cette Horloge.

1°. Elle m'appartient: L'exemple que M. Graham a rapporté ne l'empêche point, je l'ignorois parfaitement ; & quelque heureuſe que fût la penſée de l'artiſte qui le mit en œuvre, cet artifice ne pouvoit être preſque d'aucune utilité dans une vieille Horloge à Balancier. Depuis l'application du Pendule à l'Horloge, perſonne ne s'en eſt ſervi ; & même ſuivant la conſtruction ordinaire de toutes les Pendules & Montres faites juſqu'à preſent, il n'y a pas lieu d'en faire l'application avec la moindre utilité ou avantage. Du moins de ce qu'on ne l'a point fait, c'eſt une preuve trés-claire qu'elle a été ou inutile ou generalement ignorée dans l'Horlogerie ; & Monſieur Graham qui la connoiſſoit

(†) De plus Monſieur Navarre convient parfaitement de tout ce que je dis dans cet Article, le lui ayant communiqué avant que de le faire imprimer.

s'en seroit servi, s'il avoit trouvé à l'employer.

2°. Dans ma Pendule à Levier, non seulement l'utilité des Rouleaux saute aux yeux, mais on voit évidemment que c'est le besoin de ce secours qui m'a donné lieu d'en faire l'application. Quel frottement n'aurois-je pas eu sur le Pivot d'un Balancier trés-lourd, surchargé encore d'un Levier dont le poids est considérable ? Je l'ai si bien senti, que je n'ai pû m'empêcher d'avoüer (page 55.) que cet inconvenient auroit pû seul détruire tous les autres avantages de la construction de mon Horloge; & que ce moyen de diminuer le frottement, étoit aussi important pour la perfection de l'Horloge, que toutes les autres proprietez de la Machine jointes ensembles ; parce qu'elles n'auroient servi de rien sans cet expedient.

Si l'on refuse à ces sortes d'applications, le nom d'invention, ce mot ne signifie plus rien : l'application du Pendule à l'Horloge n'est pas une invention. (a)

Comme je n'ignore pas les disputes qu'il y a eu sur l'application du Pendule à l'Horloge & du Ressort-Spiral

---

(a) Quoiqu'il en soit, il y a eu des personnes qui ont trouvé ces Rouleaux assez de leur goût. Un Ingenieur entre autres n'a pas dédaigné d'en vouloir être l'Auteur : il m'a fait là-dessus un compliment des mieux tournez ; le voici. Parlant à quelques Messieurs de l'Academie des Sciences de Paris, il leur a dit, que j'avois mis fort ingenieusement en œuvre son invention des Rouleaux, & qu'il falloit que j'eusse une mervilleuse pénétration pour les avoir si bien devinez, sur ce qu'il m'avoit seulement dit par maniere de conversation, *qu'il avoit un secret particulier pour élever facilement l'eau dans des reservoirs.* Il auroit fallu m'accommoder de ce compliment, si l'Academie Royale des Sciences, l'Ingenieur lui-même & tout Paris, n'eussent vû ma Pendule à Levier avec ces mêmes Rouleaux, pendant deux années de suite, avant que cet habile homme s'est avisé de les inventer.

aux Montres ; que j'ai essuyé moi-même il y a quelques années , des traits de mauvaises foi sur des choses qui étoient
de moi , quoique de bien moindre importance , & que j'ai
vû pareilles choses arriver à d'autres : averti par tous ces
exemples , j'ai cru qu'il étoit permis de prendre quelques
précautions , capables d'empêcher le succés de toute tentative qu'on pourroit faire pour m'enlever , du moins, l'honneur de mon invention.

Pour me prouver incontestablement Auteur de cette
Horloge , en tant qu'elle est differente de toute autre , je
ne crois pas avoir besoin de meilleur titre que celui des Registres de l'Academie Royale des Sciences de Paris. Dans
tous les Ouvrages qui ont paru , ou de Physique, de Mathemathiques, ou de Mécanique , il n'y a rien qui indique,
de la maniere même la plus éloignée , une construction
d'Horloge qui ait le moindre rapport à celle-ci , ou qui
marque que quelqu'un ait visé à quelque chose de semblable. Si j'avois besoin d'autres preuves il me seroit trés-
aisé d'en produire. J'ai pour (b) témoins plusieurs person-

(b) Je n'aurois point affecté de rapporter ces preuves , n'étoit-ce qu'il
s'est trouvé des gens qui ont cherché par toutes sortes de voyes de me
nuire , & de me priver , s'ils auroient pû , de tous les fruits de mon application depuis tant d'années. J'ai donc crû qu'il convenoit à la fois de
les convaincre d'imposture , les faire rougir de leur temerité , & leur fer-
mer éternellement la bouche.

L'année 1703. feu Monsieur le Chevalier Vvren me jugeant propre
à faire quelque tentative utile pour la mesure du tems en Mer , me donna
une belle recommendation à cette effet. Je m'appliquai à Monseigneur le
Duc de Sommerset, qui me reçût trés-gracieusement , m'ordonnant de
m'adresser de sa part à Monsieur le Chevalier Nevvton, pour m'expliquer
avec lui sur mes vûës , ce qui me procura l'honneur d'être connu de ce
grand homme, qui me donna des lumieres dont j'avois besoin , n'étant

nes des plus illuſtres en Angleterre , en Hollande, en Allemagne & en France, qui ont connoiſſance du commencement de cette entrepriſe & du progrés que j'y ai fait de tems à autre, depuis l'année 1703. que ce deſſein m'a été ſuggeré par le feu Chevalier (†) Vvren, dont le nom & le

(†) Habile Mathematicien & grand Architecte.

alors qu'un jeune homme de 23. ans; il m'encouragea dans mon deſſein & me remſlit un témoignage favorable. Monſeigneur le Duc de Sommerſet, voulut bien là-deſſus tâcher de diſpoſer Mylords Sommers & Hallifax & autres Seigneurs de ſe joindre avec lui, pour me faire enſemble un fond , afin de m'engager à m'appliquer entierement à cette recherche, ce qui faiſoit alors l'unique objet de mon ambition, mais ce deſſein ne réüſſit pas. Je m'y appliquai pourtant à mes dépens , ce qui fut ſçû à Londres de pluſieurs perſonnes ingenieuſes : feu Monſieur Flamſted & Monſieur Hudſon, qui aida alors ce Sçavant Aſtronome dans ces Obſervations , & qui eſt preſentement Profeſſeur de Mathematiques de l'Ecole de Chriſt à Londres , & de la Societé Royale, en furent du nombre.

Le Sçavant & celebre Profeſſeur Dr. Boerhave ſe ſouviendra bien des entretiens que j'ai eu l'honneur d'avoir avec lui à ce ſujet lorſque j'étois à Leyde , les années 1708. 1709. & 1710. & pluſieurs des Magiſtrats de cette Ville-là.

Etant à Franckfort ſur Meyhe l'année 1711. j'y publiai une petite Brochure en François , qui avoit pour titre *Méthode pour regler les Montres,* avec une diſſertation ſur *l'excellence de l'Horlogerie*; où j'inſinuai ce qu'on devoit eſperer de cet Art pour l'uſage de la Navigation ; on en trouvera encore des exemplaires entre les mains des Sçavans de ce païs-là. Le R. P. des Boſſes Jeſuite , alors à Cologne, le communiqua aux Journaliſtes de Trevoux ; il en eſt parlé dans un de leurs Journaux de 1712. ou 1713. au mois d'Octobre , autant que je m'en ſouviens ; & j'ai vû ce petit ouvrage traduit en Alleman.

Mais perſonne n'a été mieux inſtruit , ni de mes deſſeins, ni des progrez que j'y avois fait , que mon illuſtre bien-faiteur S. A. S. Monſeigneur le Duc d'Aremberg , qui me fit l'honneur de m'attacher à lui , uniquement pour me mettre mieux en état de remplir mes vûës pour perfectionner mon Art. C'étoit ſous les auſpices de ce genereux Prince que j'ai joüi de tous les avantages que je pouvois ambitionner pendant les années 1714. & 1715. que j'ai eu l'honneur de le ſuivre dans ſes voyages de merite est bien connu dans le monde sçavant.

Cet Ouvrage d'ailleurs porte, si je l'ose dire, son caractere. A le considerer d'un bout à l'autre avec quelque attention, y voit-on beacoup de concours fortuite? Ne semble-
t'il pas qu'on ait eu quelque dessein, & qu'on ait voulu s'ins-

Vienne & de Paris. J'ai par ce moyen contracté des habitudes avec l'é-
lite des Sçavans des païs où je me suis trouvé. C'étoit à Vienne que j'ai
connu le celebre Monsieur Leibnitz : il connoissoit parfaitement mes vûës
m'exhortoit continuellement de les poursuivre & m'en donnoit des nouvelles ; & il m'honoroit de son amitié & de sa correspondance par des
Lettres jusqu'à sa mort. Si la mention qu'il m'a fait l'honneur de faire de
moi dans ses Lettres qui sont imprimées , & entre les mains des Sçavans,
ne suffisoit pas pour le prouver , j'ai encore pour témoins & que j'ose ci-
ter, S. A. S. Monseigneur le Prince Eugene de Savoye, Monseigneur le
Duc d'Arenberg , S. E. Monseigneur le Comte Koningseck, ci-devant
Ambassadeur de S. M. I. & C. en France , & presentement en Espagne,
S. E. Monseigneur le Comte de Mattuoff Ambassadeur Moscovie , Monsieur le Baron de Huldenberg Envoyé d'Hannovre , Monsieur Bruninx
Envoyé d'Hollande, Monsieur Clement Résident de la feuë Reine de la G.
Bretagne , & plusieurs autres personnes de la premiere distinction dont
j'avois l'honneur d'être connu à la Cour de Vienne en 1714. qui sçavoient
aussi à quoi je m'appliquois.

Dés l'année 1716. étant à Paris , je déclarai aux Sçavans de l'Academie Royale des Sciences, desquels j'avois l'honneur d'être connu, jusqu'où
j'étois alors avancé dans cet ouvrage , & que j'entrevoyois le moyen d'en
vaincre les difficultez , qui au reste , m'étoient bien connuës : j'ose recla-
mer là-dessus les témoignages de l'illustre Abbé Bignon, de Monsieur de
Fontenelle , de Monsieur Saurin , & plusieurs autres Messieurs de l'Academie ; & comme j'avois lieu de croire que presque toute l'Academie
avoit une notion générale de ce à quoi je m'appliquois , j'ai conclus un
Mémoire que j'ai eu l'honneur de lire dant cette illustre assemblée cette
même année dans ces termes. *L'indulgence que vous aurez pour ce petit
essai , m'excitera peut-être à produire un jour quelque fruit de mon industrie
qui sera plus digne de votre attention.* Et c'étoit cet Ouvrage même que je
designois dans ces termes.

Ce ne fut que l'année 1720. que j'ai découvert presque à la fois la
Courbe dont je me sers ; la compensation de l'action de la pesanteur ,
dont je ne faisois auparavant qu'entrevoir la possibilité , & qui m'avoit

nuire des choses qui y conduisoient naturellement ? N'y trouveroit-on rien qui marque une application attentive à chercher des rapports qui ne se présentent pas trop facilement à l'Esprit ? Pour moi si je l'avois trouvé tout fait comme il est, il me semble que j'en aurois jugé appro-

arrêté pendant 12. ans; & l'usage des Rouleaux & du Levier.

Etant l'année 1721. en Angleterre, je me trouvai de loisir pour mettre en execution tout ce que j'avois médité auparavant; je commençai par mon échappement. Une Montre à Diamans que Monsieur le Chevalier Nevvton me montra en 1704. & dont je parlerai ailleurs, m'en donna la premiere idée: j'avois imaginé les changemens necessaires à y faire dés l'année 1712. sans l'avoir entierement executé. J'executai une Montre avec cet échappement, & j'en fis voir la construction à Mylord Parker, alors Chancellier de la Grande Bretagne, & Mylord Islay, & j'en fis voir l'effet dans l'assemblée Academique de Messieurs Vvatts & Vvorster, & plusieurs autres personnes sçavantes & curieuses de Londres, & parmi d'autres habiles Artistes, à M. Vick, Horloger du Roy.

Je fis voir aussi ma Pendule à Levier, & j'en annonçois les proprietez à tous mes amis, sans en faire voir la construction qu'à un seul Horloger de Londres, qui fut Monsieur Reith. J'en écrivis dés lors à Monsieur le Roy Horloger de Paris, dont l'habileté est à present connuë du Public, comme elle merite de l'être.

Etant arrivé à Paris en 1722. je fis voir ma Pendule à Levier à découvert, premierement à Monsieur Saurin, & puis en 1723. à Versailles à M. le Duc de Chaulnes, S. E. M. l'Abbé de Livri, à present Ambassadeur du Roy en Pologne; M. le Chevalier du Luines, & M. le Chevalier de Bethune; ensuite à feu Monseigneur le Duc d'Orleans, à l'Academie & au Roy, Monseigneur le Cardinal de Fleury, alors Evêque de Frejus, étant present, & plusieurs des principaux Seigneurs de la Cour; & dés ce tems-là à tous les curieux qui la venoient voir chez moi parmi lesquels se sont trouvez la plûpart des Ministres des Cours Etrangeres.

Il n'est pas étrange que des gens avides des applaudissemens, qu'ils ne se sont pas donnez la peine de meriter, ayent tenté de se faire un nom à mes dépens; tentative pourtant qui ne leur a pas réüssi: mais ce seroit une chose bien étonnante que quelqu'un s'avisât à l'avenir d'en faire autant, aprés les preuves que je viens de produire.

chapt;

chant, comme en jugent toutes les personnes intelligentes qui l'ont examinée attentivement.

L'invention qui n'a que de la nouveauté pour la faire valoir, & dans laquelle le jugement ne se fait pas plus remarquer que l'imagination, ne peut avoir que peu de merite.
On voit quelquefois un ramassé de choses assez ingenieusement imaginées, considerées chacune en soi, mais
dont l'assemblage ne vaut rien par rapport au but qu'on se
propose. D'autres fois l'on tombe par pur hazard sur les
plus belles choses du monde, ausquelles on n pensoit
pas, & dont on ne sçait quelquefois pas l'usage Et souvent en cherchant mal, ce qu'on ne trouve jamais, on
rencontre des bonnes choses qu'on ne cherchoit point.
*(c) Rien n'est plus rare dans le païs de l'Invention, que de
se bien aviser sur ce qu'on doit chercher, de poursuivre ses*

(c) Je me souviens d'avoir lû un petit Livre Allemand qui traite agréa-
blement de cette matiere ; il a pour titre *Vvise narheit, und narische
Vveisheit*, qu'on peut traduire en François, *Sages sottises*, & *sottes sagesses*. Dans la premiere partie, *sages sottises*, l'Auteur rend compte de
plusieurs inventions qui avoient eû l'appareil de beaucoup d'imagination, d'artifice, de travail & de dépense ; mais dont le tout ensemble
ne valoit rien, faute d'une connoissance fonciere des principes, & du jugement dans la disposition & l'assemblage des parties. Dans la seconde
partie, *sottes sagesses*, l'Auteur traite des inventions fortuites, ou des découvertes des proprietez & usages des choses non-seulement qu'on n'a-
voit point cherché, mais qu'on avoit souvent trouvé en cherchant des
usages ou des proprietez justement contraires à celles qui venoient de se
manifester. Ce titre m'a paru assez heureusement imaginé, & autant
que je m'en souviens, le dessein de l'Auteur étoit bien exécuté : c'étoit
de faire une espece de Satire du genie borné des prétendus inventeurs, en
racontant d'une maniere instructive & amusante, plusieurs inventions qui
avoient manqué aprés de grands appréts, ou qui avoient réussi
sans dessein.

Ll

recherches par des voyes naturelles, & de trouver enfin la chose qu'on desire. C'est un chemin bien difficile qui conduit à ces inventions heureuses ; & pour un aspirant qui y arrive, dix mille s'égarent.

C'est cet égarement si ordinaire aux personnes qui se donnent pour Auteurs des nouvelles découvertes, qui les a mis en si mauvaise réputation, & qui a fait grand tort au progrés des sciences. On est si souvent trompé, qu'on ne se fie plus ni à ses sens ni à son esprit; & ceux mêmes pour qui les démonstrations sont faites, ce petit nombre, à de la peine a se rendre aux dernieres évidences.

C'est un mal auquel on ne pourra gueres remedier : Les mêmes causes produiront toûjours les mêmes effets ; ces causes subsisteront tant qu'il y aura des hommes qui ayent plus d'imagination que de jugement ; & le malheur est, que l'on commence toûjours par l'une & qu'on n'arrive que rarement à l'autre.

Il y a encore pis : oserai-je le faire remarquer ? Souvent la plus grande aptitude, present inestimable de la nature, devient obstacle à soi-même & détruit son propre ouvrage : des génies les plus favorisez de cette mere commune, qui partage inégalement se dons, apprenent trop aisément à se fier à leur propres forces, & négligent les sécours que les sciences pourroient leur donner ; ou bien ayant rarement le bonheur de se trouver à portée de ces sécours, s'accoûtument à s'en passer sans regret, & peut-être à se croire en avoir peu besoin. Il leur seroit pourtant bien utile de penser autrement, & même de bonne heure: car il est certain, que la sagacité naturelle, quelque grande qu'elle soit ; a besoin d'être éclairée par le sçavoir, & que tous deux concourent à former le jugement ; qualité si necessaire pour faire réüssir toutes les grandes entreprises. Les grands (*d*) talens se forment autant du travail & de l'exercice de l'esprit que de la plus heureuse disposition ; laquelle si elle n'est point cultivée, n'éclate ordinairement qu'en présomption.

Un vice contraire, mais bien moins commun, peut aussi nuire quelquefois. C'est un excés de défiance de soi-même, les esprits les plus ingenus y sont sujets, & déferant quelquefois trop aux opinions des grands hommes, ils n'osent penser avec la liberté à laquelle leur esprit se porte naturellement ; & par une timidité alors blâmable, ils suppriment souvent leurs meilleures conceptions & étouffent leur genie.

Mais si d'un côté les inventeurs pechent souvent, les

(*d*) Un homme de grand merite me dit un jour (parlant d'un gentilhomme Suisse qui étoit à Paris en 1716.) Je suis dans l'étonnement toutes les fois que je pense à votre ami M. de T. qui brille au rang des premiers Géometres, & qui n'a que 27. ans. Votre étonnement augmenteroit, Monsieur, lui répondis-je, si vous étiez instruits des progrés qu'il a fait dans d'autres sciences, dont je lui fis le recit ; & ce que j'estime en lui au-dessus de tout, ajoûtai-je, c'est qu'il, est parfaitement honnête-homme. Eh ! me répondit-il brusquement, le moyen qu'il soit autrement ? Il n'a pas eu le tems d'être vicieux. Cette réponse m'a parû belle & d'un homme de bien ; j'y ai pensé mille fois, & je l'ai souvent repeté ; elle est trés-juste, mais elle ne dit pas assez : car outre qu'un tel homme n'a pas le tems d'être vicieux, ne semble-t'il pas aussi qu'une certaine rectitude d'esprit qui fait l'habile homme par excellence, fait necessairement l'homme vertueux, l'homme de bien ? Le mal-honnête homme au contraire, n'est presque jamais qu'un petit genie ; & avec toutes ses petites finesses & les détours éternels de son esprit, il ne pénetre que l'écorce des choses, ne produit que du faux & ne réüssit qu'en vetilles.

Juges de leurs productions ne pechent pas moins d'un autre. J'ai déja touché cet article en plufieurs endroits, &
j'aime mieux laiffer aux autres d'y suppléer, que de faire
paroître trop d'affectation sur ce fujet. Il y a là-deffus des
regles utiles à suivre, les grands hommes les fçavent affez,
& ceux qui ne les fçavent pas, n'aimeroient peut-être point
les apprendre de moi. Comme j'écris pour ceux qui con-
fiderent plus les Chofes que les noms, les qualitez & la
reputation des Auteurs, je ne fais que prefenter une efpe-
ce de tableau de ma compofition : je l'expofe à la critique
du public éclairé, & j'ai indiqué les perfonnes qui font les
juges naturels de pareils Ouvrages. Je ne me fuis point
trompé dans mon attente, en publiant ma defcription : elle
m'a attiré de fçavantes remarques, & je me flâte que cette fuite m'en procurera d'autres, que je recevrai avec la
même docilité & la même reconnoiffance que les premieres.

Pour ramener donc mon objet dans fon veritable point
de vûë, il ne me refte que de reprefenter en peu de mots,
ce, en quoi confiftent les difficultez de mes recherches, au
jugement des Sçavans du premier ordre : c'eft à eux à comparer ce que j'ai fait avec ce que j'avois à faire. Voici les
difficultez.

*Puifque la Pendule même a manqué de réüf-
fir pour donner avec certitude la connoiffance
des Longitudes en Mer; & cela feulement à caufe des changemens aufquels les métaux font fu-
jets par la châleur, le froid & autres caufes phi-*

siques , par l'inégalité de la force élastique des ressorts , par l'inégalité de l'action de la pesanteur des corps , & par les mouvemens violens des Vaisseaux sur la Mer. Quelle apparence y a-t'il qu'on trouve jamais de remede à tous ces inconveniens ? Peut-on changer la nature des corps ? Ou peut-on empêcher que les Loix générales établies dans l'Univers ne produisent leurs effets accoûtumez ? Où trouvera-t'on donc un mouvement artificiel assez égal, pour servir d'une juste mesure du tems en mer, & en differens climats ?

Il est bien plus aisé sur cet exposé , de juger jusqu'à quel point j'ai réüssi , qu'il n'étoit de conjecturer d'avance sur la possibilité de réüssir dans un pareil dessein. Et si les plus Sçavans hommes dans ces matieres ont douté avec raison de la possibilité d'amener ce dessein à quelque perfection, peut-être auront-ils à present autant de raison de n'en plus douter.

Il importe fort peu de quelle maniere en ayent jugé ou parlé des gens peu instruits ; ou qui n'ont été animez que par un esprit d'envie : des choses qu'ils n'ôsent écrire ne meritent point que je les releve ; & j'ai dit ailleurs ce que l'on doit penser d'eux & de leurs jugemens.

L'IMPATIENCE,

Obstacle à la perfection des Arts.

L'Impatience où l'on est naturellement de voir d'abord le succés d'une nouvelle invention devient toûjours un obstable aux réflexions qui en feroit voir l'impossibilité. On ne s'arrête point à la necessité d'aller pas à pas & de consequence en conséquence, pour pouvoir tirer de conclusions justes, & pour arriver enfin à la perfection que l'on cherche. On trouve d'ailleurs peu de personnes capables de bien juger des matieres qu'on leur propose, & les plus habiles ont de la peine à se familiariser d'abord toute nouvelle application qu'on fait dans la pratique, des principes déja reçûs & démontrez ; quoique ces personnes connoissent parfaitement ces principes par eux-mêmes. L'Artiste a donc une double tâche à remplir : la premiere consiste dans l'addresse de tirer des consequences justes des rapports délicats, subtils, recherchez & comparez de mille manieres:& cette operation ne se fait que par de profondes méditations opiniâtrement suivies, & par un discernement qui sçait démêler les effets de differentes causes, pour en connoître la valeur de chacun en particulier, & le resultat de toutes les differentes combinations. La seconde, plus difficile encore que la premiere, consiste dans

l'art de faire sentir aux autres tout ce que l'on a senti soi-
même, de fixer l'attention des plus éclairez & d'éclairer
ceux qui le sont moins, de prevenir des objections inutiles, & de repondre solidement à celles qui sont formées avec jugement & avec connoissance de cause ; enfin
de conduire chacun au vrai, sans heurter ses lumieres &
sans blesser son amour propre, qui est sujet à souffrir de
tout éclaircissement qui lui démontre qu'il s'étoit trompé.

On ne doit pas s'attendre qu'un Ouvrage de cette nature se
trouve tout d'un coup dans sa derniere perfection ; ce seroit
être peu judicieux & point équitable. Combien n'a-t'il pas
fallu d'années pour mettre dans l'état où nous voyons aujourd'hui les Pendules, les Montres, les Telescopes, les
Microscopes & plusieurs autres instrumens à differens usages ; quoique les plus habiles Artistes, & plusieurs sçavans
Physiciens & Géometres de toutes les nations se sont appliquez depuis nombre d'années à leur donner les derniers
dégrez de perfection, où l'on n'a pû encore atteindre ? Il
seroit bien plus juste de trouver bon, & même assez heureux, qu'un seul homme ait pû faire autant de progrés que
j'ai eu le bonheur de faire dans une découverte nouvelle,
où il entre tant de rapports, qu'il a fallu chercher, surmonter tant d'obstacles, dont la nature de cette recherche four-
mille, & tout cela au travers d'une infinité d'autres difficultez qui sont impossibles à concevoir sans les avoir es-
suyées.

D'ailleurs il n'est pas tant question à présent de la derniere perfection de cette invention, qu'il est question si elle
est susceptible d'une assez grande perfection, pour pouvoir

devenir utile aux fins qu'on se propose. *C'est cet examen qui est important, & qui merite toute l'attention des personnes qui sont à portée d'en faire quelque jugement.*

Il y a des liaisons entre plusieurs Arts & Sciences que l'on ne sent que par les connoissances qu'on en a, & qui ne sont pas moins réels & moins importans pour être beaucoup ignorez. La découverte des Pendules a servi infiniment à perfectionner l'Astronomie. Sur cette Science est fondée celle de la Géographie Astronomique, & la Navigation est fondée sur tous les deux. Il lui manquoit encore une juste mesure du tems, & il ne lui manquoit que cela pour être aussi parfaite à tous égards qu'on la pourroit souhaiter. Puisqu'il semble donc qu'on doit trouver dans cette Horloge ce dont on avoit besoin, peut-on s'appliquer trop serieusement à perfectionner une invention qui paroît si importante ? Et n'a-t'on pas sujet d'en esperer une bonne réüssite aprés des preuves aussi fortes qu'on en a dans les experiences que je viens de faire ? Peut-être même se trouvera-t'il qu'on n'est pas fort éloigné de la perfection qu'on cherche. Et si l'on considere avec quelle lenteur on avance ordinairement en perfectionnant les Arts, ceux-là sur tout qui supposent des recherches extrêmement difficiles & hors des communes ; je ne sçai si l'on en trouve aisément dans lequel on a plus fait de progrés en moins de tems, que dans celui qui fait le sujet de cet Ouvrage. Il est vrai que l'on s'épargne ces reflexions en ne considerant les Arts, que sur le pied où on les trouve, au lieu de retracer les pas par où ils ont passez : aussi n'y a-t'il que peu de gens qui se mêlent de perfectionner les Arts,

&

& presque tous les autres semblent se croire dispensez de raisonner conséquemment sur ces matieres, & de rendre justice à ceux qui tâchent de ne remporter les suffrages que d'un si petit nombre de Juges.

Sans un grand nombre d'experiences réïterées & considerées avec attention, je n'aurois pas si-tôt découvert que toute la perfection que la main de l'homme puisse donner à cette Horloge consiste seulement dans quatre (*a*) choses dont j'ai parlé dans ma quatriéme Lettre à Monsieur Graham. Sçavoir, 1°. La forme de la Courbe, 2°. Les proprietez de l'échappement. 3°. Les qualitez du fil de suspension. Et 4°. les poids respectifs du Balancier & du Levier. Et c'est renfermer le champ de toutes les imperfections possibles dans des bornes assez étroites.

Il ne me reste sur cet article que deux mots à dire sur les effets particuliers dans les experiences faites, & les conse-

(*a*) De ces quatre choses, il n'en restoit qu'une où il y avoit encore quelque chose à souhaiter : c'est l'article regardant le fil ou chaine de connexion S. S. S, Il importe d'éclaircir ce qui regarde chacun de ces articles.

1°. Pour ce qui regarde l'Art de former les Courbes, il ne reste rien à désirer : tant la théorie que la pratique de cette operation m'étant suffisamment connûës.

2°. Il ne reste plus la moindre difficulté sur ce qui regarde l'Echappement : celle de la Roûë de rencontre à l'ordinaire, executée comme je l'enseignerai ailleurs, étant incontestablement la meilleure, dans la Pendule à Levier, où l'on employe la Courbe.

3°. J'ai annoncé (page 67.) les proprietez qu'il falloit chercher dans le fil de connexion ; j'ai toûjours esperé de trouver ces proprietez dans une chaine de Montre, quoique les premieres tentatives n'ayent pas eu tout le succés qu'on en pouvoit esperer. Aussi ne me suis-je pas trompé dans mon attente ; car depuis que j'ai fait mes experiences sur la Garonne, j'ai trouvé le moyen de faire executer de ces chaines dans toute la perfection qu'on y peut souhaiter. L'addresse d'un habile Artiste de

quences qu'on en doit tirer. J'ai déja expliqué dans mes remarques fur l'Extrait des Regiftres de l'Academie Royale
des Sciences de Paris, & dans ma réponfe à Monfieur
Bernoüilli, les caufes des feules variations remarquables
dans les experiences faites par Meffieurs les Commiffaires
de cette Academie ; & les experiences faites à Bordeaux
ont confirmé mes raifonnemens. Ces dernieres experiences femblent décider de l'utilité de mon Horloge : du
moins ne peut-on y appofer avec raifon que deux objections, aufquelles il n'eft point difficile de répondre.

La premiere eft, qu'une demie feconde de variation par
heure, fait 12. Secondes par 24. heures, c'eft une minute
en 5. jours. Cette juftefte fuffit-elle pour connoître avec
affez de précifion la difference des Meridiens en Mer ?

La feconde : Quelle affurance peut-on avoir que la va-

Bordeaux m'a fort fervi dans cette execution fi importante à la perfection de mon Horloge ; & l'Academie de cette Ville l'a vûë avec plaifir
fortir des mains d'une perfonne qu'elle honoroit déja de fon eftime, &
qu'elle venoit d'agreger à fon corps. Voilà donc l'unique difficulté qui
reftoit à l'égard de l'execution levée; laquelle, quoiqu'elle rouloit fur un
objet petit en apparence, eft cependant d'une trés - grande confequence
pour la perfection de cette Horloge.

4°. Le quatriéme article, par une fuite neceffaire de l'expedient trouvé regardant la chaîne, ne doit plus caufer la moindre peine ; car dés
que la chaîne a la flexibilité requife, la refiftance du peu de frottement
qui s'y fait eft fi extrémement petite, & confervera toûjours une fi parfaite égalité, qu'on peut employer indifferamment tel poids de Levier
qu'on veut, pour produire tel nombre de vibrations par heure qu'on jugera le plus convenable ; ayant égard à toutes les autres circonftances
fur lefquelles on fe déterminera aifément par les experiences qui reftent
à faire. Voyez les pages 93. & 101. à 109. inclufivement, & 160. art.
3. pour rappeller ce que j'ai déja dis fur ce qui fait le fujet de ces quatre articles.

riation ne fera pas plus grande dans un voyage de long cours ?

Avant que de répondre à la premiere objection, je ferois fort aife, s'il étoit poffible, de connoître combien on a été de tems, aprés la premiere application du Pendule à l'Horloge, avant que de s'avifer feulement qu'on la pouvoir regler à 12. fecondes prés par 24. heures. Je fuis toutefois perfuadé qu'on a été des années avant que de le pouvoir faire ; mais je n'appuye pas là-deffus, & je réponds,

1°. Que 12. fecondes par 24. heures eft une trés-petite variation dans une experience de cette nature, qu'il eft furprenant qu'elle ait été fi petite, & quand elle auroit été beaucoup plus grande, on y auroit facilement trouvé du remede. Voyez ma réponfe à Mr. Bernoüilli.

2°. Que cette variation toute petite qu'elle eft, ne vient point du mouvement du Vaiffeau ; je le démontre. Dans la premiere experience, l'Horloge s'eft trouvée être retardée d'une demie feconde par heure, & la riviere étoit calme. Dans la feconde experience, lorfqu'il faifoit un tems des plus orageux, & que le mouvement du Vaiffeau étoit auffi grand qu'il pouvoit l'être, l'Horloge s'eft trouvée être retardée de même d'une demie feconde par heure, comparée à fon mouvement à côté de la Pendule. Or, fi le peu de mouvement du Vaiffeau dans la premiere experience avoit été caufe de la variation de l'Horloge ; le mouvement du Vaiffeau dans la feconde experience, qui étoit 100. fois plus grande que dans la premiere, auroit dû produire une variation qui eut eu quelque rapport avec ce mouvement. D'où l'on doit naturellement conclure que le

mouvement du Vaiſſeau n'eſt nullement cauſe de cette petite variation, ni dans la premiere ni dans la ſeconde experience.

Mais ne me demandera-t'on pas d'où a pû venir cette variation dans le mouvement de l'Horloge ? Je dois m'attendre à cette queſtion, & j'y réponds.

Je me ſuis ſervi de l'Horloge à Levier (cotté A. dans
ma quatriéme Lettre à Monſieur Graham) la plus (†) imparfaite à pluſieurs égards d'aucune qui ait été faite juſqu'à
preſent ; & la Pendule à Secondes à laquelle je l'ai comparée étoit en même tems ſi mal conſtruite qu'on ne pouvoit
gueres ſe fier à ſa grande juſteſſe. Et par le Regiſtre de comparaiſon qui fait voir quels étoient leurs mouvemens à côté
l'une de l'autre, l'on ne trouvera point qu'il y eut eu plus
de regularité pendant 7. heures de ſuite, qu'entre les mouvemens dans le Vaiſſeau & leurs mouvemens dans la
Chambre. Que ſi l'on me demande pourquoi je n'ai point
fait ces experiences avec une Horloge à Levier plus parfaite, je réponds encore, que j'ai toûjours eu pour maxime
de commencer par faire toutes mes experiences de la maniere la plus déſavantageuſe pour l'Horloge, afin de ne
point tomber dans l'erreur d'attribuer aux principes de la
conſtruction, ce qui ne pouvoit être dû qu'aux ſoins de
l'execution : car dés qu'on eſt aſſuré des principes, au travers d'une éxécution imparfaite, on doit être peu embaraſ-
ſé de l'adreſſe dans l'éxécution.

A la ſeconde objection il n'y a pas de meilleure répon-

(†) Voyez au contraire la juſteſſe de l'Horloge B. pris du Journal de
M. Caſſini, pag 98. 99. 100.

se que de convenir d'abord, qu'on ne peut pas mieux assurer que la variation ne sera pas plus grande dans un voyage de long cours que par l'experience. Aussi il l'a faut faire, & je ne vois pas le moindre sujet de douter que cette experience ne réüssisse aussi parfaitement que celles qu'on a déja faites. *C'est un grand point que de s'être déja assuré que les mouvemens du Vaisseau ne sont plus à craindre :* Il semble qu'on a assez satisfait à toutes les autres objections ; & lors qu'en se donnant les soins convenables du côté de l'execution, on sera parvenu à pouvoir regler certainement ces horloges *à moins d'une minute par mois*, à côté d'une bonne Pendule à Secondes, ce qui me paroît déja trés praticable, je ne doute nullement qu'on ne trouve *le moyen de leur conserver la même justesse sur Mer* ; & il n'en faut pas † davantage, comme j'ai déja démontré, pour avoir LA CONNOISSANCE DES LONGITUDES SUR MER, avec toute la justesse requise.

† *Il n'en faut pas davantage.* Les personnes qui sont curieuses de se satisfaire plus amplement sur ce que les Sçavans ont dit sur cette matiere, trouveront de quoi se contenter dans les Journaux des Sçavans, des années 1665. à 1675. inclusivement.

AVERTISSEMENT.

Quoiqu'il y ait 13. ans que cet Acte de Parlement soit fait, & que j'en sçavois à peu-près la substance, ce n'est que de cette année 1726. qu'elle m'est tombée en main. Je l'ai traduit aussi-tôt en François, je l'ai fait publier dans le Mercure de France du mois de Juin, & j'ai cru le devoir placer ici pour des raisons qui ne sont pas difficiles à deviner.

La seule intention de cet Acte fait honneur à l'autorité dont elle est émanée ; son préambule justifie bien mes recherches, elle me fournit des juges aussi competens qu'illustres; & les sages & genereuses dispositions qui y regnent suffisent pour inspirer à tout homme qui aura travaillé avec une sincere intention de rendre service au Public une juste confiance, qu'on examinera avec quelque attention ce qu'il pourra proposer à ce sujet, & qu'on agira à son égard avec toute l'équité, l'honneur & la generosité qu'il pourra mériter.

Pour peu que l'Ouvrage que j'ai produit paroisse remplir les vûës dans lesquelles cet acte a été fait, je dois bien me flater que les illustres Juges qui y sont nommez, & toutes les personnes qui aiment l'honneur & la prosperité de la Nation Britannique, regarderont d'un œil favorable les efforts que j'ai fait pour le service Public & pour l'honneur & l'avantage particulier de ma patrie.

TRADUCTION

DE L'ACTE DE PARLEMENT D'ANGLETERRE

Regardant les Longitudes.

De la douziéme année de la Reine Anne 1713.

Acte de Parlement pour recompenser publiquement quiconque découvrira les Longitudes en Mer.

D'Autant qu'il est bien connu à tous ceux qui entendent la Navigation, que rien n'y manque tant, ni n'est autant désiré sur Mer que la découverte de la Longitude, pour la sûreté & pour l'expedition des voyages, & pour la conservation des Vaisseaux & la vie des hommes; & d'autant que suivant le jugement d'habiles Mathematiciens & Navigateurs, plusieurs méthodes ont été déja découvertes, vrayes dans la Théorie, quoique difficiles dans la pratique, dont il y en a quelques unes, lesquelles (il y a raison de l'esperer) pourront être perfectionnées, & quelques autres peut-être déja découvertes qui pourront être proposées au Public ; & d'autant qu'une telle découverte seroit d'un avantage particulier au Commerce de la Grande Bretagne, & seroit honneur à ce Royaume : mais qu'outre la grande difficulté de la chose en elle même ; soit faute de quelque récompense publique proposée pour unOuvrage si utile & si avantageux , soit faute d'argent pour faire les épreuves & les experiences nécessaires , que les inventions jusqu'ici proposées n'ont pas été encore assez perfectionnées ; POUR CES CAUSES , SOIT ORDONNE' PAR L'AUTORITE' DE LA REINE , & de l'avis des SEIGNEURS SPIRITUELS ET TEMPORELS ET DES COMMUNES ASSEMBLE'ES EN PARLEMENT, que les personnes ci-aprés nommées, soient constituées Commissaires perpetuels pour examiner , essayer & juger de toute invention ou proposition qui leur pourra être faite pour la découverte des Longitudes en Mer.

SÇAVO R.

1°· Le Grand-Amiral de la Grande-Bretagne , ou le premier Commissaire de l'Amirauté.

2°· L'Orateur de la Chambre des Communes.

3°· Le premier Commissaire de Commerce.

4°· 5°· 6°· Les trois Amiraux des Escadres Rouge, Blanche & Bleuë.

7°· Le Directeur de la Maison nommée de la Trinité.

8°· Le Président de la Societé Royale.

9°· L'Astronome Royal de l'Observatoire Royale' de Greenvvich.

10°· 11°· & 12°· Les trois Professeurs de Mathemathiques, Savilien, Lucasien & Plumien , d'Oxford & de Cambridge.

13°·

13°· Le Comte de Pembroc & de Montgomerie.
14°· Philippe Lord Evêque de Hereford.
15°· George Lord Evêque de Bristol.
16°· Thomas Lord Trevor.
17°· Le Chevalier Thomas Hanmer , Baronet.
18°· François Robers , Ecuyer.
19°· Jacques Stanhope , Ecuyer.
20°· Guillaume Clayton, Ecuyer.
21°· Guillaume Lovvndes , Ecuyer.

Soit ordonné par l'autorité susdite, qu'un nombre de ces Commissaires , qui ne sera pas moindre que de cinq , aura plein pouvoir d'oüir & recevoir toute proposition qui leur sera faite pour la découverte des Longitudes en Mer.

Et lorsque lesdits Commissaires seront autant satisfaits d'une telle découverte, que de juger qu'elle soit digne qu'on en fasse l'experience , ils le certifieront sous leur signatures aux Commissaires de la Marine, avec le nom de l'Auteur , & la somme qu'ils jugent devoir être avancée pour faire les experiences proposées , laquelle somme , pourvû qu'elle n'excede pas 2000. livres sterling , le Trésorier de la Marine est requis par l'autorité de ce present Acte de payer à vûë de pareil certificat , ratifié par les Commissaires de la Marine , ce qui leur est enjoint de faire par l'autorité susdite.

Il est de plus ordonné par la même autorité, qu'aprés telles experiences faites, les Commissaires nommez par cet Acte, ou la pluralité d'eux déclareront & détermineront jusqu'où la chose experimentée s'est trouvée

Nn

praticable, & jufqu'à quel dégré de juftefle.

Il eft de plus ordonné par la même autorité, que pour fuffifamment encourager ceux qui pourront tenter utilement la découverte des Longitudes ; la perfonne qui aura réüffi, ou fes ayant caufe, auront titre aux re-compenfes fuivantes.

SCAVOIR.

A la fomme de 10000. livres fterling, fi la méthode trouvée fert pour déterminer la Longitude à un dégré prés d'un grand cercle, ou à 60. milles Géographiques prés.

A la fomme de 15000. livres fterling, fi la métho-de trouvée fert pour déterminer la Longitude à deux tiers de cette diftance, où à 40. milles Géographiques prés.

Et à la fomme de 20000. livres fterling, fi la mé-thode trouvée fert pour déterminer la Longitude pour la moitié de la diftance, où à 30. milles Géogrophiques prés.

La moitié de chacune de ces fommes refpeƈtives fera payée auffi-tôt que les Commiffaires ci-deffus, ou la plu-ralité d'eux, conviennent que la méthode trouvée s'éten-tende à la fureté des Vaiffeaux, à la diftance même de 80. milles Géographiques prés des Côtes, qui font les lieux où il y a le plus grand danger, & l'autre moitié fe-ra payée lors qu'un Vaiffeau aura, par l'ordre des Commif-faires, fait un voyage fur l'Ocean, depuis quelque Port de la Grande Bretagne jufqu'à quelque autre Port de l'A-

merique, au choix defdits Commiffaires, fans s'être par
ladite méthode, écarté de la Longitude au-delà des limi-
tes ci-deffus prefcrites. Et ces fommes feront payées fur le
certificat defdits Commiffaires.

Il eft de plus ordonné par la même autorité, que fi
l'invention ou méthode propofée, ne repond point dans
l'experience aux conditions ci-deffus, & qu'elle fe trouve
pourtant dans le jugement des Commiffaires de quelque
utilité confiderable au Public, que même en ce cas l'Auteur de telle invention ou méthode aura titre à telle moindre fomme que celles ci-deffus, qui lui fera adjugée par
lefdits Commiffaires, fuivant le merite ou l'utilité de fon
invention, laquelle fomme lui fera payée de la maniere
fufdite.

PLAN

D'UN TRAITE' D'HORLOGERIE;

EN SIX LIVRES.

LE premier fera compofé de la fubftance du Livre imprimé fous le titre de *Regle Artificielle du tems*, en
1714. dont le deffein eft d'inftruire les particuliers fur ce qui
leur convient de fçavoir, pour connoître la nature des
Horloges & Montres qui font en ufage, & pour fçavoir
les biens regler.

Dans cette feconde Edition du premier Livre, toutes
les matieres qui ont befoin d'explication feront traitées à
fonds & illuftrées des figures en Taille-Douce.

Au lieu des notes qu'il y avoit ajoûtées au texte, dans
la premiere Edition; on ne fera dans celle-ci que des ren-
voys aux matieres qui ferviront d'éclairciffement, & qui
feront rangées dans leur ordre naturel par maniere d'ap-
pendix à la fuite du Livre.

Ce premier Livre formera un Ouvrage complet, indépendamment des cinq autres qui le doivent fuivre. Il fera
d'environ 250. pages in-quarto, avec plufieurs planches
qui feront gravées par les mains des meilleurs Artiftes.

Le fecond Livre traitera de l'Hiftoire, le troifiéme

de la Description, le quatriéme de la Théorie, & le cinquiéme de la Pratique de l'Horlogerie.

Tout ce que l'on peut dire sur cet Art, tombe naturellement sous l'un & l'autre de ces quatre titres ; & il y a
tant de bonnes choses à dire sur chacun, qu'un Ouvrage
de cette nature pourra devenir trés-considérable, & ne pourra qu'être extrémement utile, principalement pour les
gens de la profession, & ceux qui aiment les études &
éxercices de Mécannique.

Le sixiéme Livre sera composé de lettres & dissertations
critiques ; & celui-ci seul pourra donner le juste prix aux
cinq autres. Car ce n'est que par la voye de la critique
qu'on peut bien éclaircir les matieres un peu douteuses,
exciter le genie & remplir les titres.

Ce n'est pas une petite entreprise qu'un Ouvrage de cette nature & de cette étenduë. Un seul homme quelque genie & quelque connoissance qu'il ait, n'en pourra jamais faire par lui-même qu'un Ouvrage assez borné & trés-in-
complet. Cependant il paroît necessaire à la réüssite qu'u-
ne seule personne se chargea de la conduite d'un pareil Ouvrage.

Aprés avoir médité depuis plusieurs années sur ce pro-
jet, & en avoir envisagé les difficultez, je n'ai pû découvrir
qu'une seule maniere de s'y prendre, qui m'a paru bonne
& praticable. C'est de commencer par former le plan de
cet Ouvrage, y mettre une disposition convenable, le
remplir autant que l'on peut par soi-même, & exciter
d'autres qui se sentent du talant de concourir au même
dessein. Et c'est dans cette vûë que j'expose au public le

plan que j'en ai formé, & que j'expliquerai le plus briévement que je pourrai.

Ce que j'ai déja dit du premier Livre peut suffire pour
en donner une idée assez juste. La matiere en est toute
prête pour l'impression, à l'exception des planches & une
partie des éclaircissemens, & j'espere le pouvoir publier
avant la fin de l'année prochaine.

L'Histoire de l'Horlogerie, qui fera le sujet du second
Livre, ne sçauroit manquer d'être curieuse & interessante.
Elle donnera du relief à l'Art & à ceux qui en font profession, avec les talens qu'il demande pour y exceller. Elle
conservera la mémoire de plusieurs excellens hommes du
dernier siécle, & fera connoître le mérite de plusieurs autres de celui-ci. La posterité sera bien mieux instruite par
ce moyen à qui elle doit les perfections qu'on a sçû ajoûter
à ce bel Art depuis un siécle, que nous ne le sommes aujourd'hui, à qui nous en devons les commencemens. D'ailleurs, l'Histoire des progrés qu'on a fait dans les inventions déja connuës, pourra beaucoup contribuer à en
produire d'autres, ou perfectionner celles qui demandent
encore de l'être.

On recuëillira des meilleurs Auteurs ce qu'ils ont déja
écrit de plus interessant sur ce sujet, qu'on reduira en quelque ordre. Et je prie, dés-à-présent, les Sçavans de tous les
païs, & trés-particulierement ceux de l'Allemagne, de me
communiquer tout ce qu'ils pourront découvrir de plus
certain sur l'Origine de l'Horlogerie Automate, qu'on attribuë communément, & avec grande apparence de raison, aux Allemans. Il est du moins trés-certain que les

plus anciennes productions de cet Art qui exiſtent à preſent nous viennent d'eux; & ſi l'Art n'y a pas pris naiſſance, il a certainement dû y avoir été reproduit de nouveau.

Quoique c'eſt principalement de l'Horlogerie Automate que je prétends traiter, je ne veux pourtant pas entierement negliger ce qu'il y a de plus curieux & de plus utile dans la Gnomonique & l'Elementaire; ſur tout dans l'Hiſtoire de l'Art, & je recevrai avec reconnoiſſance les remarques qu'on pourra me communiquer ſur ce ſujet.

Le troiſiéme Livre qui traitera de la deſcription de l'Horlogerie, pourra ſeul devenir un Ouvrage important. Il donnera des idées plus nettes & plus préciſes de la conſtruction & de l'excellence des beaux Ouvrages qu'on a produit dans un Art où s'eſt manifeſté d'une infinité de manieres, ce que la Mécannique renferme de plus ingenieux, de plus délicat & de plus ſçavant. Les Artiſtes même y puiſeront des connoiſſances ſans prix pour eux, & auſquelles ils ne pourront parvenir par d'autres voyes. Et l'on conſervera par ce moyen à la poſterité, nombre de découvertes & d'inventions ingenieuſes de notre ſiécle.

Pour fournir à cette deſcription, je ſuis déja pourvû des matieres principales. Mais comme il ſe trouve dans les Cabinets des curieux, & entre les mains des particuliers dans tous les païs, des morceaux d'Horlogerie tant anciens que modernes qui ne ſont pas generalement connûs; je prie tous ceux qui ſouhaitent le ſuccés de mon entrepriſe, de vouloir bien me communiquer tout ce qui parvient à leur connoiſſance de plus rare & de mieux inventé ſur ce ſujet, y joignant, autant qu'ils en auront les commoditez, des deſſeins pour la plus parfaite intelligence des matieres, & les noms des Auteurs de ces Ouvrages, leurs païs, & la datte des inventions, autant qu'ils le pourront découvrir, & d'autres circonſtances hiſtoriques dont ils pourront avoir connoiſſance. Je ne manquerai point de reconnoître tant en particulier que publiquement toutes les faveurs de cette nature qu'on me pourra faire.

La théorie de l'Horlogerie fera le ſujet du quatriéme Livre. Ce qu'il y a de plus ſubtil, de plus délicat & de moins développé juſqu'à preſent dans la mécannique pourra trouver ici ſa place. Ce qu'il y entre de Phyſique, de Géometrique & d'Arithmetique doit être traité ſous ce titre, & ces articles deviendront curieux & importans. Les rapports qu'a l'Horlogerie à l'Aſtronomie, la Géographie & la Navigation y feront auſſi traitez. Au reſte, cette théorie ne pourra manquer de repandre de nouvelles lumieres ſur l'Art, qui, avec toute la perfection qu'on lui a déja donnée, a encore grand beſoin d'être éclairée davantage.

Je tirerai des Auteurs qui ont déja écrit ſur cette matiere, ce qui pourra ſervir à mon deſſein, j'y ajoûterai ce que je pourrai du mien, & j'invite encore les perſonnes qui ſe trouvent diſpoſées à me favoriſer de leur lumieres, de vouloir bien me les communiquer ſur un ſujet qui demande plus d'une plume pour être bien traité.

La Pratique de l'Horlogerie ſera l'objet du cinquiéme Livre. Cette partie de l'Ouvrage ſera d'un grand détail, mais d'un détail ingenieux, amuſant & utile. Les Ouvriers y trouveront mille artifices ingenieux & extrêmement utiles ſoit pour la perfection de leurs Ouvrages, ſoit pour

l'éxactil'éxactitude ou pour la diligence dans l'éxecution. Et il n'est pas aisé de s'imaginer d'avance l'utilité qu'on pourra tirer de la description du nombre de beaux instrumens dont cette partie doit être ornée, ni le plaisir que des personnes ingenieuses doivent avoir à les considerer.

Quoique je sois déja pourvû d'une assez grande quantité des matieres qui doivent trouver place sous ce titre, & qui le pourroient assez bien remplir ; je ne laisse pas cependant de comprendre qu'il peut y avoir encore plusieurs méthodes de travailler sur certaines parties de l'Art, ou plus parfaites, ou plus commodes, ou plus promptes que les méthodes ordinaires, & que toute celles que je connoisse de même que, des Machines & Outils qui ne sont encore connus que de ceux qui les ont inventez & qui les possedent. Si les personnes qui sont en possession de pareilles methodes ou instrumens, jugent à propos de me les communiquer, avec des desseins pour en donner l'intelligence; l'histoire de leurs inventions, avec les noms & païs des inventeurs & autres circonstances, j'en userai de maniere qu'ils seront contens de mon procedé, n'ayant rien plus à cœur que de faire honneur aux habiles gens. Je me flatte, d'autant plus de quelque secours de cette nature, que ceux de qui je le recevrai, travailleront pour leur propre gloire, en faisant plaisir au Public.

Le sixiéme Livre, donc j'ai déja annoncé le dessein, se formera insensiblement & sans peine. Il doit être interessant & instructif. Les hommes se portent assez naturellement à se critiquer les uns les autres ; & rien ne tend plus à la perfection des Arts, quand on a le vrai pour objet, &

Oo

qu'on n'enfreint point les regles que prescrivent l'honnêteté & la bien-séance.

Tel est le plan d'un Ouvrage auquel je me propose de m'appliquer avec toute l'attention dont je suis capable & avec un sincere désir de rendre par là un service agréable au Public. Quelque hardie qu'en soit l'entreprise, j'espere que les personnes judicieuses & équitables se trouveront plûtôt portées à me prêter des secours & approuver mon zéle pour l'avancement des Arts, qu'à me censurer de temerité, & à me décourager dans le progrés que j'espere y faire, malgré toutes les difficultez que j'aurai à surmonter.

FIN

E R R A T A.

N'Ayant pas eu les commoditez que j'aurois souhaité pour la correc-tion de la Presse, il m'est échappé plusieurs fautes d'impression que je prie le Lecteur de corriger. J'en remarquerai celles principale-ment qui blessent le sens du texte : pour celles du langage qui pour-ront m'échapper dans la revision, j'en demande grace.

Page.	Ligne.	Faute.	Correction.
53.	1.	unifrmement	uniformement
	4	croisoit	croissoit
61.	15.	au Pendule,	à la Pendule ordinaire
	24.	si le mouvement	le mouvement
80.	21.	adoptée	adaptée
94.	11.	c. u. s. c. u. 2.	c, v i. c, v 2.
106	22.	très-necessaire	trés-certain
121	5	Pendule Mr.	Pendule de Mr.
125	20.	côté d'autre	côté & d'autre
126	1.	apporrera-t-elle	apportera-t-elle
128	27.	boule 2.	boule z.
	28.	double.	doublé.
129	10.	& y	& en y
130	15.	la Pendule	le Pendule
136	23.	qui eut	qu'elle eut
	25.	plus que perfectionnées,	plus perfectionnées.
137	23.	Maximes	Machines
143	3.	le 30. Septembre	le 20. Septembre
146	14.	n'étant de	n'étant que
	25.	les particules	ses particules
147	10.	D'où il conclut,	D'où je conclus,
149	1.	Levier changeant	Leviers changeans
	21.	correspon-	correspondans
	29.	interieure	inferieure
156	21.	qui regarde	qui retarde
162	13.	le Montres	les Montres
163	25.	qe la force de	que la force du
165	5.	d'Horloge	de l'Horloge

Page	Ligne	Au lieu de	Lisez
179	13. 14.	avec Reſſors	avec deux Reſſors
	15.	deux grands Arcs	grands Arcs
183	33.	la ſeptiéme	la cinquiéme
187	21.	l'année 1725.	l'année 1715.
189	1.	un Pendule	une Pendule.
	2.	le plus portatif	la plus portative
	9. 10.	un Pendule	une Pendule
	12.	portatif, il	portative, elle
	19.	le remonte :	la remonte :
	20. 21.	renfermé	renfermée
	29.	attention	attentions
192	9.	qui m'a été fait	qui en a été fait
	21.	marquée	marque
198 199	}	Teleſcope eſt mis par tout au feminin.	mettez Teleſcope par tout au maſculin.
210		Vent de Nord'Oüeſt, &c.	cette ligne doit faire la premiere de p. 112
	15.	par heure, à	par heure,
	17.	Secondes.	à Secondes.
	21.	par là	de là
218	19. 20.	& l'adreſſe de les faire	& que l'adreſſe à les
219	4.	ce paſſer [exige]	ſe paſſer [faire exigera
227	6.	marecages	mareages.
	14.	9. 58. 24.	4. 58. 24.
236	24.	une d'or.	une once d'or.
237	3.	arrivat n'agiroit.	arrive n'agiſſe
	8. 9.	il ne ſeroit pas	ne ſeroit-il pas
	11.	viteſſe.	viteſſe ?
238	8.	ſoit	eſt
242	19.	peut	puiſſe
244	7.	l'irregularité.	l'inégalité
245	15.	de zone	de la zone
	24.	530ᵉ.	540ᵉ.
250	18.	la totale	le total
252	8. 9.	n'admettroit	n'admettoit
	12.	faſſe	fit
	13.	le formule	la formule
253	15.	me feroit	m'en feroit
258	28.	Vitrave	Vitruve.

AVIS AU RELIEUR.

Mettez la Dédicace à la tête du Livre aprés le titre, enſuite la Table des Matieres, le Privilege du Roy. Et mettez le titre de la ſeconde Partie, & l'avertiſſement de Bordeaux entre les pages 48. & 49. & les Planches, pour ſe déployer hors du Livre.